女帝と道化のロシア◉目　次

序　一枚の木版画

ここに、十八世紀半ばにロシアで刷られた一葉の木版画がある〈図1〉。はみ出した色づけから見て、骨描きとなる輪郭を木版で刷り、その上に手彩色を施したもので、線や構図も含めて全体としていかにも素朴な出来である。このプリミティブな味わいは、中央に描かれたいかにも派手な服装の人物と、彼が跨る、四つ足と見える全容が不可解な動物とも絶妙に合致し、作品全体にグロテスクさと野性味をもたらしている。堂々たる風体の赤鼻の人物、その衣装と、吹き鳴らされるかに見える笛をはじめとした身の回りの品々、基調となる赤と動物の紫（あるいは黒か）の色調、さらに、左上角に彫りこまれた添え文の、板目版画ならではのゆるやかな字体、その線刻の妙と配置バランス——これらどの要素もこの作品を目にした者の視線を惹きつけて離すことなく、一度見たら忘れられない強い印象を残すに違いない。

ルボークとは何か

この木版画は、十七世紀半ば以降にロシアで誕生して流布した、ロシア語でルボーク（もとは、菩提樹などの樹皮、さらに編み籠の意味）と総称される風俗版画の一作である。ルボーク[1]は、最初期は木版画の技術、そしてほぼ同時期に西欧から入った銅版画の技術を出発点に、十八世紀半ばから同世紀末にかけて社会全域に幅広く浸透していった。十九紀初頭には、リトグラフがこれに加わり、世紀半ば以降に大量プリントが可能となったために廉価になった印刷版、十九世紀末にはクロモリトグラフ

図１●木版画《赤鼻のファルノス》18世紀半ば　36.5×29

といった形で技法が変化する中、二十世紀初頭まで、階層を問わず、人々の生活には欠かせぬものとして、ロシア文化の一翼を担った重要なメディアだった〈図2〉。

その役割と新たな表現

識字率の低かったロシア[2]では、ルボークは庶民がごく手軽に入手できる情報（新聞）や娯楽のツールとなる一方、権力の側ならびにインテリゲンツィヤにとっては大衆の啓蒙とプロパガンダに不可欠な手段ともなっていた（「上からの」法令伝達、「ナロードのため」の出版を含む）〈図3〉。また、十九世紀末から二十世紀初頭・前半に活躍した多くの画家たちはステレオタイプ化（量産、俗悪、没個性、非芸術）しつつあったルボークを「救済」し、そこに新たな表現の可能性を見出して復権を試みた——「ルボークへの回帰」を唱えたA・ベヌア、抽象絵画・アヴァンギャル

図2●S.I.ヤグジンスキイ《屋台での本と絵の商い》19世紀後半

ド芸術運動を始動させる上でルボークに注目したV・カンヂンスキイ、K・マレーヴィチ、N・ゴンチャロヴァ、M・ラリオーノフ等、さらに、ソビエト初期の絵本・児童書画家（例えば、V・レーベヂェフ、S・マルシャーク、V・コナシェヴィチ等々）(3)。その後も、題材をさまざまに変化させながら、時代の新しい風俗《ブィト》（革命前からソビエト期へと続く街頭の看板・広告・デザイン・ポスターをはじめとして、日常生活の細部とそこから生み出されるさまざまな想念までを含む）を反映させつつ、その実作（物質的なレベルでの）とそこに描出されるイメージ（日常的な意味での）とがつねに「再生産」されることで、今なおルボークは生き続けている〈図4〉。

図3●《床屋のヒゲ切り》18世紀前半　木版画　38×30　ヒゲを蓄えることを信仰の証とした宗教異端派（旧教徒　古儀式派と呼ばれる）にヒゲ税を課したピョートル大帝期の作品　ひげを切るようにとの「御触れ」か　あるいは　風俗改革への諷刺か

以下、この一枚の木版画を契機に、十八世紀前半におけるロシア文化のあり様と展開をめぐって筆者の中に喚び起こされた「像」(下村寅太郎氏によるBild)[4]を素描してみたい。

図4●生き続けるルボーク

ルボークのある生活

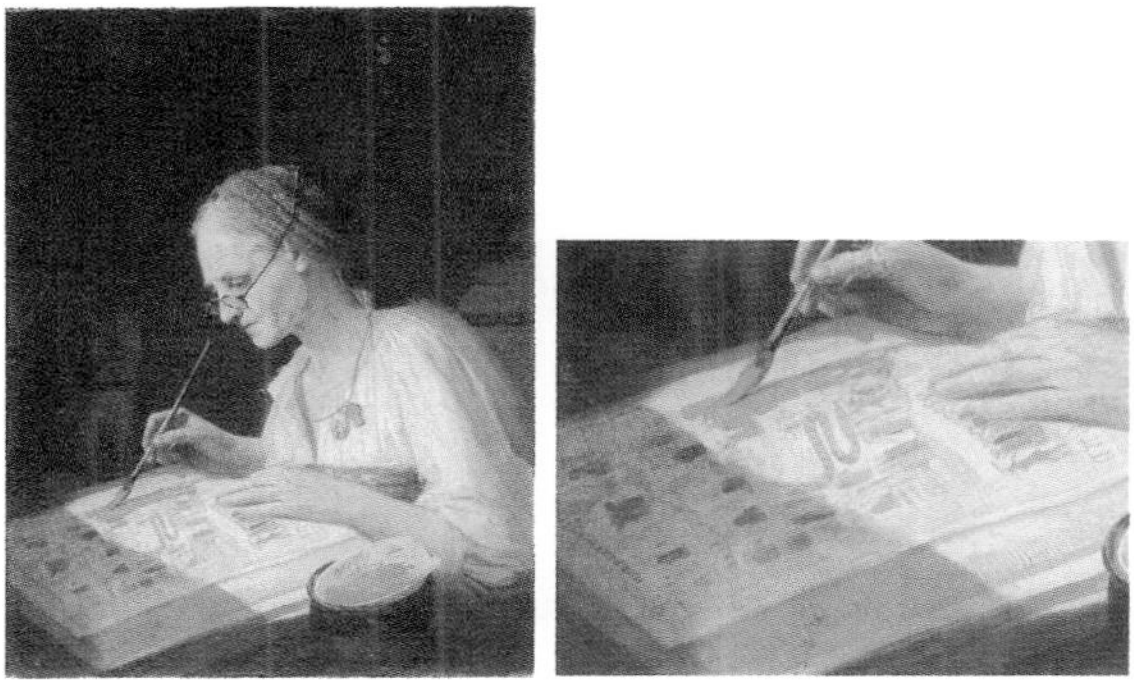

（1） N.E.エフィーモフ《ルボークに色付けをする老婆》1876年　油彩画　51×48　描かれている作品は《地獄下り》と思われる

（2）《農民小屋で》 1830年代　リトグラフ　24×30　左奥聖像画（イコン）の下に貼られたのは「熊と芸人」のルボークか

（3）《ロシア農民の謝肉祭》 1840年代　リトグラフ　25×32　左端イコン横は「最後の審判」のルボークと思われる

（4）《モスクワ・ルーシの小学校》1907年　右端イコン　左のルボークは「火の鳥シーリン」

（5）ルボーク行商人　背中の編み籠もルボークと呼ばれた
画文集『魔法の灯』（1817 - 1818）より

（6）路上のルボーク商いとトゥーラ地方の金属細工品の商い
Ch.ハイスラーの版画より

（7）《街頭のルボーク売り》
1870 年代　リトグラフ
表題に「新作」とある
一枚目は将軍像

（8）《モスクワの蜜湯売りと行商人》
1858 年　リトグラフ　31 × 29
売り子の背には「メキシコから来訪した見世物のゴリラ女」のルボーク　下部の言葉は売り声

（9）《暦と雑誌を売る女性》
画文集『魔法の灯』
（1817 - 1818）より

20世紀初頭・前半のルボーク

（1）　書斎のV.V.カンヂンスキイ（1911年6月、ミュンヘン）壁に3点のルボーク B.M.ソコロフの調査によれば　彼のルボークのコレクションは164点を数える

（2）　N.ゴンチャロヴァ《福音書作者》　1911年　油彩画　204 × 58

（3）　P.フィローノフ　V.フレーブニコフ詩集（1914年）へのイラストレーション

(４) M.F.ラリオーノフ《床屋の兵隊》
1910 - 12 年

(５) K.マレーヴィチ　対ドイツ戦でのロシア農婦の活躍　1914 年　クロモリトグラフ

(６) V.マヤコフスキイ　同盟国英仏がドイツ捕虜を運ぶ　1914 年　クロモリトグラフ

（8） V.デニーソフ《戦争とルボーク》 1916年 28×20.8 表紙・タイトルはД.ミトローヒンの作

（7） N.ゴンチャロヴァ《大天使ミハイル》 1914年

（9） S.エセーニン《若きイエス》 1918年 20.5×15.2

1
В СОВЕТСКОЙ РОССИИ НЕ
МОЖЕТ БЫТЬ НИКАКО=
-ГО ЦАРЯ.

1：ソヴィエトロシアにはいかなるツァーリ（皇帝）も
存在しない
54.6×39.3cm

2
НЕ МОЖЕ БЫТЬ И ЦАРЯ
ГОЛОДА.

2：腹ぺこのツァーリなんているものか
54.4×37.8cm

ПОМОГИ!
3
НЕСИСЬ ЭТОТ КЛИЧ,
ОТ СЕЛА К СЕЛУ
К ГОРОДУ ОТ ГОРОДА.

3：村から村へ、町から町へ、「助けて」という
この叫びをつたえよ
54.1×41.1cm

4
ЭТОТ ВЫВОДОК ЦАРЕЙ
УНИЧТОЖЕН

4：ツァーリの雛鶏は撲滅された
53.9×38cm

5
ЦАРЮ-ГОЛОДУ ГОТОВТЕ
ТОЖЕ.

5：ツァーリにも飢えが待っている
54.1×39.7cm

6
НО МАЛО-ТОЛЬКО НА
ПОМОЩЬ ЗВАТЬ

6：助けを叫ぶだけでは不十分だ
54.2×40.4cm

（10） V.マヤコフスキイ《ロスタの窓》 1919 - 21 年

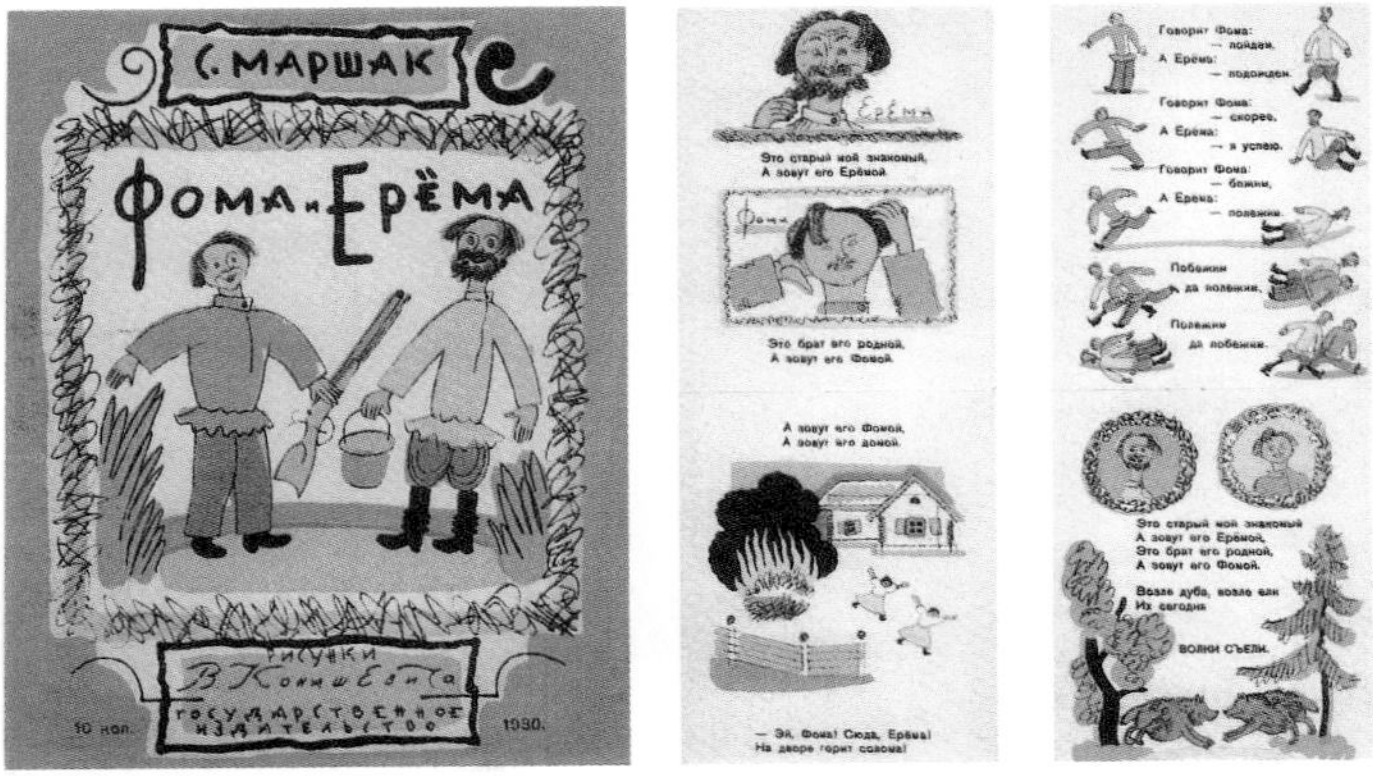

（11） S.マルシャーク V.コナシェヴィチ《フォマーとエリョーマ》 1930年 14×11

（12） P.シリンゴフスキイ《アザドフスキイ編 ロシア昔話集 名語り手たち》（1932年）へのイラストレーション 農民はソビエト風？ 貴族邸内のモダンな描写に注目

（13） 作者不詳《赤い農夫》 1920年 リトグラフ 52×70 ロシア人ならば誰でも英雄叙事詩のヒーローを思い出すはず！

（14） 作者不詳《読み書きはコミュニズムへの道》 1920年 リトグラフ 71×53

現代へ

（1） V.ペンジン《私は猫、大地の母》
1986 年　27 × 30

（2）《北ロシアの大工仕事》展ポスター
1990 年代

（3） 街頭の《生ビール》広告

（4） スーパーの清涼飲料（クワス）ラベル

第1章　《怒涛》の後
——ピョートル大帝なきロシアとアンナ女帝

1　突如、駆け出すロシア

ロシア近代の文化革命

十八世紀初頭に始まるロシアの近代化は、ピョートル大帝の強力なイニシアティブによる国家的・政治的・経済的改革の実現だけでなく、それまで支配的だった中世的世界観から、近世（近代）の世俗的世界像への大きな転換を意味していた。[1]同時に、この転換には新たな文化戦略の選択が含意されていたと考えるならば、新たな世界像への転換はある種の文化革命をも指向していた。そして、この文化革命は、西欧文化が蓄積してきた莫大な成果と遺産の借用・模倣と受容、吸収と浸透、適応と定着、転位と再定位といったさまざまな側面からなる《文化接触・変容》（アカルチュレーション）[2]によってもたらされたものである。しかも、忘れてならないのは、その道筋がすでにピョートル期以前に準備され、開始されていたことである[3]（ピョートルの父であるアレクセイ・ミハイロヴィチ帝が、「もっとも静かな」と形容される（息子の性格ならびに時代との対比から）一方で、彼の属する十七世紀全体が「反乱の世紀」と呼ばれる[4]という自己撞着こそが問題の所在と核心――ピョートル時代の《激動》ならびに十七世紀以前と十八世紀以後との《断絶と連続》――を示す）。

グレート・ジャーニイの実施

この新たな時代と文化を創出するために大きな契機となったのは、ピョートル大帝（一世）の「デスクワーク」の中で練られた社会改造プログラムと文化戦略だけでなかった。一六七二年に誕生したピョートルは、一〇歳の一六八二年に異母姉ソフィヤの弟イヴァン五世との共同統治者としてツァーリに即位し、一六九六年のイヴァン帝の死後に単独支配者となったが、一六九七—九八年に彼自らが指揮して西欧諸国への《グレート・ジャーニイ》を決行した。この事業を契機として、ピョートルならびに貴族社会に性急なまでに蓄積されていった西欧社会についての多くの実感的情報もまた、新国家の文化的認識の形成に決定的と言える意義を持つこととなったからである〈図５〉。

図５●《グレート・ジャーニイ》
（１）「ピョートル、旅の企画」V.ネナシェフ　2003年
（２）「造船学を学ぶピョートル」V.ネナシェフ　2003年

「世界史」の舞台へ

ピョートル即位以前のロシアの経験においては、最高権力者が国外へ出ることは皆無だったから、彼の発案で実現

した大遠征は使節団一行による歴史上のたんなるエピソードに終わるはずはなかった。[5] それは、西欧近代社会に対して、彼らの近代への参画の意思と、ごく近い将来におけるユーラシア帝国成立の目算とを、「王」の臨在において、西欧社会に向けて高らかに宣言する、現実的かつ象徴的な意味を持った一大事件となる。ここに、《世界史におけるロシア・モメント》[6]の幕が切って落とされたのである。

そのことを、プーシキンは「ロシアは、斧の音と大砲の轟の中、船が進水するようにヨーロッパの中に入った」(詩人が一八三四年に執筆を始めたが、生前未完に終わったロシア文学史のための試論「ロシア文学のみじめさについて」より)と歌ったが、その後塵を拝した同時代人ゴーゴリもまた、こうしたロシアの西欧近代への突入(あたかも「乱入」である)から一世紀余を経過したロシアの様を橇《トロイカ》の疾駆に譬え、感嘆を繰り返すのである。「ああ、ルーシよ、おまえもあの、威勢のいい、どうしても追いつくことのできないトロイカのように、ずんずんと走って行くのではないか? おまえの駆けて行く道からは煙のように埃がまいあがり、橋がとどろき、何もかもが後ろへ後ろへと取り残されてゆく!〔……〕ルーシよ、おまえは一体どこへ飛んで行くのか? 聞かせてくれ。だが答えはない」(『死せる魂』第一部第一一章、平井肇・横田瑞穂訳を一部改めた)。

2　宮廷文化と民衆文化

もう一つ、予備的に考えておくべきことがある。それは、ロシア近代において、社会上層部と民間レベルとの関係性をいかに考えるか、という問題である。この点は、第一に、ごく表面的かつ断片的に観察される両者の間の断絶をいかに理解すべきか、第二に、ピョートル期に本格化した文化革命が、宮廷に代表される社会上層部のみではなく、（多少の時間的ズレが生じたとしても）民間・庶民レベルでも進行していったか否かという、大きな問題群に関連している。そして、この問題検証をより複雑にすることとして、中世ロシア（ルーシ）では、両者間の断絶が言説として見出されることはほとんどなかったと思われるのに対して、十八世紀以後のロシア社会と文化においては、この断絶が実体のみならず、言説としても生まれ、さらにその言説化によって実体が強化され、増幅されていったという点を考慮すべきであろう。

M・ラエフの見解

モスクワ・ルーシを序奏として、ピョートル革命から一九一七年革命までの大きな時間枠の中でロシア国家・社会論をめぐる一つのモデルを提示した『ロシア・アンシャンレジームの理解　ロシア帝国の国家と社会』（一九八二年、邦題『ロシア史を読む』）の著者であるマルク・ラエフによれば、十八世紀に入っても民衆文化はピョートルの変革にほとんど関与・参加することなく、十七世紀の伝統的な要素を保ちつづけ、エリートの高等文化と民衆文化を隔てる溝はいっそう深く掘られ、「民衆文化は硬直し、無気力にみまわれ麻痺した」(7)という。

彼の関心が十七世紀から十八世紀にかけた過渡期における文化変容の問題には向けられていないことからすれば、彼の指摘は一般的なピョートル期社会の概括的叙述としてはやむをえないかに見えるし、教科書風な文章として読みとばされるかもしれない。

二つの文化の同質性と衝突・相互浸透

だが、ここでのラエフの立場に本書の筆者は賛同できない。なぜならば、ロシアにおける宮廷文化（上層）と民衆文化（下層）は、表層的に見れば、その機能と方向性についても、あるいは個々の現象についてもまったく正反対で、好対照を示し、両者は完全に断絶していると見えるにもかかわらず、より多面的・多角的に検証してみると、両者の間には、その基底部分で、かなりの程度で相互に混交し合うような大きな影響関係があり、それと同時に、両者には、ある種の構造的同質性が存在すると考えるからである。したがって、近代ロシア文化を総体として考えるとき、宮廷文化と民衆文化の断絶については、実体ならびに言説として指摘し、この隔絶そのものを対象化すると同時に、両者の間で不断かつ頻繁に生じた「衝突」と「相互浸透」の両側面を視野に収めなければならない(8)（宮廷文化と民衆文化の接触というと、通常、前者から後者への「下降」と考える場合が多いが、ここでは、この両者間の相互移動をめぐる問題を含む)。そして、そのことによってこそ、ロシア文化史は初めて可能となるだろう。すなわち、それら双方に通底する部分の記述を目指すオリエンテーションをぬきにして、ロシア文化史は構築されえないと考えられるのである。その意味から、以下で具体的に論じる時代と事象は、この仮説テーゼを論証するために選ばれたものであることを記しておく。

3 ピョートルからアンナへ

一人の天才的政治家ピョートルによって着手された社会変革、言い換えれば、彼が矢継ぎ早に発進させた《言葉と事業》はきわめて独創的であり、かつ急進的だった。時に、それは同時代においてもほとんど狂気に憑かれたかに見えることさえあり、多くの反撥と抵抗を生む一方で、彼の強権発動が周囲の側近と、そして、ピョートルに関する「英雄・偉大で愛すべきツァーリ伝説」に示される民衆の支持を得たことで大きな成果をあげていったのも事実である(9)。こうした社会・国家改造の流れは、一七二五年一月の彼の急死によって中断する。五二歳のいささか早過ぎ、生き急いだとさえ見える彼の事業は未完のままに残された。したがって、疾風怒涛の中で進んだ改革の嵐と彼の死がもたらした激震が権力上層部だけでなく、民間レベルでも多くの混乱をもたらしたことの意味を考える必要がある。

ピョートルの死をめぐって

《アフター・ピョートル》とでも呼ぶべき時代状況[10]を示す現象は枚挙にいとまがない。民間レベルでピョートルの死を表象した一つの事例をあげるならば、それは、初期ルボークの代表作ともされる作品群《ネコとネズミ》《ネコを埋葬するネズミ》の中の、特に銅版画である〈図6〉。ピョートルがネコ、そして、彼の側近や部下も含めた多くの人々がネズミとして描かれているこの一連の作品群の「読み解き」と「解釈」をめぐっては、今なお多くの問題が未解決のまま残されている。[11]細部描写、特に図下部に連綿とつづられたネズミの「説明文」には実に多くの謎がひそんでいる。それだけでなく、作品のメッセージが権力者の死を悲しみ悼むのか、死の到来を喜ぶのか、あるいはまだ来ぬそれを待望するのか（だとすれば、版画制作はピョートル死去以前となる）についても、多くの議論が求められる（これは、通常、作品のテーマとされる問題だが、おそらく数多くの「解」がありうる。民衆文化の作品に「模範回答」は存在せず、解釈は「開かれている」ためである）。だが、そのことを留保したとしても、ここに描き出されたネズミの一四一四に与えられた生活ディテールとその習俗は「事実」であり、明らかにピョートル以後のロシア社会の「生活絵巻」を形作っている。そして、彼ら・彼女たちがピョートル改革に押しつぶされ、時代から完全に取り残されて落ちこぼれていく多種多様な弱者群

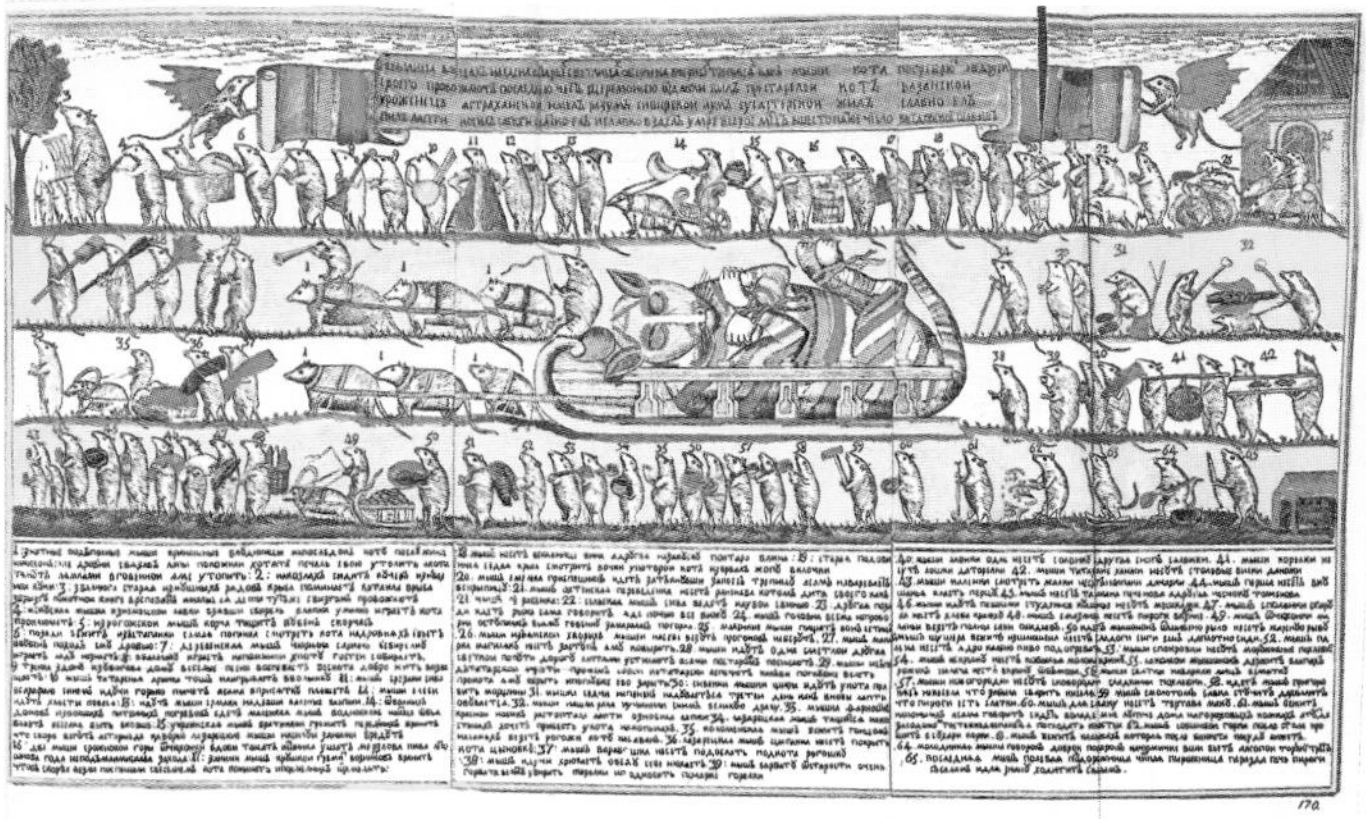

図 6 - 1 ●《ネコとネズミ》 18 世紀前半 銅版画
全体図

図 6 - 2 ●部分（全体の右上） 眼鏡をかけた 19 番のネズミはネコから痛めつけられ 21 番はネコに傷付けられた子供を連れてオフタへ移住したネズミ 巡礼ラザロのネズミ 34 番は松葉杖で進む

像であること[12]は間違いない。これほどまで壮大な規模で描かれたことはそれまでの表現史においては皆無であることからすれば、この作品群の出現はロシア表象文化史上の大事件であった。

強力な権力行使の二〇有余年を経験したロシアには、一体、何が残ったのか、近代の入り口に立ったロシアはピョートル改革によって何を獲得したのか、そして、何を失ったのか。彼の死後に初めて見えてくるロシアの姿、別の言い方をするならば、いわば「大洪水の後」のロシア社会はどのような姿・形と方向を取ろうとしていたのか。

アンナ女帝の登場

ピョートル死後の混乱は、彼の事業を後継する人物が登場しなかったことにも深く関わっている。彼自身、皇帝指名による帝位継承方法を定めていたにもかかわらず、後継者を明確に指名せずに亡くなった。十九世紀初頭に始まるツァーリ継承制度はいまだなかったから、ピョートルの死後、彼の妻エカテリーナ一世が即位し、その後、孫にあたるピョートル二世が（短期間だが）皇帝の座に就いた。そして、この二人に次いで、皇帝の座に就いたのがアンナ・イオアンノヴナである（十八世紀全体から見れば、四人の女帝［摂政を含めると五人］が誕生したが、彼女たちが合計で十八世紀一〇〇年の三分の二もの期間にわたり、帝国支配の頂点に立ったことの意味と影響は大きく、根深い[13]）。それは、ピョートル改革支持派と反対勢力の間の権力抗争の中、妥協案としてロシアが出した結論であった。かくして、ロシア辺境のバルト沿岸の地に引き籠っていた未亡人の彼女がいきなり中央政界に登場することになったのである。

このアンナの治世の時期に筆者は注目したい。彼女は一七三〇年から一七四〇年まで帝位にあったから、これを中心とした時期である。それは、十八世紀半ばから後半にかけて皇帝となった二人の女性――統治期間がアンナよりも長く、より「安定」した体制を生み出し、賢帝とされることの多いエリザヴェータとエカテリーナ二世（大帝）――の時代に先行する時期であり、この二人の女帝の治世期に比較すれば、きわめて「不安定な」時期、いわば《混迷期》とでも呼べる時代である。

ただ、ここで明確に断っておくべきなのは、筆者にはアンナ期の政治的・社会的動向（権力闘争ならびに社会経済史的構造とその変化を含む）そのもの、あるいはアンナ個人のキャラクターに関心を集中させるつもりがないことである。その点で、彼女の治世期のみに限定して注目するのでなく、むしろ一七三〇年以前から一七四〇年代にかけての、より広い時期を扱い、その時期の社会・文化現象に対して広角的・多角的な視点からアプローチをすることになる。というのも、ピョートル期からピョートル後へ、前者から後者への継承、あるいは両者間の断絶にこそ、まさに誕生しつつある新しいロシア社会と文化の諸相が窺えるのではないかと思うためである。そして、上記した「不安定」という言葉をかりに認めるとして、しかし、それだからこそ、「安定」の時を対象とする場合には見過ごされてしまう部分を含めて、《ロシア近代》なるものの輪郭が、漠然とながらも見えてくるのではないか、と考えるからである。

誕生から結婚まで

アンナ・イオアンノヴナは、ロマノフ王朝第四代のツァーリ（ピョートルとの共同統治）であるイヴァン（五世）・アレクセーエヴィチと、サルティコフ家の出自を持つプラスコーヴィヤ・フョードロヴナの四女（娘五名の中、姉二人は幼くして死去）として一六九三年一月二八日にモスクワに生まれた(14)〈図7-1〉。父イヴァンは一六九六年に逝去したが、娘時代はモスクワの、当時は郊外の地イズマイロヴォで母と姉エカテリーナ、妹プラスコーヴィヤとともに、一七〇八年にピョートル一世の命令で新首都へ移されるまで穏やかな時間を過ごした。だが、教育面での評価は高くなく、ドイツ人、フランス人の家庭教師から得たものは少ないし、外国語能力のみならず、総じて教養習得についてはあまり大きな効果がなかったという。

一七一〇年、叔父ピョートルの、バルト地域をロシア帝国化しようとする政略にもとづき、同年七月一〇日に結ばれた取決めに従って、クールラント公フリードリヒ・ヴィルヘルムに嫁いだ〈図7-2〉。婚礼は、一〇月三一日、ピョートルの寵臣たるA・D・メンシコフのヴァシーリイ島にある屋敷で、邸内での儀式（後のノヴゴロド府司教ヤノフスキイによる）と、その後の二つの大広間を使った盛大な祝宴として行われた。メンシコフ邸（現在はエルミタージュ別館としてのミュージアム）はネヴァ川のほとりに建つため、川に停泊する帆船の四一砲が宴席での乾杯の度に発砲され、また、宴席では、客人用に供された大きなピローグ（ロシア風パイ）にピョートルがナイフを入れると中からこびとが登場したり〈図8〉、大男や大女も宴に加わるといった形で執り行われ、さらに、同時期の一一月一四日には、大男エフィム・ヴォルコフの結婚式も開催された。そうした趣向が、辺境の小公国たるクールラントをパロディ化しようとするピ

図7-1●アンナの両親　イヴァン5世とプラスコヴィヤ・フョードロヴナ　アンナの幼少時代のポートレートはほとんどないが　彼女の出自と身分から見て描かれなかったとは考えられず、彼女に対する同時代の評価を反映したものか

図7-2●クールラント公フリードリヒ・ヴィルヘルム（1692-1711）

図8●巨大パイの中から登場したのは？　アレクサンドル・ベヌア『ロシア・いろは』

ヨートルの意図と狙いを示していたのは当然だが、同時に、招待者に対する強いメッセージ、特に西欧の外交官たちに向けられた示威的演出によるものであったこと、しかも、それが西欧社会への発信を意味したことは忘れてならない。

寡婦から女帝へ

アンナの結婚式終了から三ヶ月後、故郷へ向かう途上で、帝都ペテルブルク西方四〇露里（一露里は約一キロ）のドゥデルゴフで新郎フリードリヒ・ウィルヘルムは死去した（原因は多量の飲酒とも、流行していた天然痘ともされるが、真相は不明）。夫の死後、クールラントにそのまま残ったのは、やはり叔父ピョートルの指示による。以後、彼女は一七一二年から一七三〇年までの一八年余という長い時間をクールラントの首都ミタウ（現在、ラトビアのイェルガヴァ）で暮らしたが、大きな変化が生じたのは一七三〇年、彼女が三七歳の時である。彼女は、ピョートル二世死去後に起きたロシア中央政界内の熾烈な権力闘争の結果、モスクワへ引きずり出され、一七三〇年一月一九日、ロシア史上で二人目の女帝として即位した。二月二五日には、内部抗争を経てかろうじて合意に至り、アンナは大人しく「お飾り」となるだろう、との予想を持って集まった貴族集団の面前で、アンナは彼らから提出された《約定《コンディツィイ》》を破棄し〈図9〉、君主宣言を行なった。(15) それは貴族の思惑を裏切る大胆な行為であったとはいえ、彼女には、ピョートル後のロシアの舵取りをするための大きな政治戦略も才覚もあったわけではない。こうした彼女の治世を維持すべき人々が必要である。それがバルト・ドイツ人（移住等によってバルト地域に住んでいたドイツ系住民）であり、その中心人物こそが、クールラント時代から彼女の傍らにあった寵臣E・I・ビロン（ビューレン）だった。彼は、アンナの死まで（死後もごく短期間、摂政として）ロシアの政治的・社会的展開に影響を与えた人物だが、彼の影響と評価（ロシア史で言う「ビロンの時代」「ビロン体制」）については、アンナに対する評価とも呼応しながら、今なお多くの議論が続いている。[16]

図9-1●アンナの強行
「アンナの君主専制宣言」
I.シャルレマンより

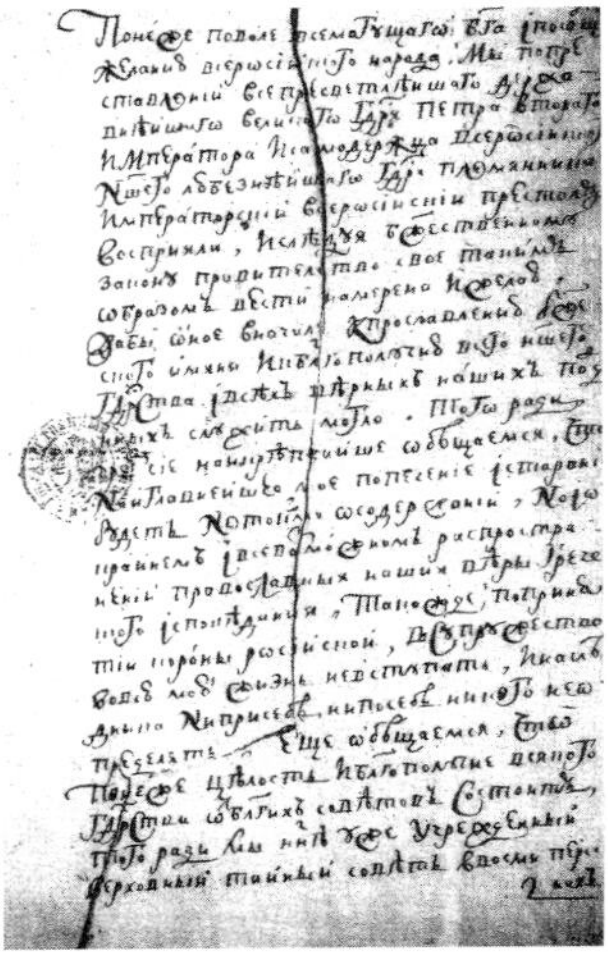

図9-2●《約定》破棄　中央に破かれた跡が見える

4 アンナは遊び、ロシアは進む

彼女の政治的能力

アンナが強いリーダーシップとツァーリに相応しい統治能力を備えた政治家でなかったことは間違いない。才能の点でピョートル大帝と比較すべくもないばかりか、自ら権力闘争を経て帝位に就いたわけではなかったから、自覚の点ではなおさらだった。しかし、そもそも、古きモスクワからの流れを組むドルゴルーキイ家やゴリツィン家の勢力、そしてピョートル改革を継承しようとする「ピョートルの巣の雛たち」（メンシコフ、P・I・ヤグジンスキイ、G・I・ゴロフキンら）の圧力、そしてビロン、A・I・オステルマン、レヴェンヴォリデ兄弟らバルト系ドイツ人の強固な支持といった、いくつものベクトルが錯綜する状況下で、それらのきわめて微妙な権力バランスを取りながらピョートル後のロシアを権力者自身の意図でもって方向づけることは、アンナならずともこの上なく困難な課題であったはずである。「ピョートル亡き後」という時代背景の前で、彼女自身はただただ、歴史の流れに放り込まれたのであり、国内外の政治・外交のすべては寵臣のビロン、オステルマンらに負う所が多かったのが実情だった。したがって、これまでの大多数のロシア史研究にあっては、彼女の治世の一〇年については、きわめてネガティブな叙述がなされ、わずかなスペースしか与えられてこな

図 10●女帝アンナ　L.カラヴァックの原画によるヴォートマンの版画　1730 年

かった。彼女は、バルト系ドイツ人の有能な摂政ビロンの手を借りて一〇年にわたって皇帝の座に就いたが、そもそも彼女には政治的野心も能力もなかったとの総括のもとに、これまでのアカデミズムならびに歴史教科書では、その歴史的役割はほとんど評価されてこなかった。彼女に続くエリザヴェータ帝、そしてエカテリーナ二世の治世における政治的・社会的、さらにいわゆる文化的成果に比較してみれば、歴史家がアンナ期に立ち止まることはほとんどなく、アンナ期を空白期として無視ないしは軽視することが現在に至るまで一般的であったと考えて間違いない[17]〈図10〉。

ロシア史の暗黒期か？

そのことは、革命前のロシア歴史学を代表する歴史家V・O・クリュチェフスキイの、あえて言えばきわめて無批判的で、かつ冷酷とさえ思える次の表現に集約されている。彼によれば、アンナが皇帝として治世を担った時代は「われわれの歴史上で暗黒の一ページであり、その中でももっとも暗い汚点が女帝その人[18]」という。この歴史家が与えたレッテルは、基本的には、その後、根本から再検証されることなく黙認され、繰り返されてきたし、むしろ増幅されている感さえある。筆者は、実証主義歴史学の手本とも言えるクリュチェフスキイ史学の目配りと論証力を高く評価するが、この歴史家の、時に感情過多（そして「十九世紀的」）とも見える評言ゆえに、あまりにも多くの側面が見逃されてきたことは否めない。ただし、本書では、アンナ期が「失政と暗黒の一〇年」なのか否かの評価には深入りせず、踏み込むつもりはない。

遊び暮らすアンナ

多くの場合、彼女の政治的無能とパラレルに語られるのは、彼女が《遊興》に明け暮れていたという事実である。屋内外を問わず、祭りや式典を好み、宮廷内には必ず道化を侍らせ、花火や仮装とマスカラードにうつつを抜かし、狩猟には目がなく、「帝国のほぼすべての隅々から探し出した道化＝おしゃべり女性との止むことなき無駄話」を好んだという、それ自体は非政治的で、個人的趣味のレベルの言動と選択でしかない〈図11〉。しかし、それが彼女の政治的無為の相乗作用として語られ、「祖国から疎外された厳しい孤独感を鎮めた」（クリュチェフスキイ）とされるとき、そこには、素朴な祖国観と歴史叙述を支える古風な図式が厳然としてある。

むろん、こうした歴史家のとらえ方を全面的に否定したり、無視する必要はないが、その図式の無自覚な踏襲は避けるべきだろう。問題は、彼女の個人能力やキャラクターにあるのではないからである。さらに付け加えるならば、ビロンをはじめとしたドイツ系の人々の政治参画を「介入」としてではなく、ピョートル期から始まった「外国人のロシア化」と考えるならば、ピョートル後のロシア社会が抱えた問題の一部解明を可能にするのではないか。ピョートルによって幕があげられた「外国人のロシア化」はアンナにより確実に継承されたのであり、アメリカの歴史家リチャード・ウォートマンの指摘に従えば、「アンナは文字通り《クレオール》としてのロシア帝国とその文化を目指した[19]」のである（この「クレオール化」が完成したのがエカテリーナ二世期であるのは言うまでもない）。

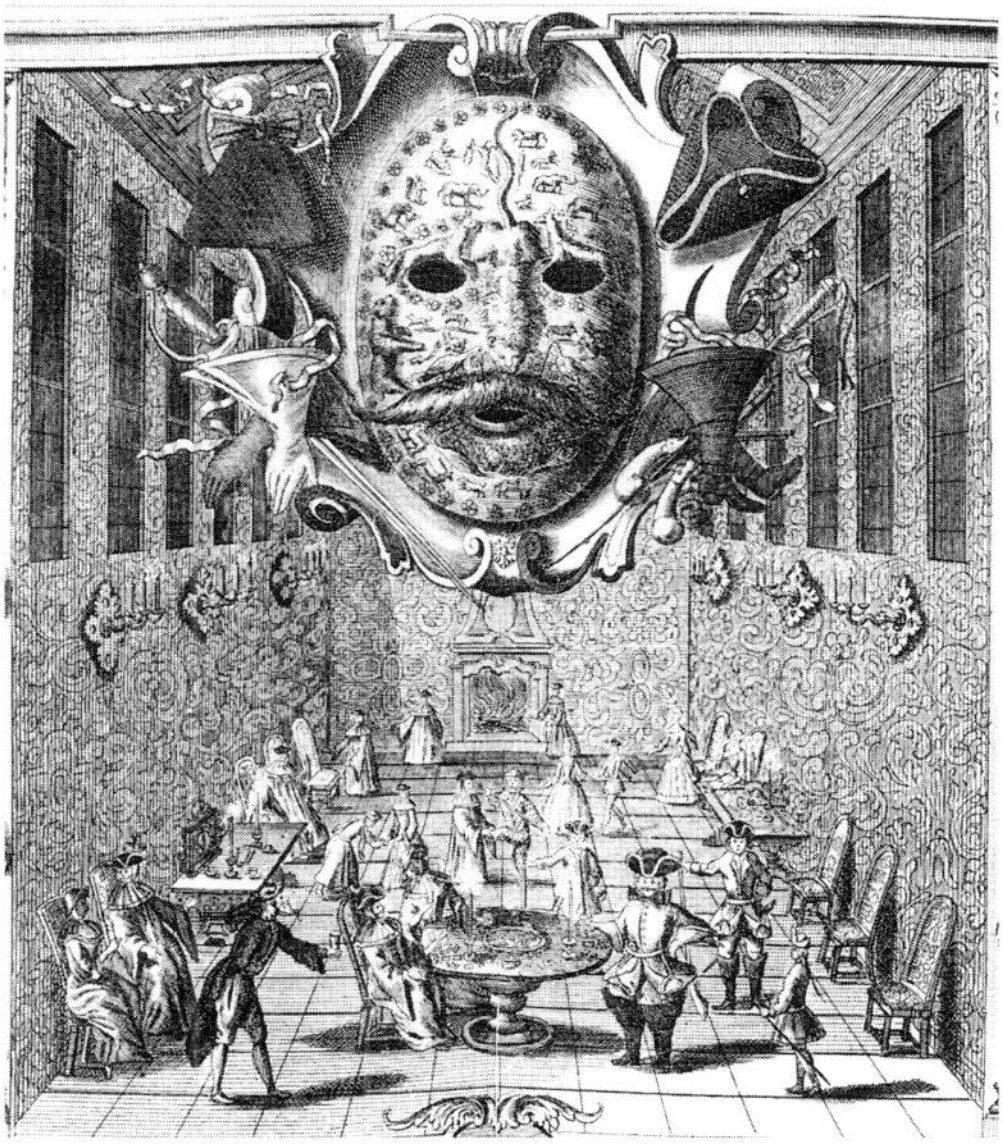

図 11 - 1 ●《遊興と狩猟》
ヴェネチアに憧れたアンナによる宮中マスカラード　C.F.ボエツィウスの版画　1730 年代

図 11 - 2 ●V. スリコフ　ペテルゴフ宮でシカ撃ちをするアンナ女帝　1900 年

中世との断絶と連続、そしてロシア近代

ピョートルからアンナへ、十八世紀後半の急速なロシア帝国の確立へと移行していく中、ロシアが社会の表層と基層の両面で（少なくとも、筆者にはそのように思われる）急激に変化していったことを見逃してはならない。ピョートル生前にあっては、彼自身の強大な光輝の影となって、彼が攻撃対象としたピョートル前（ルーシと呼ばれる）の社会・文化の在り様が一方的にネガティブにしか見えなかったのに対して、彼の死後、一七三〇年に始まるアンナ女帝期には、近代化・西欧化の成果と「限界」について、これを中世ルーシの在り様と重ねて見ることが、あえて言えば、複眼的に見ることが可能となったと考えてよい。それは、別の視点からすれば、ピョートル期に非難されたかに見える《中世的なもの》が、ピョートル期にも、そしてピョートル後も、形は変わったかに見えても連続していたことへの気づきであり、あるいは、西欧から輸入された《近代なるもの》が、かりにピョートル期にはもてはやされ、一つの未来モデルとされたとしても、その後、「ロシア化」していったことの実相こそがそこでは観察できると考える。彼女を取り巻いていた「環境」、言い換えれば《文化的ランドシャフト》[20]をていねいに点検・再構成し、記述することこそが今日求められているのではないか。

そして、以下で紹介していくように、建築（都市建設）、祭典・儀式、演劇、娯楽等を中心とする多くの分野に注目するとき、アンナの時代が多くの文化的イノヴェーションをもたらしていたことも

否定できない。そのことは、これまでロシア・旧ソビエト期に蓄積されてきた上記分野に関する実証研究の多くの成果が明確に示すものである。それらは、ピョートルが扉を開いたロシアにおける近代の「猪突猛進」を継承すべく時代精神によって作られたさまざまな「仕掛け」であり、同時に、女帝の無自覚な橋渡しによってアンナ期においてすでに形作られつつあった《ロシア近代》とでも呼ぶべきものの枠組みを明示していた、あるいは、ロシア近代の《形》そのものを暗示していたのではないだろうか。

第2章　赤鼻道化、参上
——《戯け》の時代

1 作品管見、あるいはイコノグラフィ

序で触れたルボーク作品を改めて見てみる〈図1〉。

作品《赤鼻のファルノス》

縦三六・五センチ、横二九センチの木版画で、現在、モスクワの国立プーシキン美術館に収蔵される作品（三九二三一番）である。現代のルボーク研究家A・E・ミシナ女史によれば、この作品の原版が作られたのは十八世紀前半、ないし半ばであり、紙にあるレプニン工場の透かしから、プーシキン美術館のものは一七六〇年代に刷られたという(1)。絵師、彫師、摺師のいずれの名前も、ルボークの通例（特に、十八世紀において）として、定かでない。重要なのは、作品にタイトルがないことである。この点はルボークでは（そして、一般に民衆文化のテキストにおいては）ごく普通に見られる現象だが、このことは、見る（読む）者に「自由な」読み解き（説き）と解釈を可能にする要件をなしている。それが、上記した制作者集団（絵師、彫師、摺師）に共通した意図・戦略であったのか否かについては議論の余地があるが、ここでは述べない。いずれにしても、問題としたい作品を以下の叙述で《赤鼻のファルノス》とするのは、あくまで便宜上の呼び名である(2)。

画面中央には、奇妙な四つ足動物に跨った、これもいささか不思議な衣装で身を飾った人物が描か

れている。飾り付きの赤い丸帽子、ボタン付きの面白服、袖と首回りの襞は明らかに一般人の装いではない。手と腰に二本の笛（ドゥートカ）、顔の皺と赤鼻が特徴的である。動物の背に敷かれた布の模様も効果的であるし、装飾的な脇の草花は、ルボークの特徴である。色は四、五種の原色で、刷りの後で色付けされている。制作年代について言えば、上で述べた十八世紀半ばは「古典的」ルボークの黄金期として、題材ならびに手法の点でルボークの形式が確立した時期であり、多くの代表作が生まれているが、これもそうした中の傑作と考えられる。

左上部の一二行からなる添え文は次のとおり、

おいらは貧しき若者　鼻は立派な鉤っ鼻　赤鼻のファルノスがおいらの名前
三日三晩飲み明かし　踊りの靴に足入れて　羽根付き帽子をちょっと被り
ズボンいっぱい屁をひって　すっかりおめかししてお出かけだ
跨るブタはワイン色　おいらのブタはうなり続け　餌をくんくん嗅ぎまわる

添え文への注釈

口上のいくつかの言葉に注釈を付しておこう。[3]「若者」detinaには形容詞「勇敢な、凛々しい」を付すことが多いが、俗語として「使用人、召使い」の意味もある。「飲み明かし」としたロシア語

naduvalsya は、文字通りには「膨らます、空気を入れる」「おなかを膨らます」の意味を持つが、辞書によれば「酒を飲む」の意味もあることから訳語として採用した。さらに、この語には「黙って怒る（ふくれる）」「騙す、ペテンにかける、お馬鹿をする」の意味も見られることを考慮すれば、この「若者」は衣装とあわせて普通人ではない。「ワイン色」のロシア語 vinokhodny は、ウマの側対歩（同じ側の両脚を片側ずつ同時に上げて進む上下動の少ない走り方）を意味する語 inokhodets, inokhod' と音の上で転換することを考えれば、ブタはそうした歩み方ができないのを皮肉り、笑ったとするのは深読みにすぎるだろうか。

主人公のモデル

口上からすれば、描かれた主人公はファルノスなる人物となるが、ファルノスとは一体、誰か。この、ロシアの人名としては珍しい名前の正体は何か。先にあげた研究者ミシナの作品注釈では、「ファルノスの原型（プロトタイプ）はアンナ・イオアンノヴナ帝のイタリア人宮廷道化ペドリーロ」とされるが、これに関しては後に検討することとして、画面と添書きを問題とするならば、他にもさまざまな謎が浮かびあがってくる。鉤鼻、赤鼻と鼻が注目されているのはどうしてか。「飲み明かし」と訳したが、「お馬鹿をしていた」と考えるのもなかなか魅力的である。

ファルノスは何をしていたのか。靴と帽子、そしてズボンで着飾って出かける先はどこか（さしずめ、ピョートル期であれば、ピョートル主催「大馬鹿大道化大酩酊会議」[4]だろうか)。ここには、なぜか上着については言及されないが、描かれた服が、明らかに一般人の普段着でも、式服・他所行き用の服でもないことの意味は何か。ブタがなぜ乗り物として登場したのか。そもそもブタに跨るのは一般的なのか。そして、これらのさまざまな「難問」は、画面全体の迫力を減ずることなく、むしろ、見る者に多くの謎解きを迫ってくる。そこでの謎の醸成にあっては、画面左上に具合よく区分けされた部分で読める、多少とも古風で、いかにも木版ならではの字体で彫られた口上書きの効果はきわめて高い。

その名前

先に、ファルノスは人名であるとした。だが、ロシア語国語辞典として今なお価値が高いV・I・ダーリの辞書(彼がほぼ単独で完成させた『生きた大ロシア語詳解辞典』(初版は一八六三―六六年))はファルノスを項目として採用している。地名・人名といった固有名詞は狭義の国語辞典には登録されないのが通常と考えれば、立項の背後には、かつて人名だったものが普通名詞化した時間経過があると想定できる。ダーリの記述によれば、ファルノスは「鼻高」「高慢な男」の意味という[5]。ダーリはこの簡単な説明のほかに、ファルノスカ farnoska(愛称形)、そして、ファルノスの形容詞形ファルノスヌィ farnosnyi「鉤鼻の」、モスクワの南リャザン地方の罵倒語としてファルヌィチカ farnychka「面、顔、鼻づら」を記している。語源についての記載はない。繰り返しておけば、ダーリが活躍した十九世紀半ばには、すでに、この語が一般名詞化していたことがわかり、それほどまで地方も含めてロシア社会に定着し、人物の外見的特徴を指す普通名詞となっていたのは重要である。そして、ファルノスが鼻、特に鷲鼻、鉤鼻、鼻が象徴する顔（さらには個人・ペルソナ）を意味することも確認できる。そもそも、ファルノスとノス nos「鼻」が韻を踏んでいることは改めて指摘するまでもないし、さらに、ファルノスという語がファルス fars「笑劇、狂言」とノスの合成形であることも合わせれば、意味上のいくつものレベルで笑いと滑稽さを十分連想させる。[6]

図12●D.A.ロヴィンスキイ（1824 - 95）
B.E.マコフスキイの版画
1896年

ルボーク図像学の創始

十九世紀後半に活躍した図像学者D・A・ロヴィンスキイ〈図12〉は、十九世紀半ばまでのルボーク作品を網羅的に収集し、同時に、その多くの作品の主題ならびに細部について、周到な調査にもとづいた研究・考証を行なった。その成果である『ロシア民衆絵画』全五巻と『ロシア民衆絵画・図版集』全七巻（一八八一―一九三年）は、これまでのルボーク研究における最大の成果であり、本書でもルボークに言及する際には必ず参照することになる（彼のルボーク研究の集大成のタイトルは、彼の同時代にルボークなる言葉が否定的に理解されていたことから選択された）。そこでの「赤鼻のファルノス」に関する記述もまた、以下で繰り返し参照・検討することになるが、その前に、ここで手に取るのは、同じく彼の『ロシア版画肖像画詳解事典』全四巻（一八八六―八九年、以下で『肖像画事典』）である（これは、十九世紀半ばまでのロシア史上の人物の肖像画に関する情報を網羅的に記述した特筆すべき仕事であり、上述の『民衆絵画』とともに、十九世紀ロシア図像学・イコノグラフィの金字塔である）(7)。

原型としてのペドリーロ

『肖像画事典』にファルノスの項目がないのは、実在の人物でないからである。だが、そのことを打ち消し、補うかのように立項されているのが、上で「原型（プロトタイプ）」として名前の出ていたペドリーロである。その項目の記載を見ると、ペドリーロの肖像画として十九世紀半ばまでに確認できるのは、

（一）銅版画《楽師ファルノス》（ロヴィンスキイ『図版集』第一巻二〇九番、以下では、この『図版集』の記載番号を示す）

（二）木版画《赤鼻のファルノス》（二〇九a番）
（三）《ファルノスとピガシヤのおしゃべり》（一一二番）
（四）ロヴィンスキイ自身のコレクション中にあるJ・C・トレメールの著作に収められたとされる挿絵[8]

の計四点である。われわれがここで問題にしているのは（二）の木版画であり、（四）（これについては後述）を除いて、他の（二）（三）も典型的な民衆版画（ルボーク）の作品である。そして、これら三点とも、以下で参照するとおり、主人公として、上記のイタリア人ペドリーロでなく、ファルノスの名前が添え文中に記されている（このため、上記の題で慣習的に呼ばれている）。これまでの記述からも予想されるように、そして、少々先回りをして述べるならば、題材主人公の「モデル問題」にたいしてロヴィンスキイが出した最終結論は、ファルノス＝ペドリーロというものである。それはいかにも「十九世紀的」実証主義が目指す結論そのものだろう。しかも、ほぼ完璧にその作業を成し遂げた成果であり、現代においても十分説得力を備えているから、上で引いたミシナの注釈も、このロヴィンスキイの考証を根拠とするのである。

モデル特定の先

だが、モデルの特定はルボークの作品を検証・考察することの最終目標となりうるのか（そもそも、モデルとは何か）。それを確定する作業は、はたして作品とその時代精神を解明する道へ通じるのだろうか。

　こうした疑念を抱くのは、ロヴィンスキイの仕事が、いわばイコノグラフィ的な視点と考証過程を十分過ぎるまでに備えていても、イコノロジーの視点を持たないか、それに到達していないと考えるからである。モデルの特定がイコノグラフィのレベルにとどまり、それ自体が重要な作業工程であっても、その先を指向すべきではないのか。先に述べたとおり、彼のルボーク研究の堅牢な集大成本が、当時、美術史研究だけでなく、ロシアのインテリゲンツィヤの間でもルボークの価値が十分に認められていないという事実を批判する形で、ロヴィンスキイがあえて『民衆絵画』（ただし、絵 kartina ではなく、指小表愛形 kartinki）を表題としたことはきわめて高く評価できるとしても、民衆文化の創作物が誕生し、ロシア社会の中で受容されていったメカニズムと構造の解明こそが今日では求められ、それこそがルボーク作品のイコノロジーとなるはずである。[9] あるいは、別の言い方をすれば、新たな文化史の構築に向けたプロセスを提示すべきだろう（重要なのは、ロヴィンスキイ批判を介して、彼が文字通り創始したルボーク研究を現代へ適応させていく可能性を追求することである）。

ファルノスが登場する作品群

ロヴィンスキイの記述を参照しながら、ファルノスが登場するいくつかのルボーク作品を見ていこう。

楽師

ルボークには、楽師が描かれる場合が多い。バイオリンを演奏する楽師ファルノスが描かれる銅版画（二〇九番）の他、《踊り手と放浪芸人《スコモローフ》》（一〇二、一〇三番〈図13-1〉）では、道化師の服装をして鈴をつけた放浪芸人がヴォルィンカ（風笛）を演奏しており、ここにはファルノスの名前こそ記されていないものの、ロヴィンスキイによれば、ファルノスの姿を想起させるという。

図 13-1 ●木版画《踊り手と放浪芸人》
18 世紀前半-半ば　33.6 × 26.4

ロヴィンスキイが（一）としてあげた《楽師ファルノス》（二〇九番、一八二〇―三〇年代作の銅版画〈図13-2〉）で確認すべきは、ファルノスがバイオリンを奏でていることである。同じくロヴィンスキイの注釈には「彼はポーランド風の服装をしている」とある。彼の左手にはカラスが座っている。

説明書きを以下に引用するが、いかにも街頭楽師の口上風であること、そして、口上の文句も先に見たファルノスのそれを思わせることに注目したい。

> 敬愛する皆さん、ここに現れた楽師たる私の醜い面を見て、役立たずと驚かないでおくれ。私の名前は勇者ペトルーハ・ファルノス、なぜなら私は大鼻の持ち主、三日三晩飲み明かし、踊りの靴に足を入れ、すっかり踊りの服を纏って、娘たちのところへとおでかけさ。首には使い古しのボロを着け、バイオリンを弾き、××でカラスを押さえつけ、ハエから男どもを守ってやる、××のためにこと切

図 13 - 2 ●銅版画《楽師ファルノス》1820 - 30 年代

れるから、私をやつらから守るのさ、私の本性はいつもこんなもの、酒場で飲んでは女たちとお愉しみ。多くの音・言葉遊びとナンセンスに満ち溢れ、いささか面倒な表現（性的なものを含む）が見えることもあって、ファルノス追求との関連箇所だけを読み取っておく。

人形劇の主人公と

ペトルーハは、ロシアの代表的人形劇の主人公ペトルーシュカ（名前だけでなく人形劇そのものの名称でもある）[10]の愛称・卑称である。この人形劇は、中世ロシアの放浪芸人によって路上で上演されていたが、その芸人は、例えば、青いカフタン（上着）、赤い長靴あるいは短靴、赤いコルパーク帽（「お馬鹿のコルパーク帽」）といった服装を身に着けていることが多かった。[11]そして、主人公ペトルーシュカの大きな鼻も人目を一気に引く大きな特徴だった。したがって、このペトルーシュカの姿がそのままルボークの画面に描かれたことは明らかである。この口上に《赤鼻のファルノス》で聞こえた言葉と「調子」を感じるのも偶然でない。中世の人形芝居の在り様の具体は多くの点で不明であり、その芝居を上演した放浪芸人についても詳細はわからないが、その伝統が近代、十九世紀まで確実に存在していたことが、このルボーク（と《赤鼻のファルノス》）に示されていると考えてよい。そして、最後に言及された酒場は、飲酒だけでなく、さまざまな目的で人々が集まる場所として、次のルボークにも登場する。

妻を連れて酒場に

《ファルノス、ピガシヤがエルマークとおしゃべり》（一一二番〈図14〉）では、酒落て着飾ったわれらの主人公が妻とともに酒場へ入っていき、徴税人エルマークとおしゃべりに興じている。酒場《トラクチール》は飲食とゲームだけでなく、かつては税徴収も兼ねた集会所であり、近代のクラブにも該当する場所であったから(12)、こ

図14●木版画《ファルノス、ピガシヤがエルマークとおしゃべり》
18世紀前半-半ば　36.7×30.8

れはごく日常的な光景である。そして、ファルノスが妻をともなっていること、二人ともいかにも道化師風の服装をしていることが目を引く。夫婦とも道化として町歩きをしているのは、さしずめ、二人で漫才をしながら、町内あるいは各地を巡っているとでもいうことなのか。

路頭で凍えるネズミ

ファルノスが登場するルボークは、ロヴィンスキイ『肖像画事典』のペドリーロの項で列挙された以外にもある。第1章で触れた十八世紀前半のアフメチエフ工房作の銅版画《ネコを埋葬するネズミ》（二七〇番）がそれである。[13] 一〇二匹のネズミの中で第三三番と名指しされているネズミ〈図15〉がファルノス（ただし、その愛称形であると同時に、「鼻」の指小表愛形nosikと韻を踏むファルノシクfarnosik［さしずめ、ファルノスちゃんか］が使われている）である。絵の下に読めるネズミについての説明文によれば、「赤鼻のファルノスちゃんは草鞋を履きつぶし、寒さで草鞋を台無しにする」という。[14] 庶民にとって夏の基本的履物である草鞋が、履き主の名前（しかも、外国起源の人名）とともに言及されていることは興味深い。ロヴィンスキイは、これがピョートル大帝お気に入りの道化師であるとするが、これは間違いだろう。以下で述べるとおり、ファルノスはアンナ帝期にイタリア渡来の楽師＝道化師・ピエトロ・ミーラ、そして、その「ロシア版」のペドリーロをモデルに生まれた、と考えられるからである。このネズミは宮廷道化ではなく、農民であり、庶民出の道化である。あるいは、宮廷から街頭へと活躍の場を移し、路上で凍えている道化師なのだろうか。

ファルノスのルーツを求めて

ファルノスのルーツはどこにあるのか。現代イタリア人研究者カルロ・ソリベッティによれば、ファルノスの名前はイタリアの道化師 Gian Farino（彼の仮面が小麦粉 farina から作られていた）に遡るという[15]。イタリア起源という説明は、後述するアンナ帝期におけるイタリア演劇の影響の大きさからすれば、とても魅力的だが、その真偽を確かめる資料が手元にないためここでその検証を行なうことは断念せざるをえない。だが、以上で見たルボークからでも、楽師、道化（夫婦）、特徴ある鼻、ロシア伝統のペトルーシュカ等との関連性は確認できるだろう。

ファルノスの《ルーツ》を求める試みを別の面から行なってみる必要がある。そのためには、ロシアの放浪芸人ならびに外来の道化たちの群像について

図15●図6全体図の左側細部　33番がファルノシク　27番はシャベルを手にした墓掘りのマカール　35番は橇に乗る触れ役

見ておかねばならない。

2 中世芸人《スコモローフ》の行方

ロシア道化史

L・I・ベルドニコフ『大道化会議 ツァーリ期ロシアの笑いの文化』(二〇一九年)[16]は、ここで考えようとするファルノス「問題」(ただし、実在の道化師ペドリーロとして)にとどまらず、ロシアの道化、「辛口批評」や「忘れられた笑いと風刺文学」で知られた人物群像の叙述を試みたユニークな仕事である。特に、その前半部で述べられた中世から近代までの道化史は興味深い。イヴァン雷帝本人に始まり、ピョートル大帝期ならびにアンナ帝期の代表的な道化とその後の道化たち[17]が年代順に取り上げられ、それぞれが叙述されるのだが、ここでの問題を考える上でも示唆を与えるものとして読むことができる。

だが、その叙述目的があくまで道化の通史にあり、概観することでロシアの笑いの文化を構築しようとするのには不満が残る。後に触れるピョートル期の道化イヴァン・バラキレフやヤン・ダコスタ、そして本書のテーマたるペドリーロ、そして、貴族から道化に格下げされ、後述する祭り《氷の家》

で花婿となったミハイル・ゴリツィンを取り上げたことは当然としても、イヴァン雷帝（彼に関する章は「血塗られた放浪芸人」と題されている）その人物のみならず、ニキータ・ゾートフやロモダノスキイ他の高位者も視野に入れていることは、一面で意味あるとはいえ、全体として、ロシア史において道化という肩書を貼られた「人物伝」という印象がぬぐいきれないためである。

公式に認められた「宮廷道化師」、宮廷内高位者の中の「剽軽者」、同時代に巷で評判となった宮廷ならびに市中の「おどけ・戯け者」、あるいは、後世までの伝承の中の「お馬鹿者」、こういった人々の間に明確に線引きし分類することは。結論から言えば、きわめて困難であり、おそらく不可能である。笑いと道化（芸）は、それが誕生し、作られる際の場と環境、時間と空間、それらを構成するのに大きな役割を果たす観客・聴衆に大きく、絶対的に左右され、しかも、一回限りの行為（発言・沈黙ならびに所作）として即座に雲散霧消となるからこそ、問題は「限定的かつ戦略的に」立てられなければならない。道化個々人のバイオグラフィで済ますわけにはいかないし、道化を区分、分類し、彼ら個人の経歴・経緯を単純に寄せ集めることで歴史的に概観しようとする方向性は、笑いと道化（芸）の文化史とは相容れない。

ピョートル期以後の道化

ここで重要なのは、ピョートル期について見るとき、このロシア近代のまさにとば口において、笑いの文化の創成のためにこそ道化が「必要」とされていたことである。そのことの意味は重大である。より敷衍すれば、十八世紀初頭の、近代の入り口に立つロシアの時代精神は道化の文化なくして成立しえなかった。道化文化の存在こそがロシア近代を生んだ要因の一つではなかったのか。ここで確認したいことは、時代が求めた「道化たること」のために、文字通り国籍・民族籍や男女性別を問わないどころか、出自や階級も、そして、外来か土着・伝統かも問うことなく、芸・技術の能力さえあれば、個《ペルソナ》としての道化が活躍できる社会的・文化的環境が準備されつつあったことである。加えて、ピョートル期以後の時代が道化の時代の到来を意味したとすれば、そのことは同時に、宮廷のみならず広場というトポスが、今や新旧の戯け者が交錯し合い、外来と土着の芸人が互いの《お馬鹿》の凌ぎを削る場となっていたことを意味していた。そして、このような「舞台」を縦横に動き回って演技を披露する道化の姿を見る上で、これまでにもたびたび参照したルボークが最高のテキストであることは改めて言うまでもない。

伝統的放浪芸人の起源

放浪・大道芸人の総称名であるスコモローフがどこから来たのか、その来歴・出自の詳細は不明で、謎の部分は多いが、[18]中世の早い時期から、ごく断片的だが、文献上でその存在が確認されている。キエフ・ソフィア大寺院の壁画に描かれたビザンツから渡来した宮廷芸人〈図16〉については[19]ごく限られた情報しかないため、これをスコモローフのルーツと特定するのは難しいし、年代記等の文献に見られる記事から、スコモローフの直接の起源を反キリスト教＝異教的な祭司・呪術師に求めるのも説得力に欠ける。[20] だが、十四世紀半ばの福音書の装飾カットによれば、グースリ楽師の服装が暗青色のカフタン、赤いモロッコ皮の長靴と頭被りとされていることが指摘されているし、教会壁画（有名なのは、十五世紀半ばに描かれたとされるプスコフ近郊メリョトヴォ村のウスペーニエ教会のもの）や聖典（聖詠経や説教集他）挿絵にも楽器弾きがたびたび描かれた〈図17〉。このように、断片的で、かつ、あくまでもキリスト教の枠内であるが、次第にスコモローフの姿が中世史の中で現れるようになっていった。[21]

十六世紀の法典では

一五五一年にモスクワで開催された宗教会議の議事録『百章（ストグラフ）』は、教会規則の再確認とあわせて、イヴァン四

図16－1●キエフ宮廷の芸人
キエフ・ソフィヤ大寺院　南西塔・階段横壁画

世下の国政改革を目的とした文書だが、そこには、一般庶民の祭事で重要な役目を果たしていたスコモローフに対する批判が仔細に記されている。ちなみに、グースリはスコモローフの芸には欠かせない、古くからのロシアの代表的な弦楽器である〈図18〉。

　俗界の婚礼においては、芸人や楽師、道化師、グースリ弾きの輩が楽器をかき鳴らして忌わしい歌を歌っている。人々が結婚式のために教会へ向けて馬車を走らせ、司祭が十字架を手にして乗っている前でさえ、ありとあらゆる忌わしい騒ぎを起こしながら駆け回る者どもがいる。ところが、司祭はそれを咎めようともしない。司祭はこれを禁止すべきであろう（第四一章第一六問[22]）。

これにどのように対応すべきかとの問いに対する回答としては「結婚式のため聖なる教会に向かう婚礼の列の前で、放浪芸人や楽師どもがうろつくようなことがあってはならない」とある。

図16-2●部分・概略図

彼らが集団となって「不穏な」行動をしていることは、同章第一九問に「遠隔の地では放浪芸人が六〇人、七〇人、一〇〇人と大きな徒党を組んで歩き回り、田舎の百姓の家で強引に飲み食いしたり、家畜小屋から家畜を盗んだり、街道では追剥ぎを行なったりしている」とあるとおりで、それに対する回答は「敬虔なるツァーリは然るべき方法によって、今後いかなる場所においても、そのような暴行や乱暴狼藉を許さぬという禁令を発すべき」とある。さらに、同章第二三問でも、

図17-1●中世のスコモローフ・グースリ弾き　プスコフ近郊メリョトヴォ村のウスペーニエ教会壁画　中央に楽器を持って座るのが「スコモローフアント」　上部には聖母が横たわる

図17-2●14世紀写本装飾および写本イニシャル（13-14世紀）

聖神降臨祭の土曜日に、村や郷ごとに男たちや女たちが墓地に集まり、墓の前で大きな声をあげて泣き悲しんでいる。放浪芸人であるグドーク［ロシアの古い三絃楽器――訳者］〈図18〉弾き、プレグドーク［同じく楽器であることは間違いないが、グドークとの相違は不明――同］弾きたちが詠い始めると、彼らは泣き叫ぶことをやめて飛び跳ね踊り始め、掌を打ちながら悪魔的な歌をうたい始める。さらに、それらの墓地にはペテン師や詐欺師どももやって来る。(23)

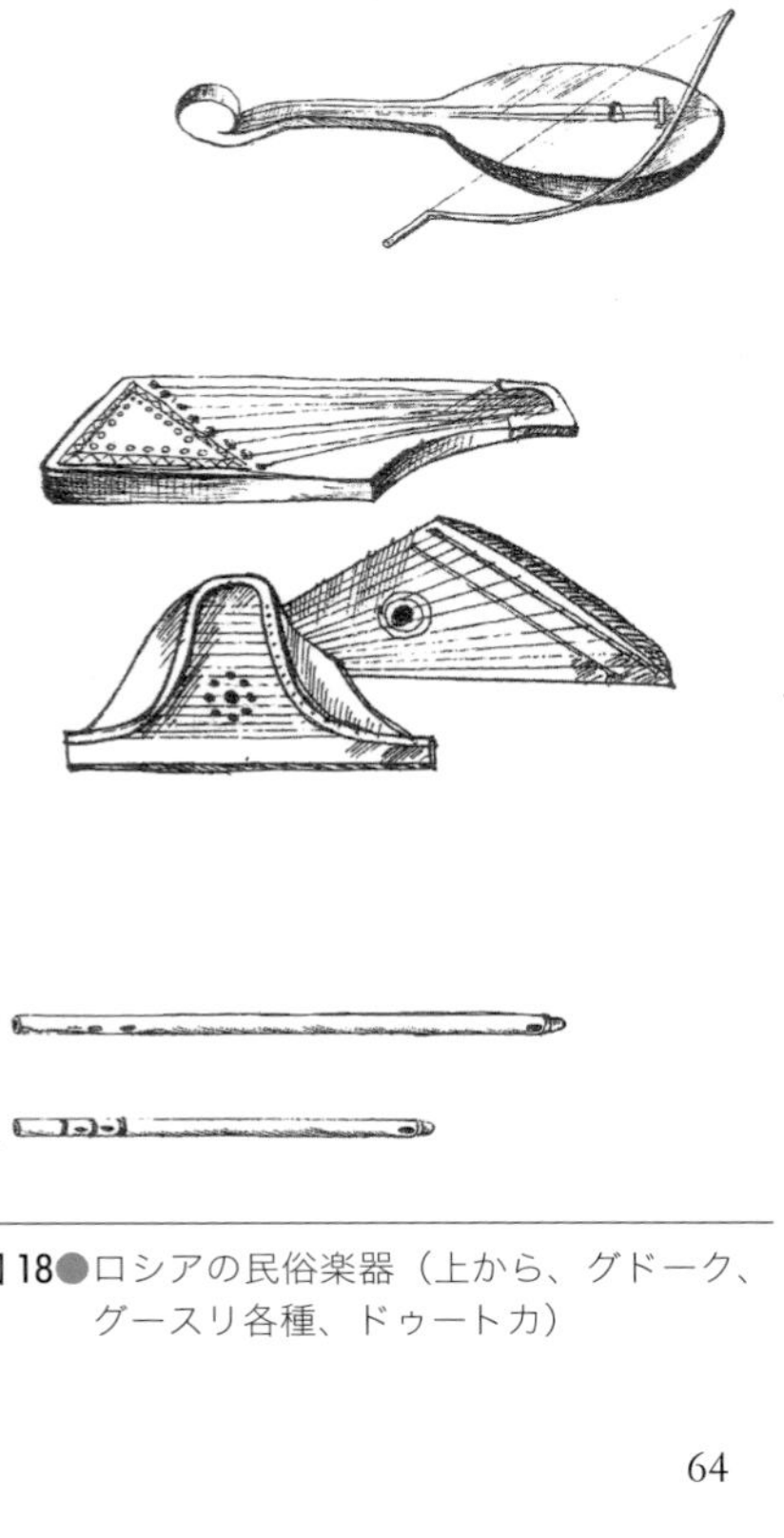

図18●ロシアの民俗楽器（上から、グドーク、グースリ各種、ドゥートカ）

と記される。ここからわかるのは、時に、スコモローフが集団となって村人に大きな脅威を与えると同時に、庶民の人生儀礼や歳時儀礼の折には必ず登場してさまざまな芸を披露する人々であったことである。さらに、放浪する楽師を意味する言葉の一つに「袋担ぎ」mekhonosha, mekhonoska なる語があり、ダーリ辞典は「キリストを讃美して、歌い歩き回る場所では、施しを受け、分配をせずに袋に入れるコリャダー（聖週間、大晦日の儀礼歌―引用者）を歌う人[24]」と説明するが、これもスコモローフと考えてよいかもしれない。大ロシアのスコモローフとベラルーシの聖歌歌いの放浪芸人を比較対照したA・N・ヴェセロフスキイの指摘によれば、この「袋担ぎ」はただの運び屋にとどまらず、バイオリンやドゥートカ〈図18〉を演奏する楽師であり、聖歌を歌いながら、ヤギを連れ歩いて芸を披露する人々でもあった[25]。スコモローフは《異人》の総称だったと考えてよい。

宮廷での活躍

スコモローフを歓迎したのは庶民ばかりではなかった。『百章』成立から間もない時期の記述として、ノヴゴロド第二年代記には、町や村の「陽気な人々」（スコモローフと同義）を集めてモスクワへ送ったとあり（一五七一年九月）、時の権力者であったイヴァン雷帝は、二番目の妻マルファ・ソバーキナ（北コーカサス・カバルダ生まれのクチェネイ公女）との婚礼にあたって、最上のスコモローフとクマ使いを招くべくノヴゴロドへオプリーチニキ（親衛隊）を遣わしたし、また、軍司令官の地位にあった大貴族レプニン＝オボレンスキイは、雷帝の宴でスコモローフの仮面を付けて踊ることを拒否したためにツァーリの命で処刑されたほどである[26]。アンドレイ・クールプスキイは、イヴァン雷帝が「ドゥートカを吹き、神を嫌う歌を歌うスコモローフ」をアレクサンドロフ村に集めていることを非難したが、この芸人たちは仮面を着けてたびたびその地に向かっていたという。

こうした事実は複雑な様相を持つ。これを雷帝の個人的性向とみるか、あるいは特定の意図を持った行為とするか、また、ここで見た『百章』での放浪芸人禁止との関連についてはさらに多くの議論が必要である。だが、スコモローフと雷帝との「親密性」をめぐる問題が、中世文化を全体として、キリスト教的倫理観が生んだ一元的な遊戯・笑い観で説明・解釈してきたこれまでの研究を再考する契機となるのは間違いない。[27] 繰り返しになるが、スコモローフに関する言及と記述は、彼らの「異教性」（芸・楽器演奏、音と言動、イデオロギー、あるいは存在そのもの）を断罪し、彼らの活動批判を含む点からすれば「傾向的」なものとならざるをえなかった。それが、イヴァン雷帝による個人的選択はあったとしても、社会全体として見れば、各時代のキリスト教の理解に深く関わっていたからである。

外国人の記述

だが、こうした条件を外して、「より自由に」スコモローフの姿と芸を具体的に記述したのはロシアを訪問した外国人だった。その事例は、十七世紀前半、ドイツからの使節団の一員だったアダム・オレアリウス『モスコヴィヤ旅行記』の文章とスケッチに見ることができる〈図19〉。彼によれば、スコモローフたちが群れを作り、それぞれの芸人が街頭で芸を披露していたという。貴重なのは、都市の路上で、芸人集団が楽器演奏、人形芝居、曲芸や踊りを披露していたことについてオレアリウス自身が観察し、詳細に描写していることである。彼が市中のロシア語（俗語・侮蔑語を含めて）を十分理解できたかは不明だが、度を越した会話や振る舞いが「真面目に罰せられない」ことを非難して彼は次のように記している。

図 19 - 1 ●オレアリウス旅行記スケッチ
路上の芸人集団　中央に人形劇

図 19 - 2 ●ラドガ近郊の歌と踊り

酒場楽師が忌わしい内容の歌を戸外で夢中になって歌ったり、お金を取って若者や子供に人形芝居を見せている。この踊り手は熊使いともなるし、人形劇を演じるコメディアンにもなる。このコメディアンは、自分の身体に布を巻き、それを上方に掲げることで移動舞台を作り、通りを走り廻っては、その舞台上で人形芝居を見せている。[28]

これは、放浪芸人の姿だけでなく、最初期のロシア人形劇について知る上でも貴重な記述である。また、群れをなして街頭で芸を披露しているスケッチには、熊の芸、曲芸、楽器（グースリ）演奏、そして人形劇（その内容が、ペトルーシュカがジプシーから馬を買う場面であることもロヴィンスキイにより指摘されている）[29]の光景が描かれている。さらに、このオレアリウスの記事が書かれたのとほぼ同時期の納税台帳の記録を根拠に、地方別の大まかな人数と所在を記述する試みもなされており、この芸人の歴史社会学的な解明が行われている。[30]

弾圧・禁止令

スコモローフの歴史と在り方にとって最大のターニングポイントとなったのは、一六四八年にアレクセイ帝が地方代官に宛てて送った指令である。複数回にわたって出されたこの法令により、少なくとも職業・住居集落面での、この芸人の確認は事実上不可能となり、以後、公式文献上は、スコモローフは存在しないこととなった。その意味で、それまで『百章』等で行われてきた活動批判が国家と教会の名において完結したのであり、これを契機に、中世の放浪芸人は歴史の表舞台」からは姿を消し、「辺境」や「地下」へ身を隠すこととなった。

生き延びる芸人たち

では、これをもって中世の放浪芸人が体現した芸能世界は終わったと結論づけるべきなのだろうか。この点について言えば、ロシアの中世と近代（近世）の区分と対比は、少なくともこのスコモローフ文化に関する限り、フィクションであるのかもしれない。[31] というのも、アレクセイ帝のスコモローフ禁止後も、この芸人が人々の間で確実に生き続けていたことを示す事例は多く、ある意味で枚挙にいとまがないからである。そのいくつかを見てみよう。

冥府への降下

十七世紀末―十八世紀初頭に成立したと考えられる『スコモローフの物語』（正式タイトルは「ある高利貸商人について」、十八世紀のバルソフ文書の中に発見された）と呼ばれる手稿テキストでは、[32] スコモローフは地獄にまで足を運ぶと語られる――ある高利貸の男が亡くなり、その柩が墓穴の底に深く見えなくなって家族が悲しんでいた。そこにスコモローフがやってきて悲しみの訳を知ると、彼は死者の魂の行方を求めて穴の底の地獄へと下りていく。悪鬼に囲まれた高利貸と会い、グースリを奏でて踊ることで悪鬼の機嫌をとる一方、寄進を約束する。地上に戻った旅芸人は司祭のもとへ行って死者に代わって懺悔し、家族には地獄で見聞きしたことを語る。家族は教会と乞食に寄進し、四〇日間の祈祷後、高利貸の魂は地獄の責苦から解放された、というのが荒筋である。

結末として、死後四〇日供養の重大さを教え諭すことがこの物語の主題と考えてよい。だが、その上で、多くの興味深い筋展開と細部があり、それがスコモローフの行動と緊密に結びついていることは注目すべきである。物語写本の発見に関わったロシア中世文学研究者によれば、この物語を生んだ民衆意識はスコモローフと聖職者との間の「儀礼的抗争」を反映したものだという。本来は教会とは直接関わりを持たないどころか、時に敵対する存在であるスコモローフだからこそ遺族の教会への寄進を可能にし、供養の祈りを得心させ、風習化させたのだろう。別の言い方をすれば、死者と遺族と教会とを結び、黄泉にあって魑魅魍魎とも交流できる「自由な」存在なのかもしれない。

ルボークのスコモローフ

上で紹介したルボーク《踊り手とスコモローフ》を見よう。服装を、例えばオレアリウスのスケッチと比較すると、ルボークではいくらか西欧風の道化師となっているのは明らかである。スコモローフがお家芸としていた人形劇の代表的な演目《ペトルーシュカ》が、やはり上であげたルボーク《楽師ファルノス》の口上において、そのまま芸人の名前になっていることも、この放浪芸人とその芸が十九世紀にも継承され、生きていたことの大きな証明である。

定型の言い回しとして

しかも、この《踊り手とスコモローフ》のルボークに描かれる二人は、有名な諺「みんなが踊るけれど、スコモローフのようにではない」としても語り継がれている。その事例はA・N・ラヂーシチェフ作『ペテルブルクからモスクワへの旅』に読むことができる。この書は、一七九〇年に自家印刷され、多くの部数が流布したが（最新の研究成果によれば、印刷されたのは六五〇部程度、手書きで写された版も含めて現存するのは約三〇部という[33]）、この書に対するエカテリーナ二世の「農民反乱よりも悪い」の評により、ただちに発禁となり（その時期に厳密な意味での検閲制度は存在しなかった）、著者が死刑宣告を受けたことで知られるもので、その「イェドロヴォ」の章に問題の諺が登場する。

この章の大きなヤマは、村娘アニュータが語る自らの悲惨な過去に作者が心を震わせる場面である。彼女の運命と、そして、その中で今をけなげに生きる姿に、自分自身が驚愕し昂揚する精神の動き（共感）が描写されるのだが、その章の最終部分で、作者が娘と別れて、馬車で村駅を後にする箇所にあって、この諺は御者の口からごく自然に発せられたと記されている。問題は、それに続く以下の文章である。

「みんなが踊るけれども、スコモローフのようにではない」、私は馬車の中から出ながら、繰り返した……「みんなが踊るけれども、スコモローフのようにではない」、私は身をかがめ、そして起き上がり、背を伸ばしながら、こう繰り返した［傍線は引用者］(34)。

主人公である作者は、御者がつぶやく前からこの諺をすでに知っていたのか、あるいは初めて聴いたのか。それとも、知っていた（聞いていた）けれども、改めて「発見」したのだろうか。この問いは、作家たる貴族インテリゲンツィヤが民衆の口承文学とどのように向き合っていたのかを考える上で重要な問題となるはずである。引用文では「繰り返す」と同じ言葉の反復として訳したが、実はそれを意味する原文ロシア語の言葉は別である。後者 povtoril が「単純に反復する」の意味であるのに対して、前者 govoril が「確認するために繰り返す」であることをどのように考えるべきだろうか。この言い回しを初めて耳にして、それを自らに納得させるべく口ずさみ、それを記憶すべく繰り返したのか、それとも、すでに知っていたが、繰り返すことで再確認したのか、そのどちらかを決める手立ては見当たらないが、筆者には前者が妥当と思われる。

スコモローホフという名前

後世までスコモローフが伝承された例をさらにもう一つあげる。

一九〇〇年に北ロシアの或る村で語られた《ヴァヴィーロとスコモローフ》と題されたユニークな英雄叙事詩《ブィリーナ》の一作品（これについては後述）がそれである。この叙事詩が採録された際の聞き書きによれば、かつてその村には、スコモローホフという姓を持つ家族がいくつか住んでいて、その中の一人の女性は古謡を歌っていたという(35)。

スコモローフの名は、現代においても、大衆娯楽や各種のイベントの中で笑いを誘う道化役者の代名詞として老若男女のすべての人々に記憶されている。

3　道化群像

戯け者たち

ルボークには、それを見る者に笑いをもたらす光景が、画像の登場人物の所作ならびに言葉とともに描かれているものが多い。この笑いを呼び起こす役目をもっとも効果的かつ集約的に果たす人々こそが一群の道化・戯け者たちであり、彼らの「肖像画」はルボーク全体の中でも深く熱愛され、人気のあるテーマとなっていた。このことはルボークの魅力を考える上で欠かせぬ大きな特徴の一つである。

彼ら道化の出自は、外国渡来とロシア土着、宮廷と街頭といったタイプ分けができるかもしれないが、以下に見るように、それらのボーダーは必ずしも判然でなく、それぞれの要素が複雑に交錯し合い、多種多様の様相を示している。彼らはそれぞれが個性的な存在として、各自の「笑いの技法」(例えば、楽器演奏、動物芸、人形劇、自身の身体所作、ミミック、歌、踊り、話芸等)を持っていた。

道化の掛け合い

そうした道化の芸の中で、彼らが「相方」をともない、掛け合いを披露していたことはルボークの画面上に多く見られる。ペアを作ることで彼らの笑いは増幅され、より大きな効果をもたらしていたことは明確である。

代表的ペア

主なる道化・芸人の名をペアの形であげてみると、フォマーとエリョーマ、パーシュカとエルモシュカ、ヴァヴィーロとダニーロ、パラモーシュカとサヴォーシカ、パンチューハとフィラート、カルプとラリヤ、ゴノスとファルノス等、限りがない。むろん、それぞれが単独で、あるいは、さらにもう一人が追加で登場する場合も少なからずあるが、ここにあげたペアは、見る者聞く者には、まるで対句のように、反射的に名前が口に出るものである。ちょうど、漫才の「ボケ」と「ツッコミ」のように（さらに、もう一人プラスされる場合は三人漫才となる）である。しかも、これらの名前の多くは、ルボークに描写されるフォークロア――昔話、英雄叙事詩、諺や民衆劇等――、あるいは、キリスト教の聖人名として、人々にはすでになじみ深い人物ばかりである。ここで名前のそれぞれについて語源等の説明をすることは省くが、多くが愛称形であることは、人々の日常における呼びかけ文化の在り様、また、観客や聴衆との関係からすれば、当然である（例えば、エリョーマの正式名はエレメイであり、パラモーシュカはパラモン、サヴォーシカはセヴァスチヤン、パーシュカはパーヴェルの愛称）。

フォマーとエリョーマ

まず、ルボークでは、他に異版のない一枚ものとして知られるが、登場する両者とも代表的な道化名である《フォマーとエリョーマ》を見よう。十八世紀前半の木版画で、一七七〇年代に刷られた版がオルスフィエフのコレクションに収められ、一九一五年以降、現在までロシア・ナショナル図書館蔵、二七・八×三二・八センチの大きさである（一八九番〈図20〉）。二人の間、頭上の七行にわたる文章は見事な彫りだが、文意はなかなか要領を得ない。

フォマーとエリョーマは二人兄弟、エリョーマのケツにはキツネの尾、フォマーには奥さんがいるが、兄弟にはいない。エリョーマが家で座って、奥さんに紡錘を削ってやると、奥さんは糸を紡ぎ、編み籠に入れる。

屋内（家か酒場か）での酒飲み場面で、左がフォマー、右がエリョーマであり、彼の肩に乗るかに見える鶏がどこか意味ありげである。中央テーブル上の飲み物と二人が酌み交わす酒については、言わずもがななのか、文言にまったく言及がないのは興味深い。多くの単語が韻を踏み、言葉遊びとなっているが、ここでは触れない。ロヴィンスキイは、文字テキストに判読不明の疑問符をつけただけでなく、作品の「読み」をまったく提示していない。ディテールの考証にこだわる彼としては「手を焼いた」可能性がある。かろうじて、現代

図 20●木版画《フォマーとエリョーマ》18 世紀前半　27.81 × 31.8

のルボーク研究者のミシナが「おそらく、テキストはインテルメディアではないか」と記しているが、その具体的根拠は示されぬままであり[36]、文言が全体として断片的なことから、一つのメッセージを得ることが困難なことは否めない。

それでも、以下にあげるいくつかの点は確認しておきたい。すなわち、フォマーの名がイエスの一二使徒の一人トマス（最初はイエスの復活を信じなかった）に遡り、「疑い深い」人物であると同時に、イエスに似た双子のイメージを持つのに対して、エレメイ（古代ユダヤ語）を起源とするエリョーマは、道化的な馬鹿の程度がより大きく、二人の派手な服装がいかにも新時代の道化のものであること、また、女性の主要な家内労働が具体的工程と必要条件を交えて言及されていることである[37]。

トリオも

この二人にもう一人が加わって、三人で繰り広げられる会話場面を描いた作品《フォマーとエリョーマとパラモーシュカ》（一八八番〈図21〉）にも触れておく。ただし、三人目は、どうやら道化ではないらしい。前者二人は先にあげたのと同じく兄弟、左側のフォマーと右側のエリョーマの間に割って入る中央の男が寺男パラモーシュカである。上部説明文によれば、仲良く暮らすフォマーとエリョーマの兄弟がウサギ狩りや魚取りを試みるが、いずれもうまくいかず、最後の言葉は「エリョーマにはブリヌィ（ロシア風のパンケーキ、ブリンとも）、フォマーにはピローグが与えられたが、中身はスズメがついばんだ」。パラモーシュカは、右奥に描かれた教会からこの怠け者の二人を諭すべく遣わされたのか、それとも、教会関係者であっても、下位の人物として兄弟漫才に色を添えるべく参加した、やはり《お馬鹿》なのだろうか。

物語化

フォマーとエリョーマのコンビについて考える上で欠かせないのは、この両名を主役として、タイトルにも二人の名前を冠した物語の存在である。《フォマーとエリョーマの物語》（《二人の兄弟エリョーマとフォマーの物語》《エリョーマとフォマーの

図 21●木版画《フォマーとエリョーマとパラモーシュカ》18 世紀半ば　30.1 × 34.4

物語》等）と題された手稿作品がそれであり、現在まで六点の手稿版が残っているという[38]。この作品群は、十七世紀に写本の形で広まり、十八世紀以降もさらに多くの版が生まれ（その流布に、ルボークの影響があったのは当然である）、後世（現代までも）大きな反響をもたらしたことが明らかになっている。むろんのこと、残存する十七世紀の六点というのは、あくまで狭義のテキストロジーの範囲内のことであるから、研究者が認めるとおり、口承「テキスト」がどれだけ流布していたかはわからぬままである。物語の一つの版では、二人の兄弟は商人の息子であり、この二人の行動がそれぞれ対比的に繰り返される（「エリョーマは商いのため、フォマーは買い物をしに、ともに市場へ、エリョーマはキャベツを、フォマーは粉を」）。二人とも楽器（グースリとドムラ）を所有するのは、やはり放浪芸人との関わりからだろうか。文章ではエリョーマがハゲ男で、フォマーが疥癬病み（あるいは、ろくでなし）、二人とも太鼓腹で、ずんぐりして、ひげだらけ、鼻が曲がり、賢さは同じとされ、主人や寺男に怒られ、詰められるのも同じである。物語の締め言葉は「二人の兄弟でお終い！　エリョーマとフォマー、二人のどうしようもないお馬鹿には、笑いと汚名を！」[39]。文字通り、ナンセンスを基調とした、近代庶民の笑いの世界である。

パラレリズムその他

この物語に関する研究史の上で見逃せないのは、手稿の調査者がテキストが「安定しない」

neustoichvyi という、いわば自明のことを繰り返している点である。そのことは何を意味するのか。それは、物語《フォマーとエリョーマ》の「テキスト」の大きな特徴として、そこで語られる物語には、物語展開の面白さや主題性がきわめて弱く、むしろ個々の言語表現、具体的に言えば、格言や諺などの慣用的表現、特に対句法（パラレリズム）が大きな魅力となっていることであろう（「エリョーマには首に一発、フォマーには小突き」「エリョーマは樹皮の草鞋を履き、フォマーは皮の草鞋を履く(40)」）。物語が、兄弟の対比を執拗なまで機械的に繰り返し、筋展開を「遅延」させ、筋の運びや「内容」に関心を向けないかに見えることも、口承性のなせる技である。その意味からすれば、口承性が、時に「物語」に勝ることがある典型例と言えるかもしれない。そして、この物語よりも後に作られたと考えられる先のルボーク作品は、その「容量」と「形式」ゆえに、物語が「削除」されたもの、あるいは、まったく自由に改変・再創造された作品と考えることができるだろう。

以上は、道化を代表するフォマーとエリョーマについてだが、彼らの名前は多くの代替名を持ち、パーシュカ、ボリス、プローホル、後述のサヴォーシカ等々へと入れ替わっていく場合がきわめて多くある〈図22-1・2〉。だが、いずれも二人の果てしなく、かつ、他愛のない掛け合いが基軸となっていることに変わりはない。

ヴァヴィーロとダニーロ

《ヴァヴィーロとダニーロ》は、タイトルにある二人とも英雄叙事詩や昔話に登場するヒーローだが、ここでは服装からしてすでに十八世紀の人物である。これもアフメチエフ工房作の銅版画である

図 22 - 1 ●銅版画《フォマーとエリョーマ　プローホルとボリス》18 世紀末　25.5 × 36.5

図 22 - 2 ●木版画《パーシュカとエルモーシカ》18 世紀前半　30 × 36.7

（一九四番〈図23〉）。絵の下の文章によれば、左側のヴァヴィーロが右のダニーロに向かって言う、四つん這いになれよ、おれが馬乗りになり、グドークを弾いたら、ヤギが躍るから。ダニーロが大声で答える、おまえはきちんとグドークを弾け、おれはおまえをしっかり支えてやるから。ヴァヴィーロはダニーロの上に乗った、そして弾き始めたとたん、ヤギが鳴き出したので、二人ともひっくり返りそうになり、ヴァヴィーロがグドークを投げ出し、今度はそのグドークがダニーロのヤギのところへ飛んでいった、ヴァヴィーロはグドークをそのままにしてその場から逃げ出した。

　いずれにしても、内容はナンセンスな

図23●銅版画《ヴァヴィーロとダニーロ》

ドタバタ寸劇である。ロヴィンスキイはヴァヴィーロを道化とは認めるが、劇・物語そのものの典拠を記していない。

英雄叙事詩のヴァヴィーロ

先に触れた英雄叙事詩《ヴァヴィーロとスコモローフ》は、農民の息子であるヴァヴィーロが、スコモローフの誘いに従って旅立ち、到着した「異域の王国」を滅ぼし、その国の王となる物語である[41]。これは一九〇〇年に北ロシアの或る村で、後に有名となった歌い手の女性M・A・クリヴォポレーノヴァ（一八四三―一九二四年）から採録されたもの。彼女だけのレパートリィである点でユニークだが、それだけでなく、作品の細部に多くの謎めいたモチーフと細部が含まれている点でも興味深い口承歌謡である（V・N・トポロフは、この作品の基層に印欧神話が存在することを指摘する[42]）。

特にここで注目したいのは、先に述べたスコモローフが十九世紀を生き延びて、この歌謡にも姿を見せることであり、しかも、民衆の中のコメディアンたるスコモローフがキリスト教聖人の面も備えていることは興味を引く。それが、スコモローフとキリスト教との習合を示すものか、あるいは、時代的に十九世紀末まで、スコモローフがこのようにして生き延びた事例ととらえるべきかについては、さらなる考証が必要である。そして、旅の途中で出会った二人の聖人クジマとデミヤン（作品では「聖なるスコモローフ」として登場）がヴァヴィーロの楽器演奏を手助けする楽器が、やはりグドークであることも重要である。

昔話のヴァヴィーロ

一方、昔話ではヴァヴィーロはスコモローフであると同時に、人々に真実を語る聖人となる。その点では、昔話においては、かつてのスコモローフが備えていた「異教性」はある意味で「放棄」されているのかもしれない。ヴァヴィーロの相方であるダニーロも昔話や英雄叙事詩でおなじみの人物である。ダニーロ（ダニーラ、ダニイル）という名は裁判官を意味する古代ユダヤ語から派生したことから、そこには、戦いと裁きの長い歴史（「五〇年間、仕え、五〇人の王を殺した」）が秘められている。さらに、英雄叙事詩《ミハイロ・ダニーロヴィチ》では、主人公ミハイロの父であるダニーロは齢九〇となり、主であるヴラヂーミル公の許しを得て修道院入りを果たすが、その後も、若き息子ミハイロとともども敵と戦い、勝利する勇者である。[43] ただし、この二人を描いたルボークからわかるのは、中世から伝承された英雄叙事詩のヒーローの活躍が、今やごく日常的な生活の場へと舞台を移し、ごくありふれた人々の掛け合いの言葉と所作へと変容していったことである。

パラモーシュカとサヴォーシカ

作品《パラモーシュカとサヴォーシカ》（十八世紀前半、一九一番〈図24〉）は、二人とも楽器を演奏する場面を描いたものである。中央の大きな男パラモーシュカは頭に帽子の代わりに大きな編み籠をかぶり、手に匙楽器（ロシア風カスタネット）を鳴らし、ヤギに乗る。左の背の低いサヴォーシカはグドークを弾いている。先のルボークと同じく、パラモーシュカが神学校生でありながら、ひげや服装、そして相方と楽器に興じている姿や面構えからすれば、彼も《お馬鹿》仲間の一員に加えることができる。絵全体の雰囲気がそのことを物語っている。

図 24●木版画《サヴォーシカとパラモーシュカ》
18 世紀前半　36.3 × 30

図 25●木版画《パラモーシュカとサヴォーシカ　カルタに興じる》
18 世紀前半　29 × 33.1

同じ名前の二人が、今度は、衣装から見て、明らかにロシアの町人風の姿で登場し、カルタに興じる場面（十八世紀前半、一九二番〈図25〉）は、室内インテリアや遊具を知る上で貴重な資料である。ただし、先述の掛け合いの物語は影を潜めて、遊戯という題材を優先させた風俗画と化した感がある。悪魔か、人間か、背後からの囁きが聞えるほどにリアルである。

さらに《お馬鹿》たち

《カルプとラリャ》は、名高いアフメチエフ工房で十八世紀後半に作られた銅版画（一九三番〈図26〉）。二人とも多くの鳥を捕まえることは同じ趣味だが、片や、飲み込んだり、羽をむしり取っては食べて肥え太り、片や、ありとあらゆる鳥を集めてはカゴに入れておき、飢えても籠の口を開けることはない、といった掛け合いをする。扮装も容姿も、いささかグロテスクな二人の像であり、名前から考えて、外国に題材があると思われるが、詳細は不明である。市中を徘徊し、流浪する行商人＝芸人の一種か[44]。

道化ゴノスも、その名前から見て、明らかに外国から渡来したと考えてよい。ファルノスの相方として登場するルボーク（二〇九b番〈図27〉）では、中央でロバの耳をして、竹馬《ちくば》（馬の首付き棒）に跨る姿で描かれている。題材と図柄をドイツの民衆版画から借用したとの考え[45]も捨て難いが、やはり、イタリアのパントマイムに起源を持つもので、アルレキーノと同様に、インテルメディアの主人公＝

道化師だろう。下部の文言は、

お馬鹿のおいらの名前はゴノス。大きくて重たい鼻が困りもの、ひげと頭髪は深い森、頭の中はからっぽ。着ているのは格子縞の上着、そこのボタンはでこぼこで、チリチリ音を出すけど、ちぎれている。おいらは旅の身支度をし、おいらの馬が走って躓かぬように、拍車でわき腹を打たないように、自分の馬に鞭をくらわす。肩にはこのカラスを止まらせて連れて行く、甘いその歌声が欲しいからさ、カラス

図 26●銅版画《カルプとラリャ》

図 27●木版画《ゴノス》18 世紀半ば
34.1×23.9

の歌はとても素晴らしい、けれども、
その鳴き声は長くは続かない。(46)

ロヴィンスキイによれば、ゴノスとファルノスの絵はラコスタとペドリーロ（二人はライバルだった）を描いたものだというが、あまり明確な根拠は見出せない。おそらく、ゴノスもファルノスも架空の外来道化と考え、そのモデルとして実在した宮廷道化師であった二人の名前をあげたのであろう（この二人については次章）。ゴノスの棒は何か。アルレキーノの杖なのだろうか。ファルノスが跨っている豚が多産と豊穣の象徴であるのにたいして、ゴノスが跨るものは、明らかに、仮装して練り歩く人々の衣装の一部として、現代でもロシアの地方の農村で見られる「雌馬の頭」〈図28〉と類似してはいないだろうか。

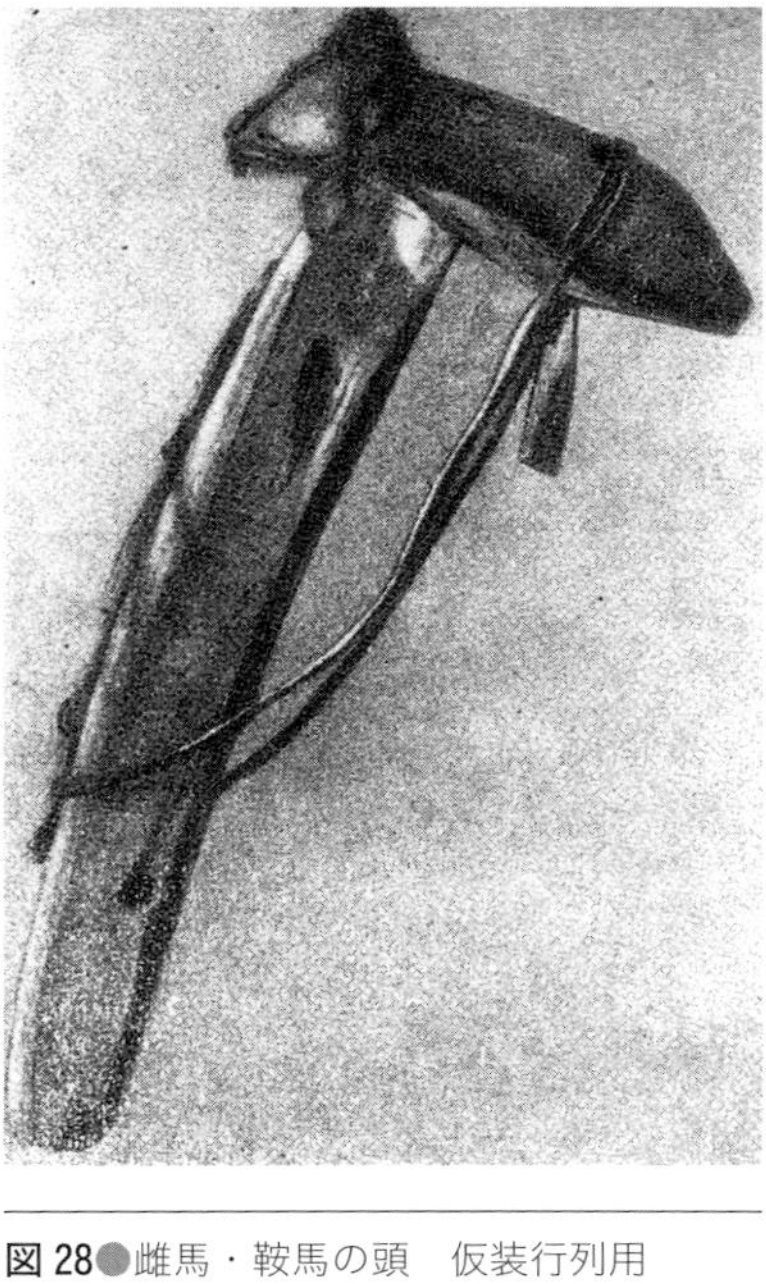

図28●雌馬・鞍馬の頭　仮装行列用

ロシアのアルレキーノ

イタリア喜劇を代表するアルレキーノはロシアでも早くから（文証は十八世紀初頭以降）道化師の代名詞として広く知られていた。[47] もっとも、その浸透が頂点に達するのは、イタリアからの複数の劇団がロシアを巡業先とした一七三〇年代以降である。そして、このアルレキーノの浸透と同時期に、ほぼ同じ意味で使用された言葉がガーエル gaer である。両者のイメージはロシアで混ざり合い、一体化していったと考えられる。ガーエルという言葉は、「バイオリン弾き」を意味するドイツ語 Geiger から派生したとする説もあるが、正しくはフランス語 gaillard（ずるい奴・屈強な男）が語源である。[48]

図29●銅版画《ガーエルと仲人婆》18世紀　23×27

ガーエルは、十七世紀半ば以降、ロシア風の世俗劇、特に幕間劇

（インテルメディア）（《ガーエルのインテルメディア》《ガーエルの結婚》《ガーエルと仲人女》）やルボークに盛んに登場した道化師である。特に興味深いのは、先にあげたゴノスも登場人物の一人となる寸劇《ガーエルと仲人女》が、きわめて簡略化された形でルボークに描かれたことである（ロヴィンスキイ、一三七番〈図29〉）。さらに言えば、次の第3章で述べるイタリア渡来の芸人ペドリーロが、もともとはバイオリン奏者であったことを考えると、すでにこの時点で、ペドリーロがガーエルを経由するかたちで、ロシアにおいてアルレキーノ化していく過程が予見されるはずである。

新旧芸人総見

このように、十七世紀半ば以降、ロシア土着の伝統的放浪芸人のみならず、外来のアルレキーノやガーエル、ゴノスやファルノスといった人々が縦横に活動を開始していた。そこに加わったのが、ロシア・フォークロアですでにおなじみのヒーローたちである。多くの場合、彼らは名前をそのままに残しながら、服装やイメージを変え、時には、キャラクターまでも変更させて、今や《お馬鹿》役者として「舞台」に登場したのである。降って沸いたかのように時代のステージに姿を見せた多くの道化たち。彼らを、その出自・起源ならびに変貌、活動の舞台と芸の中身、役割等を指標としてタイプ分けすることは可能だろうか。

宮廷から路上へ

ロヴィンスキイは、ゴノスとファルノスが「宮廷道化 Hofnarr から民衆道化 Volksnarr への移行」を示す存在である、とする。[49] ここには、外来の道化師がまず宮廷内で活躍し、その後、市中へ活動の場を広げていった、言い換えるならば、文化・風俗は社会の上層から下層へと移行あるいは下降するという《図式》がある。それは、大まかな傾向としてありうるだろうが、それのみで十分説明しきれるとは思われない。ファルノスに結び付けられるペドリーロ（ピエトロ・ミーラ）が市中で活動した証拠がまったく見出せないことからしても、さらに詳しい個別事例としての検証が必要である。むしろ、考えられるのは、道化師・放浪芸人にたいする記憶が社会上層部と民衆の文化の双方の面で、例えば、噂話や諺・格言という形式の中で同時的に、あるいは、別個に構成され、それらの記憶が混ざり合う形で共有された可能性である。道化師は、通常は「隔絶」しているかに見える二つの文化現象（モノ、ヒト、コトの各レベルでの）を結ぶ役割を担い、相対する両者の境界領域を「生きる」ことにこそ、その存在理由があった。

民俗音楽研究者の見解

もう一つ、興味深い指摘を見ておこう。それは、ロシア革命前の民俗音楽研究の分野で貴重な仕事を残したA・S・ファミンツィンの『ロシアにおける放浪芸人』（一八八九年）――スコモローフ研究における、文字通り最初のモノグラフであり、現在も「古典」として、その意義を失わない——の中の記述である。

彼が注目したのは、放浪芸人を指す二つの表現として、人々の間で言われている「エンドウ色の道化」shut gorokhovy と「縞模様の道化」shut polosatyi という言い回しである。(50) ファミンツィンの説明によれば、「エンドウ色の道化」という表現は、クリスマス週間のマスカラード参加メンバーとして登場するエンドウ色の衣装を着たクマとのつながりを示唆するのではないか、さらには、謝肉祭（マースレニツァ）で運ばれ、最後は燃やされるエンドウ豆の藁人形と関係するのではないか、という。彼自身もこうしたつながりを仮説としているとおり、この点の解明をここで行なうのは断念し、さらなる民俗学・民族学調査と資料の精査が必要だろう。重要なのは、道化とクマと藁人形が祭事の中で一体化していることであり、そして、クリスマス週間であれ、マースレニツァ週間であれ、民衆の異教的祭事（あるいはエンドウ豆に象徴される農事）と、娯楽を提供する芸人という存在が緊密に結びついていたことがこの「エンドウ色の道化」という言い回しを生んだという事実である。それに対して、「縞模様の道化」としてファミンツィンが例示するのは、上述したゴノスの衣装である。

したがって、ファミンツィンの念頭にあるのは、前者がロシアの伝統的なお笑い芸人（スコモローフ）、後者が外来の、あるいは宮廷の芸人、という区分けである。より正確に言えば、そうした分類が民衆の間には存在していた、ということだろう。そうした民衆の分類法は、ある意味で「民衆語源」を思わせ、区分けとしては直感的で、ごく素朴なものかもしれないし、そもそも、ファミンツィンが注目した二つの言い回しがどの時期に登場したのかは大きな疑問として残る。彼が生きた同時代である十九世紀後半（それは、ひいてはロシア民衆文化への社会的関心が高揚した時期に該当する）に、この表現が生まれ、一般的に知られていたのか、ここで問題として考えている十八世紀前半にすでにあったのか、この点は不明である。

道化文化の重層化

だが、後者と仮定するならば、ファミンツィンの指摘には注目すべき視点を見出すことができるかもしれない。なぜならば、これが、十七世紀半ばから十八世紀初頭・前半にかけて「舞台」に登ったさまざまな道化師を民衆がいかに受け止めていたか（たんに、服装の色や模様だけでなく）を示すだけでなく、道化文化の「重層性」をも示唆しているからである。言い換えれば、少なくとも十八世紀初頭から前半には、道化文化をめぐる《ダイグロシア》状態が存在していた可能性が暗示されているのである。

《お馬鹿》が跋扈する時代

スコモローフに象徴される中世的コミュニケーションと伝統的フォークロアは、今や「過去の」ものとなりつつあった。外国からも、そして宮廷からも「派手な装い」に身を包んだ芸人と道化師が目新しい演目を持って「舞い降りてきた」からである。そして、両者は激しく対決・闘争しながら、しかし、おそらくは、ただちに「文化変容」を生み、新たないくつもの道化像を生み出していったのではなかったのか。道化あるいは道化に扮した多くの《戯け者》が跋扈する時代がここに現出していた。

そのような想いをもってルボークに描かれた多数の道化師やお笑い芸人たちの衣装の紋様と（そして作品が彩色されていれば）服の色を改めて見つめてみると、そこには、外来か土着かという区分を超えて、今や、混然一体となった道化師・芸人の姿が浮かび上がってくるのではないか。

4　伝承される《お馬鹿》

道化の言動を主題とする物語は、時代と場所を超え、さらに、特定の人物名までも超えて伝えられていく。そうした小噺は限りなく多い。ここで取り上げるのは、バラキレフをはじめとした、歴史上で文字通り道化として知られた人物でなく、風変わりで、馬鹿げたさまざまな言動や所作、場合によっては外見でもって人々のイメージを喚起させて記憶に残った人物である(51)（この節を《お馬鹿》と題したのはそのためである）。そして、以下で紹介する、多少とも複雑な経緯が、異文化理解のズレとして顕在化したことも予め断っておこう。すなわち、話の主人公となる《お馬鹿》の存在が、或る外国人のロシア滞在・観察記録がロシア語訳されたのを契機として表面化した例である。

ある外国人の聞き書き

イギリス人のサミュエル・コリンズ（一六一九―七〇年）〈図30-1〉は、医師を招聘したいというアレクセイ帝の希望を受けてロシアを訪れ、一六五九年から足かけ九年にわたってロシアの宮廷内で働いた[52]。当時のロシア医学、特に近代医学面でのレベルは、十七世紀半ばにモスクワに医学学校が開設されたとはいえ、西欧からは大きく遅れていたから、外国から多額の報酬で医師を呼び寄せることが急務であり、特にイギリス人医師への期待は大きかった。コリンズの仕事ぶりは予想以上で、十六世紀末からあった医薬官署の活動[53]を著しく向上させたとされている。その彼がイギリス帰国後に記した『ロシアの現状』（一六七一

図30-1●アレクセイ帝期の侍医サミュエル・コリンズ（1619-70）

年〈図30‐2〉は、宮廷を中心とするロシア社会の具体的な様子を外部の眼から観察し、つぶさに記録した貴重な資料として知られるが、そこに、ほぼ一世紀前のイヴァン雷帝に関する言い伝えがいくつか記されている。以下に引用するのはその中の一つである（英語表記は原文のまま）。

彼〔イヴァン――引用者〕がカザン Casan の貴族 Nobleman で、名をプレシェア plesheare というハゲの人物を呼びにやったところ、地方代官 Vayod は一五〇人のハゲ男を連れてくるように命じられたと誤解した（ロシア人はそう言っている〔コリンズによる注記〕）。というのも、この貴族の名前に似た響き

図30‐2●コリンズ《ロシアの現状》1671年　著者は1670年に死去したので　没後の出版

のpolterasteには多くの意味があるためである。そこで彼は八、九〇人程のハゲ男を集め、当地ではこれ以上は見つけられませんでしたとの言い訳とともに、許しを請うた。多数のハゲ男を見た帝は、その意味がわからず、十字を切った。しまいに帝は、手紙を送った者を呼び、軍司令官にどのように書いたのかを書記に訊ねた。書記はその写しを見せ、そこで誤りが見つかった。ツァーリはハゲ男たちに三日間酒を飲ませて、送り返した。[54]

いかにも笑い話風の物語だが、このイギリス人侍医は、彼の滞在時からは一世紀ほどさかのぼるイヴァン雷帝期の話が宮廷内で語られていたことに興味を持ち、面白がって記録したことになる。

『ロシアの現状』の意義

コリンズの『現状』には、全体として、ロシアの国情や人物評、宮廷ないし民間のさまざまな風習が記されているが、それ以外にも、いくつもの物語が記録・紹介され、中でも「昔話」「物語」は一章分（原文英語版では全二八章の第一二章、ロシア語訳版では全二六章の第一〇章）が割かれている。特に、イヴァン雷帝に関する話が多いという事実に対しては、これまでロシアのみならず複数の欧米の研究者までが注目してきたことに示されるとおり、大きな意味を持つ考察対象と考えられるが、ここでのテーマではない。[55] ここで何よりも確認すべきは、雷帝から一世紀を経過したアレクセイ帝の時代に、雷帝の記憶が当時なお新鮮であり、宮廷内での彼の言動、それも笑い話の主人公としてのそれが、しきりと話題になっていたことである。

笑い話は通じた？

問題は、イギリス人医師が小耳にはさみ、面白いと感じたからこそ書き記したと思われるこの話の「おかしさ」がどのレベルで理解されていたかである。そして、おそらく記録者も、この笑い話の面白さがイヴァン帝の権力の強大さや寛大さだけにあるとは感じていなかったことは間違いない。命令の取り違え、すなわち、ツァーリと彼の書記と地方代官との間に正確なコミュニケーションが成立しなかったこと、ロシア人同士の間に音と単語の聞き取りミスがあったことまでは、このイギリス人にもわかっていた。そのことは引用文の「貴族の名前に似た響きの polteraste には多くの意味があるため」として聞き間違えの理由を記していることから明らかである。表記されている貴族の名前 Plesheare と一五〇（polteraste と聞き間違えた、とされるが、正確な転写では poltrasta）とは、確かに二つの単語の語頭とそれに続く子音が同じである点で、聞き間違えられる可能性は少なくはない。

だが、貴族の名前とされたプレシェア Plesheare についてはどうか。固有名詞であることからすれば、何らかの裏付けが求められるが、コリンズにそれについての知識がなかったのはやむを得ないことである。このプレシェア pleshеare に何らかの根拠を与えるという課題に最初に直面したのが、『ロシアの現状』のロシア語翻訳に挑んだピョートル・キレエフスキイ（一八三〇年代半ばに始まったロシア・ナショナルをめぐる論争の一方の雄《スラヴ派》を代表する兄弟の弟、一八一八―五六年）である。そして、結論から言えば、この問題を解決するために、キレエフスキイはタラス・プレシチェエフなる人物を「登場させた」のである。(56)

貴族の名前

まず、姓について見れば、コリンズが Pleshearе と記した言葉をキレエフスキイはプレシチェエフ Pleshshev と翻訳・表記した（訳者の考えを英文に反映させるならば、コリンズの表記は Pleshcheev となるだろう）。その理由と根拠は何か。それは、明らかに、イヴァン雷帝期に実在していたオプリーチニキ（雷帝の親衛隊）が輩出したプレシチェエフ家のことを念頭に置いていたためと考えられる。オプリーチニキに参加したこの一族の多くが処刑されたことからすれば、そのことの記憶が訳者に蘇るのはごく自然である。コリンズがそこまでの歴史を知っていたかどうかは不明であり、むしろその可能性はきわめて低い。

コリンズが表記した貴族名 Pleshearе からは、訳者キレエフスキイが選択したプレシチェエフ以外にも、プレシヴィ Pleshshivyi、プレシチェイ Pleshshei、プレシヴォイ Pleshshvoi などが考えられる。(57)そして、こうした貴族名の背景にあるのは、何よりもハゲを意味する名詞である plesh、そして形容詞の pleshivyi であることは明白である。プレシチェエフ一族をはじめとして、それに類する貴族名の語源そのものまで遡って、ハゲが多い人々の集団の容姿をもって愛称とし、それがそのまま定着したという「物語」は興味深いが、何ら裏付けはない。だが、名詞・形容詞から固有名詞へと連想させていく過程そのものは否定することができず、であれば、キレエフスキイが、「ハゲ男」の登場する小噺にイヴァン雷帝期に活躍した或る一族のイメージを重ねたことは、ある意味で当然だった。コリンズは、人物名とその容姿としてのハゲとを併記したにもかかわらず、両者の言葉が語源的に通底することには気づかなかった。そのことは外国人とすれば不思議ではない。

ハゲ男タラスの登場

だが、キレエフスキイによる『ロシアの現状』のロシア語翻訳をめぐる主要な点はそれにとどまらない。訳者が、英語原文にはまったく出てこないタラスなる名前を加えたからである。プレシチェエフ家の中にタラスなる人物がいたかは不明だが、なぜ、訳者はプレシチェエフという名前とタラスとを結びつけたのか。

訳者キレエフスキイの同時代人であり、辞書編者として知られるヴラヂーミル・ダーリ（両者の間には深い親交があった）[58]が編んだ『ロシア俚諺集』（一八六二年）は、それまで断片的に収集されていた各種の「諺記録」を参照・総括しただけでなく、彼自身の膨大な収集・記述によって完成された、この分野の今なお最高傑作である。そこには、タラスについて次の用例がある。

「タラスのハゲ頭にはシラミが三匹、遊び放題」

「ハゲのタラスよ、神様にわれらのことを祈っておくれ」

「ハゲのタラスは傲慢な人間ではない」

「タラスの頭にキャベツが成長したように、菜園もハゲにならず、繁茂しますように」[59]

少なくとも、十九世紀半ばの時点で、タラスとハゲ頭とが強く連想されていたのは間違いない。いや、タラスの諺は、二十世紀後半の北ロシアでも「一人はタラスのため、一人は一五〇人の悪魔のため」として記録され[60]、これがタラス Taras と一五〇 poltrasta の t, r, s の子音による音遊びという説明だけでは済まない問題の所在を示している。

タラスは誰か？

タラスは一体何者なのか。詳細は不明で、実在していたかどうかもわからないが、次のように考えられないだろうか。イヴァン雷帝のもとにあった夜伽衆の一人として、タラスは「呼ばれた」(あるいは呼び寄せられかけた)のではないか[61]。そして、タラス・プレシチェエフなる人物は特定できないとしても、この人物の名前がハゲの代名詞であると同時に、人々に笑いをもたらす《戯け者》の名としてあまねく知られていたことはロシアのフォークロア的事実であった。

ピョートル期のタラス

コリンズが書き残した話は、ピョートル期にも同様の話として伝わっていて、名高い道化バラキレフに関する小噺の中にある。ただし、イヴァンはピョートルとなり、聞き違えた地方代官はバラキレフと名を替えている。しかも、これについて記したロヴィンスキイは、加えて、一七一九年の宮廷出納簿に「ピョートルの命で、お馬鹿のタラスカのために二ルーブリで長靴が購入された」との記事があることを紹介している。[62] 経緯の詳細は不明だが、イヴァン雷帝のタラスが道化として宮中で働くまでになったのは驚くべきことではないか。かくして、イヴァン雷帝期に未遂に終わった芸人の「呼び寄せ」が近代の開幕とともに、ピョートル大帝によって実現されたとも見えてくるのである。

タラスなる人物が同時代であるイヴァン雷帝の時代から、一世紀後のアレクセイ帝期を経て、さらに彼の息子であるピョートル大帝の時代にまで語り伝えられたこと、そして、ハゲ男のタラスはただの貴族ではなく、おそらくは道化として雷帝の元へ来るように呼ばれた（実際には聞き違いで実現されなかったけれども、呼びかけられたのは間違いないとすれば）人物であり、時代が下って、ピョートル期には名前を替えながらも、皇帝を取り巻く道化の一人となっていたこと——このように一つのペルソナが伝承されていったことは注目に値する。かくして、ほぼ二世紀もの時間経過の中で笑いの伝統の継承されたこと[63]を思うならば、このタラスは是非ともルボークの画題に取り上げられなければならない。

ルボークのタラス

ここで見るのは、一七六六年にヤコブ・シュテルンがモスクワで購入し、彼のコレクションの中にあった木版画で、現在、ペテルブルクの国立ナショナル図書館の収蔵品（一八七番、三九・五×三一・五センチ〈図31〉）。他にも銅版画も含めていくつかの版があるが、それらを通じて共通する主題は滑稽小噺《ファツェーツィヤ》——十五世紀半ばにポッジョ・ブラッチョリーニがルネサンス期ラテン語散文で記した『小噺集』をはじめとした、西欧で流行した多くの世俗小噺が、ポーランド語訳を介して十七世紀後半にロシアへ導入・翻訳された——の手稿本にある「若い女性がハゲ男を笑う」に由来するという[64]。上部の添え文には、教会スラヴ語の言い回しが見られる（「出喰わした」obrete「微笑みかけて」posmeyakhusya）一方で、描かれた女性の服装（ホクロや胸の部分）や振る舞い、そして、以下で引用する会話にはもはや中世の様子は見られず、まさに十八世紀の新風俗を示している。

三人の若い女性たちが歩いていると、途中でハゲの老人に出喰わしたので、微笑みかけて、こう言った、

ШЛИ НЕКИЕ
три младые жены і обрете
на пути стара мужа плешиваго
и посмеахуся ему и рекоша хощеши ли
стары мужъ имети власы на плеши мы
тебе скажемъ лекарство онъ же рече
скажите ми они же рекоша ему поплачай
главу сливою женскою і то скоро отрастут
ші власы на плеші онъ же расьмеавъ ся
на нихъ і вынев ісъподнюю плешъ і показа імъ
и рече уже сорокъ летъ сливою женскою
полощу а волосовъ
на сеи плеши
не на рощу
сеи
стары
мужъ
тарасъ
плеши
вои

図 31 - 1 ●木版画《ハゲのタラス爺さん》18 世紀前半　39.5 × 31.5

お爺さんは髪の毛がほしくないの、私たちが薬を教えてあげられるわ、すると爺さんは言う、私に教えておくれ。女性たちがお爺さんの頭に女性の血（別版では「バラの水」）を注ぐと、まもなくして、禿げ頭に髪の毛が生えてきた。そこでお爺さんは、にんまり笑っていわく、四〇年も試してきたが、いっこうに生えなかったのに。(65)

四〇年にわたって効果がなかった中で育毛が成功したこと（これについてさらに考えるためには、ロシアの伝統的な育毛剤の存在について調べてみなければならないかもしれない）を新時代到来のシンボルと考えることは、誇張であるかもしれず、少々不謹慎？かもしれない。だが、路上でお互いの目があえば交わされたであろう、ごく日常的な会

図 31 - 2 ●銅版画《ハゲのタラス爺さん》
1820 - 30 年代　36.1 × 26.5

話とその場面をルボーク作者は聞き逃すことも、見逃すこともなく、絵筆と彫刀の絶好のチャンスと直観した事実には、やはり、新たな時代の兆しを感じ取るに足るのに十分な理由がある。

《お馬鹿》のその後

ロシアにおける道化ならびに道化師の歴史はピョートルの時期に形成され、アンナはその伝統を継承しただけでなく、その展開と定着を加速化した。彼女の死後、摂政として権力の座に就いたアンナ・レオポリドヴナは、「戯け」の仕事をただちに廃止した（スコモローフ禁止令からほぼ一世紀が経過している）。その結果、宮廷道化師は社会へと拡散していった。彼らは街頭に現れ、地方へと移動するようになるが、それとともに、道化をめぐる物語や小噺が口伝えや「民衆版画」を通して人々の間で広まっていった。それがすでに「おなじみの」ロシア在住の放浪芸人スコモローフの姿や物語と一つになることは必然である。

道化を禁止したアンナ・レオポリドヴナの勅令にも関わらず、道化師や「お馬鹿」はさらに長い間、宮廷の中で活動を続けたが（エカテリーナ二世時代のマトリョーナ・ダニーロヴァ、パーヴェル帝治世期のコズロフスキイ）、まさしくアンナ・イオアンノヴナの治世こそ、一方で、新時代の道化=戯けとお馬鹿の黄金期であると同時に(66)、他方、古きモスクワ・ルーシ時代の道化の最終段階でもあった。この古き道化も参加した「馬鹿騒ぎ」と遊楽の面から見てこそ、アンナは「最後の、真にルーシの女帝だった」[67]のかもしれない。

本章の冒頭であげたファルノスの前口上は、このルボークを目にした人々に、中世以来、大道で目と耳に飛び込んできたペトルーシュカのドタバタ劇とその台詞を蘇らせたのと同時に、西欧から渡来する芸人の装いと所作と芸に覚えたであろう新しい文化の芽生えの感覚を彷彿させたはずである。ファルノスの姿と形、そして彼のために用意された口上が、そうした時代精神の中で生まれたことは間違いない。

第3章　芸は身を助く

──或るイタリア人楽師のメタモルフォーゼ

1　ピエトロなる人物

イタリア文化の影響

新時代のロシア文化の形成と展開にとって、西欧列強のオランダ、フランス、ドイツ、イギリス、さらにスウェーデン等のヨーロッパ文化がもたらした影響の大きさについては改めて述べるまでもない。そして、時に見過ごされがちだが、忘れてはならないのは、イタリア文化が果たした役割である。ピョートル大帝は、自らが組織した《グレート・ジャーニイ》（一六九七―九八年）の際、ヨーロッパ文化のルーツとも言えるイタリアの見聞がかなわなかった。彼自身は希望していたが、それは果たされなかった。ウィーンからヴェネチアへ向かう途中、ロシア国内での銃兵隊の反乱の報を受けて急遽帰国したためである。ピョートルがイタリア訪問を希望した背景には、すでにイタリア文化がロシアに入り込んでいたことがある。イタリア文化との関係は、ピョートル以前のモスクワ公国時代にすでに、クレムリン内の寺院建築その他においてイタリア人（ルドルフォ・フィオラヴァンティ、アレヴィシオ・ノーヴィ他）の参加と協力があり、ロシア社会はイタリア文化の影響ならびに衝撃を確認済みだった。(1)

だが、そうした伝統と歴史の延長上にあったとしても、十八世紀初頭以降の新たな国家ロシアならびに帝都サンクト・ペテルブルクの誕生・成立と発展にとって、イタリア（特に、北イタリア・スイス）の文化が与えた影響は決定的と言えるほど大きく、その意味で、それは新たな「西欧経験」として始まった。その経験なしには、ペテルブルク建設だけでなく、ピョートル期の文化革命は実現しえなかったと考えてもあながち間違いではないだろう。

イタリア人建築家の活躍

このことは、ピョートル期以降のロシア建築、特に帝都ペテルブルクの新建造物群を生み出したドメニコ・トレジーニ、ニコラ・ミケティ、ガエタノ・キヤヴェリ、ラストレリ父子、アントニオ・リナルディ等の名前と活躍を思い出せば十分納得できる[2]（第5章で詳述する「氷の館」建設にもその影響を認めることになる）。西欧による世界進出「事業」に対し、そこへの参加の意思表明を初めてした十七世紀末—十八世紀初頭のロシアにとって、すなわち、西欧からみた辺境に位置する者として、西欧文化の源流たるイタリアが無限の魅力を秘めた土地に見えたことは疑いない。そうした意味を考えるとき、サンクト・ペテルブルクが「北のヴェネチア」と名づけられたのは偶然ではなく、その命名は、新たな首都がイタリア都市をモデルとしてロシアに与えた文化史的意義の大きさを示すだけでなく、新帝都の「神話」誕生を高らかに宣言するものだった。これは文字通り、名づけという人為が神話を創造することを示す格好の例である[3]。

第1章で述べたとおり、ピョートル期における文化革命は宮廷に代表される社会上層部のみではなく、庶民レベルでも進行し（時に、いくらかの時間的ズレがあったとしても）、イタリア文化に由来した数多くの新奇な事象も宮廷から庶民へ急速に広まっていったと考えられる。具体的に言えば、ロシアを訪問した外国人の活躍と、ロシアの人々に残されたその記憶は、貴族の間のみならず庶民の間でも盛んに語り伝えられた。本来的に好奇心に満ち溢れたロシアの人々は、ピョートル期以前の、すなわち、西欧社会との公式・非公式な交流がきわめて少なく、実質的に「鎖国」状態にあったロシア（正確に言えばルーシ）の時代から「開放」されたとき、その分だけ余計に異郷からの来訪者の動静や言動を好んで話題としたことは間違いない。ロシアへ渡来した人々の、興味深い言動をめぐる多くのさまざまな情報が流布し、広くロシアの巷を賑わせ、それがフォークロア化して人々の意識の深部にまで浸透していった事実は、ロシア自身の社会的意識ならびに文化認識を形成する上で大きな契機となった。

イタリアとの文化交流史の一人物

ここで、十八世紀前半のロシアとイタリアの文化交流史の最初のページを開いた人物として、宮廷だけでなく、いくらか後世になって民衆の世界でも広く知られるようになった一人のイタリア人に注目したい。彼の名前はピエトロ＝ミーラ・ペトリーロ、アンナ女帝の治世下のロシアへ来訪し、音楽家ならびに俳優として、さらに宮廷の道化師として大評判を獲得した人物である。

先に、彼の名が宮廷のみならず、民衆の間でも知られていたとあえて記したのは、時代のさまざまな制約があるにもかかわらず、そして、史実の確定が漠として、根拠が疑わしい噂や伝聞の結果としても、彼の存在が民衆の間で確実に伝承された事実が厳存しているためである。そして、現代からすれば、交信不能であったかに見える宮廷と民衆の間について、これを緊密に繋ぐ「文化的コード」が確実にあったことを念頭に置いているからである。彼は、文字通り、イタリアならびに西欧の文化をロシアの人々に提示した代表的人物の一人として、その後のロシア社会にしっかりと生き続け、記憶された存在である。このイタリア人の生涯そのものは多くの謎に包まれ、彼の足跡を示す資料もそれほど多くないが、可能な範囲で彼のバイオグラフィを見てみる。

誕生からロシア行きまで

ピエトロ＝ミーラ・ペトリーロは、ナポリ北東に位置するモンテスカリオーゾに、貧しい彫刻家の父アリビアーゴ・ペトリーロとマリヤ＝テレジアの息子として生まれた[4]。正確な生年は不明だが、一七〇〇年頃という。イタリアにおける確実なその後の事実としては、一七二五年にトスカナ地方のルッカにあったパラティーノ・カペラ（王宮聖歌隊）にバイオリニストとして入学したことがわかるのみである。ただ一点、注目すべきこととして、彼にはすでにイタリア時代に「美人の妻」がいたこと、そして、彼女はスペイン人の船乗りと駆け落ちしたことが、あくまで噂のレベルにおいてだが、知られている。ミーラの妻に関しては、ロシアで人口に膾炙することになるので、別に詳しく述べたい。

彼がロシアにやってきたのがいつか、について正確に確定することはできない。(5) しかし、女帝アンナの指令書（一七三二年）の中に「イタリアから来たイタリア人音楽家たち、一〇月一日から本年一日〔他の文書によれば、一月一日―引用者〕までの支払いを行なう」者の中に彼の名前が見られることから、ミーラは一七三一年末にはロシアに到着し、遅くとも一七三二年の前半、あるいは初めにはロシアに滞在していたと判断できる。

ロシア興行の開始

もっとも、ロシアを訪問した最初のイタリア人音楽家は彼ではなかった。次節で紹介するように、十七世紀後半にはすでにイタリアからの巡業が行なわれていたし、ピョートル期の一七二〇年代前半にもその記録がある。その意味で、アンナの治世開始時のロシアはイタリアからの演劇・音楽をすでに受け入れる基盤はあったと言える。だが、アンナ期以前に残る記述はどれも断片的・エピソード的であり、偶然的な色彩が強いことは否めない。一七三〇年代に入って以降、イタリアの音楽家や演劇人が一団となって、しかも複数回にわたってロシアを訪れたことこそは、やはり大きな社会的事件となったものであり、時代を画することになったのだと考えてよい。(6) しかも、ミーラ自身が音楽家・役者として活躍しただけでなく、巡業する芸人の選抜までも自らで行なったことから見て、彼はいわば興行主として、イタリア芸人によるロシア興行が本格化していく時代をまさに象徴する人物であった。

2 ロシア巡業から宮中へ

ピエトロ・ミーラが訪れたロシアがアンナ・イオアンノヴナの治世下にあったことからすれば、ロシアにおけるミーラの成功と名声が、アンナと深く結びつくこととなるのは自然の成り行きである。

アンナの西欧芸能への憧れ

長期間に及ぶクールラントの土地での体験から西欧文化の感化（ただし、それがどのような内容かは検証する必要がある）を強く受けていたアンナは、芝居を中心に、さまざまな演劇・見世物文化、祭典や花火・イリュミネーション、仮装行列に強く興味を抱き、熱中した。(7) 例えば、一七三〇年四月末から五月初頭にかけて行われた彼女の即位式典には、他の何にも先んずるかたちで、ペルシャのアクロバット芸人が参加し、綱渡りを披露している〈図32〉。

より多くの見世物や演劇を見ることを所望した彼女は、ザクセン選帝侯でポーランド王のアウグスト二世に対して芸人を派遣してくれるように要請し、その命を受けて、在モスクワのザクセン選帝侯

図 32● 1730 年　アンナ即位祝典時にモスクワの広場で披露された外国芸人の綱渡り

の代理人レフォルトとポーランド王付きロシア宮廷代理人ヴァイスバッハの両使節間で外国音楽家と役者招待に関する話し合いが開始されている。その結果、一七三一年二月一五日、イタリアの一座がドレスデンからモスクワに到着した[8]。その指揮を取ったのは、プラハ、ワルシャワ、ドレスデンでオペラ《ドン・キホーテ》他を上演したことで知られた、イタリア生まれのジョバンニ・アルベルト・リストーリである。彼が率いる一座は、今や「打ち捨てられた」都モスクワの個人の館や「倉庫」舞台で上演した後、ペテルブルクで《コメディア・デラルテ》を披露した。そして、おそらくこれが好評だったことが、アンナと側近G・P・レヴェンヴォリデに外国からの芸人招致の考えをさらに実行させる契機となったと思われる。国家間の話し合いの結果、実現された公式のロシア興行は、これを含めて全部で三回（一七三一、一七三三―三四、一七三五年）にわたって行われた〈図33〉。

全三回のロシア巡業

第一回の一七三一年の巡業の一団は総勢二二名、コメディア・デラルテのアンサンブル[9]と音楽家な

図 33 - 1 ● 1730 年代ドイツからの放浪劇団
18 世紀版画

図 33 - 2 ●木版画《ロシアにおけるコメディア・デラルテ》 18 世紀前半

図 33 - 3 ●アレクサンドル・ベヌア《コメディア・デラルテ》 1906 年

らびに歌手からなっていた。その中には、先の著名な作曲家アルベルト・リストーリ、その父親で喜劇俳優・アルレキーノとパンタローネ役のトマーゾ・リストーリ、男女道化役を演じる俳優たちがいたが、そのリストにミーラの名前を見出すことはできない。この一座は一七三一年三月九日に第一回の喜劇公演を行い、それには音楽インテルメディアも含まれていたほか、イタリア語の台詞が理解されなかったことからパントマイムとなった。また、当時、首都には常設の劇場がなかったため、リストーリは移動舞台を設営しなければならなかった（これには、イタリアから来た建築家バルトロメオ・ラストレリが協力している）。この一座のロシア滞在は一七三一年二月から翌年の初頭までだが、公演後、メンバーの大部分はドレスデンへ戻った。彼らへの報酬として全体で三〇〇〇ルーブリを与えるようにとの指示（一七三一年一二月三一日付け書簡）の中に挙がっている音楽家と芸人のメンバー一七名の中にもミーラの名は見られない[10]。

　十八世紀演劇史に関する膨大な未刊資料を公刊したL・M・スタリコヴァの秀逸な資料集によれば、ミーラの名前を見出すことができるのは、既出の資料以外には、一七三二年の「宮中官房書」ならびに「宮中官房指令」（七月一〇日付け、レヴェンヴォリデ公爵名）においてである。その内容は、先述のアンナの命令書と合致しており、一七三三年からの雇用が正式に決定されていることがわかる。上記文書の後者によれば、「女帝陛下は自らの名前の命により以下の指示をなされた、イタリアから来た音楽家ピョートル・ミーロ《ママ》、ヨハン・パラツィジを自身の宮中での勤務のために一年間受け入れること〔…〕その報酬はイタリアから勤務に来た時期から半年分、すなわち本年一七三二年四月一日から一〇月一日までの分を与えること」[11]とある。このことから、上述のとおり、ペトリーロは一七三二年初めにはロシアに来ていたことが確認できる。

ロシアに来た第二回目の芸人一行は、ヴェネチアで選抜され、二七名ないしは三五名で構成され、一七三三年春あるいは夏に首都ペテルブルクに到着した。この時期までには、それまでモイカ河岸にあった老朽化した木造芝居小屋は壊され、芸人たちの住居と道具倉庫を兼ねた「冬の館」(ピョートル逝去の場所であり、その後、二階には後にランデのバレエ学校が置かれた。現在はエルミタージュ劇場が立つ場所)が建てられていた。彼らは約二年間滞在し、一七三三年に一四作の喜劇と三作の音楽インテルメディアを、翌一七三四年には喜劇四作と悲劇一作を上演したが、この一座のメンバーの中に、バイオリニストのルイージ・マドニス[12]、その弟でバイオリニストかつフレンチホルン奏者のアントニノと並んで、ピエトロ・ミーラの名が見えるのは興味深い。上で記したとおり、この一行に先立ってロシアにすでに来ていたミーラは、いずれかのタイミングで一座に合流したのだろう。ちなみに、イタリアからの一座のその後について付言すれば、一七三六年夏にペテルブルクを訪問したデンマークの学者P・フォン・ハーヴェンの記述では、当時、女帝の下には、カストラートのドレーエル兄弟あるいはカストラートのピエトロ・モリージ、女性歌手P・ルヴィネッティを含めて約七〇名のイタリア人歌手の一団がいたという[13]。

楽師の年俸

ヨーロッパからロシアへ来た宮廷楽師の一覧によれば、これもスタリコヴァに従えば、ミーラは一七三三年から一七四〇年まで七〇〇ルーブリの年俸を与えられ、これに、時に応じてさまざまな理由で俸給の上乗せがあった。例えば、一七三七年に彼は「屋敷建設のために」五〇〇ルーブリを受け取ったという。ただし、彼の住居が実際に建てられたかどうか、そもそも帝都のどこに住んでいたかについては不明である。

アルレキーノとして

ミーラはイタリアで学んだバイオリンの奏者としてだけでなく、作曲家ならびに演出家として、さらに俳優として、例えば一七三四年五月には《アルレキーノ誕生の喜劇》に出演している〈図34〉。言うまでもなく、このアルレキーノはイタリアのコメディア・デラルテに欠かせぬ主人公の一人だが、ここにあげた出し物もロシア宮廷でも繰り返し上演された定番となった。[14] また、アルレキーノが、ロシアではガーエル gaer という名前となり、幕間劇やルボークに登場する人物として盛んに評判となったことはすでに述べた（《ガーエルのインテルメディア》《ガーエルの結婚》《ガーエルと仲人女》等）。繰り返すならば、アルレキーノとほぼ一体化していたガーエルという語がバイオリン弾きを意味するドイツ語 Geiger を想起させることを通じて、郷里から遠来の地にあって「ロシアのアルレキーノ」

へと転じていく姿が浮かび上がってくるのであった。

興行師として

ピエトロ・ミーラは、先に触れたとおり、演劇公演の興行師ならびに組織者としても働いた。一七三四年に彼は、宮廷カストラートの兄弟でオーボエ奏者のジョバンニ・ドレイヤー（一七〇〇年頃―一七七〇年頃）とともに故国イタリアへ戻った。その目的はオペラ＝バレエ団のダンサーを雇用するためであり、彼の仲介で多くの歌手がロシアへやってきた。これについて証言するドイツ人でロシア最初の芸術史研究者となったヤコブ・シュテリンは、「〔…〕ペトリーロは、まだ室内楽師であった一七三四年に、イタリアオペラと宮廷カペラとの協議を行い、宮廷室内音楽を完璧なものとする能力ある、必要な人物をイタリアで探すようにとの宮廷の依頼を受けた。翌年夏、彼はイタリアから戻ってきた」と記す。(15) ミーラは、三〇人を超え

図34●《コメディア・デラルテ》のペトリーロ

図35●フランチェスコ・アライヤ（1709－75）

るイタリア人の素晴らしい一団をロシアに連れて来たが、その筆頭にいたのは、ナポリ出身のフランチェスコ・アライヤ（一七〇九―七五年）〈図35〉である。彼は、一七三五年にペテルブルクを訪れ、二〇年間をここで過ごしたが、この間、宮廷楽長として、ロシア史上で最初のロシア語によるオペラ公演を実現するなど、ロシア・オペラ文化の発展に大きく貢献した。ただし、彼とミーラとの仲はうまくいかなかったらしい。(16) さらに一行に参加していたのは、歌手のK・ジョルジ、F・ジョルジ、K・ピヤンタニダ、音楽家としてD・ダロリド、J・ダドリド、J・ピヤンタニダ、それに一一名の喜劇俳優と踊り手であった。

加えてミーラは、宝石や高価な布等の買い付けにもたびたび手を出していた。一七三五年、ロシア宮廷はミーラを通じてトスカナのガストーネ・メヂチに対し、名高いトスカナの一三九カラットのダイヤモンド購入を手紙で申し出たが、これはうまくいかなかった。(17) ミーラの同時代人の証言によれば、ミーラは「バイオリン弾きにして歌手、道化役者にしてペテン師、そして酒場主人といういくつもの面を自らの中で幸福な形で一体化していた人物である」[18]という。むろん、彼の能力と才能がそれを生んだのだろうが、彼の生きた時代とロシアという場所がそれを必然的に求めたことも間違いない。

演劇の言語空間

ペトリーロとイタリア人の一座が舞台上ではイタリア語で演じたか、あるいはいまだ十分に「こなれていない」ロシア語によるものである以上、観客が芝居のすべてを理解できなかった可能性があるが、これはこの際、あまり重要でない。むしろここで意味があるのは、ロシアの宮廷（さらには、街頭も）に多言語的な空間が誕生していたことである。それに加えて、たとえ、意味不明のイタリア語を介してであろうとも、耳に響く語の音と響き、ジェスチュアやミミック、そして笑いを介して、ロシアの人々がそれまで見たことのないイタリア（ピョートルもアンナも足を踏み入れることがなかった）、西欧文化の「揺籃の地」たるイタリアを受け入れようとし、そしてそれを《ロシア風に》理解したことである。

イタリア演劇の翻訳者

こうした時代の動き、具体的にはイタリア言語・演劇空間の受容を加速させた一人の人物がいたことに触れておかねばならない。それは、アンナ帝の即位後まもなく西欧遊学から戻った詩人V・K・トレヂアコフスキイである。彼の、特にアンナ期におけるさまざまな言動については後述するが、宮廷詩人となった彼がイタリア語の翻訳に従事し、その多くの仕事の中に、イタリア喜劇やコメディア・デラルテの作品が含まれていることは大きな意味を持つ。彼は、同時代の最高の西欧通として、イタリアをはじめとする西欧における最新の文物をロシアへ移入し、そのことによって時代の《文化変容》を準備した最初の人物である。

宮廷道化師の称号

一七三六年頃（とするのは、正確な裏付けが取れないため）、ピエトロ＝ミーラ・ペトリーロは公式の宮廷道化師の称号を獲得し、ペドリーロの愛称を得た。年俸は一〇〇ルーブリであった。一説では、上述のアライヤとの不和が原因で、ミーラは宮廷道化師としてロシアに留まる決心をしたともされている。彼自身がロシアに残ることで、資金的な安定を望んだのか、宮廷道化師という肩書が魅力的に思えたのか、あるいは、他の何らかの理由によってロシア滞在を選択したのか、それは不明である。ただし、当時のロシア社会が道化師を必要としていたことは、先に述べたとおりである。

宮廷に群がる道化たち

現代の歴史家E・V・アニーシモフによれば、道化師を探すことはアンナにとって「きわめて真剣で、重要な事業」であった[19]。当時、宮廷内には六名の道化師が公認され、アンナ女帝や彼女の取り巻きへのさまざまな奉仕をすべく侍っていた（この他、約一〇人の小人 karlik, liliput がいた）。その六名とは、ピョートル大帝期から宮廷にいた二名としてI・E・バラキレフとポルトガル生まれのユダヤ人ヤン・ダコスタ（ラコスタ）、ロシア貴族からN・F・ヴォルコンスキィ公爵、M・A・ゴリツィン公爵、A・P・アプラクシン伯爵の三名、そしてわれらがペドリーロである。内訳はロシア人四名（内三名が何と貴族の称号を持つ！）と外国人二名であり、貴族と外国人が道化師に「任命」（懲罰としての格下げも含めて）されたことは注目しなければならない。その際、前章で触れたL・I・ベルドニコフが的確に指摘するとおり、三名の貴族出身であり、バラキレフとダコスタがピョートル時代からの道化師であることを考えると、ペドリーロだけが「自らの意志で、いわば魂を売るという自らの内なる声で道化師になった[20]」ことは重要である。その意味からすれば、彼こそがアンナ期の道化の中でも正真正銘の「たたき上げ」だったと言えるかもしれない。また、この道化師たちの妻が時代の大きなテーマとなること、そして妻も含めた彼らの信仰が問題化することに関しては、後に述べる。

ロシアの道化師と道化の歴史について、すでにモスクワ・ルーシ時代に君主や大貴族たちを笑わせる才能ある人々が宮廷内にいたことは先に記したが、その後、ピョートル大帝の時代に本格的に始ま

図36●S.ヤコビ《アンナ宮廷の道化たち》 1872年 トレチャコフ美術館蔵

ったと考えてよい。宮廷と政治権力の力学において、それまでの中世的関係性はピョートル時代になって大きく転換され、その象徴的存在こそが宮廷内道化であった。周知のとおり、ピョートル期には宮廷に多くの公認の《お馬鹿》がいて（小人を合わせると百人を数えたという）、彼らは位階と身分を持っていた。

「笑いの制度」としての道化

アンナ・イオアンノヴナはこの伝統、正確に言えば、新たにピョートル期に創設されて以後、慣習となったものを引き継いだばかりか、それを大きく発展させた。すでに一七一〇年に行われた結婚式の場に、約八〇名の朱儒が参加したことから始まり、彼女の治世期には、アニーシモフによれば、宮廷内に道化師を侍らせることが、誕生直後の帝国の「笑いに欠かせぬ制度」[21]となっていた。アンナは道化師たちの喧嘩や小競り合いをことさら気に入っていた。詩人のＧ・Ｒ・デルジャーヴィンは、アンナの同時代人が語った話を回想しているが、それによれば、女帝は道化師たちを整列させては、ぶつかりあいをさせ、挙句の果てに喧嘩や殴り合いとなるといった混乱の様を見ては大笑いをし、そのことがさらに宮廷中の笑いを誘っていたという[22]〈図36〉。

アンナのお気に入り

そうした宮廷という舞台の中で、ペドリーロは女帝の絶大な信頼を勝ち得ていた。宮廷ではいつも、ペドリーロはアンナの代替役としてトランプゲームをし、負けた場合の支払いも彼女に代わって行なっていたし、女帝のトランプのパートナーにもなっていた。一七三五―三六年にかけての半年余の間、ペテルブルクに滞在したスウェーデン人Ｃ・Ｒ・ベルクは、宮廷の生活と宮廷の道化師について次のように記している。

宮廷では毎週二回、日曜日と木曜日に、外国の大臣、将官クラス、そして宮廷人たちが公式訪問を行なう。時間は交際に費やされるが、宮廷中枢は秩序正しくきちんとしている。女帝陛下はピケットかビリヤードに興じるが、時に、トランプ台のあたりをめぐるか、宮廷道化師のペドリーロと戯れている。[23]

午餐の後、女帝陛下は短時間の仮眠を取り、セニョール・ペドリーロと暫し遊び興じている。[24]

さらに、同じくベルクによれば、一七三五年のキリスト降誕祭前に、ペドリーロと、すでにピョートル大帝期に宮中にいて「サモエード王」の称号をもらっていたラコスタは新たに勲章を与えられたが、それは、赤いエナメルで覆われ、まわりに磨かれた小さな宝石のついた聖ベネヂクト勲章であったという。[25] 後述するように、ペドリーロも後にこのサモエードの「王位請求者」とされる。サモエード（古ロシア語では、サモヤードとも）はシベリアに住むフィン＝ウゴール系ウラル語族とされる人々のことだが、十八世紀初頭・前半における、こうした非スラヴ民族に対する認識を考える上で貴重な証言である。

宮廷道化になり損ねたドイツ人

アンナとペドリーロとの結びつきを示す一人のドイツ人の存在がある。ヨアン・クリスチャン・トレメール――ペドリーロと同じく、西欧から「一旗あげるべく」ロシアに来訪し、宮廷周辺で動き回り、ペドリーロとも交流があった人物である。一六九六（あるいは一六九七）年に、ドイツ人の父、フランス人の母の子としてドレスデンで生まれた彼は、[26] 本屋の丁稚として、さらに宮廷劇場の役者として働いた後、一七二〇年代末からはザクセン選帝侯の宮廷内のさまざまな出来事を歌って詩集を出版する。ウィーン、ブロツワフ、パリを転々として、一七三三年にはグダニスク（ダンツィヒ）にたどり着いた。当時、この町は、ポーランド王アウグスト二世死後の「混乱」に乗じてロシアが包囲し、多くの犠牲を出してようやく降伏させた状態にあったが、この混乱の中でトレメールはロシア軍の総指揮者B・K・ミニフ（ミューニヒ）との面識を得た（詩を献呈したことによる）。

一七三四年秋、彼は、ロシア滞在中の最大の庇護者となるミニフとともに、彼の「旅の友」・道化Reisespassmacherとしてロシアへの入国を果たした。ミニフとの関係から、即座に宮廷に出入りできたのは当然である。滞在期間は一七三四年九月から一七三六年二月までの一八ヶ月で、この間に、どうやら筆頭宮廷道化となろうとしたようだが、これは失敗した。そして、何よりも興味深いのは、彼がペテルブルクの印象をドイツ語で詩に残していることである。それは、入国時に記した短詩、また、出立の際の「ペテルブルクで見聞できた多くの驚異とドイツ・フランス人との別れ」と題された日誌形式の長詩《ポエマ》である。特に後者（一七三八、一七三九年にアカデミー出版から刊行）は、ペテルブルクの詩的描写の初期の例であり、内容ならびに言葉（随所にロシア語が登場する）の点できわめて興味深い作品だが、それについて紹介する余裕はない(27)。その後、彼はドレスデンに戻り、一七五六年に亡くなっている。

ペドリーロとの争い

アンナの宮廷に戻ると、このドイツ人がそこで繰り広げられた多くの娯楽や遊戯の場面を目にし、時に参加したことは十分考えられる。そして、その《戯け》芝居の主役として場を仕切っていたペドリーロとも、むろん、面識があり、言葉を交わすだけでなく、丁々発止の「舌戦」があったに違いない。そうした彼がペドリーロに送ったと伝えられる書簡形式の戯れ歌には、次のようなペドリーロの肩書きが記されている、「サモエード王位請求者、シカの県副知事、ゴトラントの即決司令官、磨羯宮（山羊座）の求道者《エクスペクタント》、ロシアで一番の馬鹿者にして有名なバイオリン弾き、聖ベネヂクト勲章の栄えある臆病者(28)」。

サモエードについては上述したとおりだが（前出のラコスタがすでにその王位を得ていたことからすれば、ペドリーロは格下となり、その当てこすりか）、ゴトラントはスウェーデン南東部、バルト海上の島である。また、聖ベネヂクト勲章は外形が聖アレクサンドル・ネフスキイ勲章（一七二五年に制定された第三ランクの勲章）に似るが、正規のものではない。このような長いタイトルに、最大限の皮肉と笑いが込められていることは明らかである。このトレメールの書簡に添えられた風俗画については後述する。

「氷の館」の祭り

一七四〇年二月の厳しい冬の時期のペテルブルクで、アンナ帝の命で《氷の館》《氷の家》あるいは《氷の宮殿》と呼ばれる奇妙な祭りが開催された。この祭典については、以下の第5章で詳しく取り上げるが、それは、ネヴァ川氷上に氷で宮殿を建て、そこに連れてこられた新婚カップル（道化に格下げされた貴族M・A・ゴリツィン公爵とアンナの侍女のカルムィク人女性）の最初の一夜の光景を、祭りに参加した仮装行列の一行が見学する、という変わった趣向によるものである。

ロシアにおけるマスカラード（仮面仮装）の歴史はピョートル大帝期に始まり、彼の治世下ですでに重要な文化行事となっていたが、この習慣は継続され、アンナ帝の時代に発達し、大きく成長した。マスカラードは彼女の治世を通じて宮廷習俗には不可欠なものにまでなったが、それに関連して言えば、マスカラードに対するアンナの熱狂ぶりの理由は「偉大な叔父」を真似てそれを継承することだけにあったのではなく、西欧の祭典に対する彼女自身の強い興味にあった。すでに一七三一年の第一回のマスカラードには、「包み隠しようもない西欧への憧れのまなざし、イタリアへの明確なオリエンテーション、特にヴェネチアのカーニヴァルへの志向が感じ取れた」[29]からである。

いかにも奇妙に見えるこの祭りを皇帝の気まぐれによる、たんなるエピソードとしてのみ理解するのは不十分である。後に詳しく述べるとおり、そこには、多民族から成る帝国をパロディと遊戯を通じて国内外に確認させせようとする意図が秘められていたし、さらに、ある種の宗教戦争的な意味合いも込められていたからである。そして何よりも、この祭典は「勝ち誇るロシア国家に捧げられた、ある種演劇化された讃歌」であり、「強国たるロシアの力が皇帝の掌中にあることを誇示する」はずだった[30]。

ペドリーロがこの《氷の家》の祭典でいかなる役目を果たしたのか。文献上にまったく登場しないことをそのまま信用すれば、何の役目も与えられなかったのかもしれない。しかし、アンナ期初期にロシアへ来訪し、アンナ個人とのつながりだけでなく、宮廷内で縦横無尽と言える活動をしていた彼がまったく活動しないとは、考えられない。記録がまったく残っていないのはいささか腑に落ちないが、やむをえまい。

女帝の死

一七四〇年一〇月一七日、治世から一〇年でアンナ女帝が逝去した。埋葬は一二月二三日のことである。彼女の死後ただちに、彼女の姪でイヴァン六世の母親であるアンナ・レオポルドヴナが権力を持つべく画策し、それまで二二日間の摂政職にあったビロンを追放したばかりか、宮廷から道化師を追い出した。一二月一七日の政令によってペドリーロは解雇され、祖国への帰還を余儀なくされた(出国の正確なデータは不詳。後述のとおり、ビロン失脚をめぐる混乱の中で逮捕され、ウィーンへ追放されたともいう)。もっとも、もはや彼にとって、アンナなしのロシアはまったく意味がなく、ロシア国内に住むべき物理的な場所さえ今やどこにもなかったはずである。文字通り、アンナとともにあってこその彼のロシアでの活躍だったのだから。

カザノヴァの証言

ロシアを後にしたミーラの生涯に関する情報はきわめて少ない。有名な回想録の作者であるJ・カザノヴァによれば、ミーラは一七四三年にはヴェネチアに居たことになっている。カザノヴァは、この「ペテルブルグから来たばかりのペトリロ（ママ）さまと言った」人物の印象を次の一文に書き残している。

私は、この男の名前だけを知っていたが、実際は、〈有名な〉という代わりに〈恥ずべき〉といったほうがふさわしく、〈お気に入り〉というよりは〈幇間〉といったほうがいい人物だった。(31)

その後の彼の行方について、一七四七年にはドレスデンでインテルメディアに出演していたこと、一七七五年、彼は再度ヴェネチアに滞在していたことが知られるのみである。そして、おそらく一七八二年以後に、彼の地で死んだとされる。

3 宮廷道化、都市伝説となる

このように、ペドリーロなるイタリア人の楽師・芸人・道化の、一〇年足らずのロシア滞在をめぐる具体的事実で知られていることはさほど多くない。にもかかわらず、同時代ならびにその後のロシア社会における残響はとても幅広く、社会的記憶の面から見るならば、ペドリーロの存在はきわめて大きな意味を持ち続けたと考えてよい。彼をめぐるイメージと表象はロシア社会の中で様々に変容し、時に事実とまったく異なった「歪んだ」ものとなりながらも、大きく展開していった。ロシアを訪れたこのイタリア人音楽家の姿とイメージは、伝統文化における中世ロシア放浪芸人や、多種多様な道化群像をめぐる記憶と混交しつつ、新時代到来を実感していたロシアの人々に絶大なインパクトをもたらしたのであり、そのことは、彼に関するさまざまなフォークロアによって見ることができる。より具体的には、彼の名前そのものに淵源した多くの小噺・噂話の主人公、そして民俗版画（ルボーク）の登場人物としてである。

名前のヴァリエーション

このイタリア人道化師の名前は、改めて確認しておくと、姓がペトリーロ、名前はピエトロ＝ミーラである。それがロシアでさまざまに変形していったことには驚かざるをえない。それは、この人物の持ち味や魅力のためなのか、あるいは、外来のヒトやモノをロシア化する能力の高さによるものか、ここではにわかに判断できない。だが、それでもなお、実に豊富に存在する愛称形に見られるように、ロシア語における人名の変形力の大きさには驚かざるをえない。

極端な変形の例は、道化師の名前をめぐるヴァリアント群の一つとして、アダム、アダムカの由来については不明とするしかないが、聖書を思い出すまでもなく「最初の人間」「人々の始祖」、さらには「土」のほか、ロシア語の方言として「幸せな人間」との意味も見出せる。また、アントニオ、アントニイも使用された[32]。

直接的な形としては、ピエトロからはピョートルが派生し、ペトルーシュカも使われた。ピエトロがロシア式に変換されてピョートルとなったことは当然として、そこから愛称としてペトルーシュカ（ロシア人形劇の主人公）が生まれる。わがミーラがペトルーシュカという名を冠せられたのは自然の成り行きだろう。こうして、外国籍の芸人も、人形芝居をはじめとするロシア民衆文化の枠内へと引きずりこまれることになる。

「ロシア化」

民衆の中にあっては、このイタリア人道化のロシア化はとどまるところがない。その証言としては、十八世紀ペテルブルクの、宮廷から庶民までの社会全体の習俗に関する詳細な記述を行なった歴史家

P・N・ペトロフの報告がある。それによれば、アンナ帝下の首都に、クジマ・ペトロフ＝ペドリーロと呼ばれる召使＝道化がいて、アンナ帝死後のビロンをめぐる「混乱」の中で逮捕され、ウィーンへ送致されたという(33)。

この名前についてはいくつもの注目すべき事実が見て取れる。冒頭のクジマは、もともとはギリシャ語 kosmos の起源を持ち、ロシアの聖人（クジマ＝デミヤン、清廉な人・医師、一一月一日が祝日）にもなっている一般的な名前である。と同時に、クジマ、あるいはその口語形コジマとともに、この名前は民衆の慣用表現では「貧しい、哀れな」を形容語として付される場合が多い。諺にも、「クジマは不幸なやつ」「不運なクゼニカ（クジマの愛称形）に与えられるのはつらい定め」とある。クジマは民衆＝弱者の代名詞である。名前の二番目のペトロフは、本来、姓であることから、これは続くペドリーロとあわせてダブル・ファミリー名となるが、もともとがピエトロからの連想でピョートルが生まれ、そのまま姓となったのだろう。

三番目のペドリーロという姓の語音もまた、変形にとって重要な触媒となる。ペドリーロは、子音のdとrを交替させることでペルヂーロ Perdillo となる。後者は「放尿」（動詞形は perdir, perdet'）を意味することからすれば、これには庶民がニヤリとするか、大笑いする可能性は高い。音と意味の連想が人々の笑いを誘う上で重要な要因となりうる好例である。

他にも、ペトリーロから派生したと思しき名前としては、ペトリルロ（コメディア・デラルテの仮面、登場人物）、ペトリロ、ペトリーリィ、ケドリーロ等も広く使われていた。ちなみに語尾「イーロ」《-ilo》はロシア語では「多産的な」指小表愛形として広く用いられるもので、語幹部分が外国語に由来していても、それに付されて語尾化した言葉に対するロシア人の違和感は皆無であり、しかも大きな親しみを込めて聞くことさえできるはずである（民衆版画の滑稽な人物たちであるヴァヴィーロ、ダニーロを参照）。

また、注目したいのは、ペドリーロの名前が、十九世紀後半に至るまで上演されていた風刺劇《大食いのケドリル》とも結びつくことである。(34) 道化師を大喰らいや呑み助として描くことは、十七世紀以来の風刺文学や口承文学、民衆版画の伝統の中で広く流布していた。

人形劇ペトルーシュカ

さらに、楽師、道化師と放浪芸人のイメージがさまざまに混交することによって、ペドリーロはペトルーハ、ペトルーシュカとも呼ばれていた。すでに記したとおり、ペトルーシュカはロシアの人形芝居の主人公の名前であり、また、人形劇そのものの名前でもあった。また、ファルノスという名前がペドリーロのあだ名として登場したことも改めて繰り返すまでもない。

ミーラに関連する名前がこのように実に多数のヴァリアントを有することは、この外国人芸人にたいする「民衆的」ファンタジーが豊かに発揮されていたことの証左である。おそらく宮廷内のみで活躍したに違いなく、民衆に実見されたことのないこの芸人＝道化にたいする好奇心は、階層や職業・身分、さらには地域を超えて、猛烈に掻き立てられたと考えられるのである。そして、繰り返すならば、それまでに耳にしたこともない、新たな外国人の名前に意味を与え、自らのものとすることを可能にしていたものこそ、民衆語源の力の源泉としての想像力に他ならなかった。

4　『ペドリーロ逸話集』を読む

ペドリーロの生涯と活動に関しては、多くの噂話・逸話（アネクドットと表記すべきかもしれないが、ロシア語では力点のある母音をやや長めに強く発音することから、以下ではアネクドート）[35]が残り、語り伝えられている。このような小噺は同時代人たちの間で広まると同時に、好事家により書き留められ、小噺集やエピソード記事、さらには外国人のロシア宮廷見聞記など多くの資料の中に見出すことができる。そうした資料集の中でもっともまとまったものは、文字通りペドリーロの名前を冠した一冊のアネクドート集『アンナ・イオアンノヴナ女帝の宮廷時代、そしてビロン摂政時に道化師だったアダムカ・ペドリーロをめぐる、賢明にして機知とユーモアにあふれた面白アネクドート集』（一八三六年刊行、第一部・全一三話・三七ページ、第二部・全一七話・四七ページ、以下で『逸話集』と表記）[36]〈図37〉である。

以下で、この資料集を中心としながら、宮廷内のあり様と風俗をきわめて鮮やかに映し出す小噺をいくつかのグループに分けて検証してみる。

ビロン様

『逸話集』の冒頭を飾る小噺は、本そのもののサブタイトルにも明示されていたように、アンナの寵臣ビロンとペドリーロとの親密な関係を語るものである。

> ビロン公は道化師ペドリーロの知恵、巧妙さと明敏な思いつき、そして仕事にたいする熱意をとても気に入っていた。しかし、可愛がられていたにもかかわらず、一度ならずモラルを逸することのある彼の考えは好きではなかった。とうとうビロンは立腹し、自分のもとへの出入りを禁じ、仕事から遠ざけたのである。あるとき、しかるべき時間に自分の家の近くをビロ

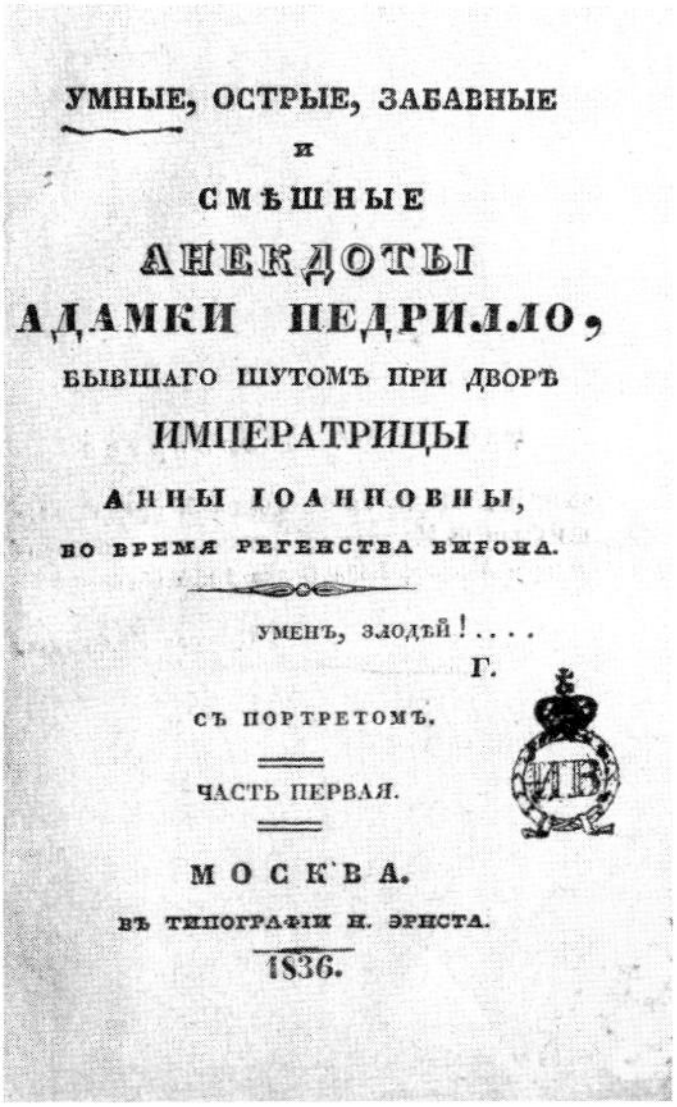
УМНЫЕ, ОСТРЫЕ, ЗАБАВНЫЕ
И
СМѢШНЫЕ
АНЕКДОТЫ
АДАМКИ ПЕДРИЛЛО,
БЫВШАГО ШУТОМЪ ПРИ ДВОРѢ
ИМПЕРАТРИЦЫ
АННЫ ІОАННОВНЫ,
ВО ВРЕМЯ РЕГЕНСТВА БИРОНА.
УМЕНЪ, ЗЛОДѢЙ!....
Г.
СЪ ПОРТРЕТОМЪ.
ЧАСТЬ ПЕРВАЯ.
МОСКВА.
ВЪ ТИПОГРАФІИ Н. ЭРНСТА.
1836.

図37● 1836年に刊行された『アダムカ・ペドリーロの逸話集』表紙

ンが通ることを知ったペドリーロは、その機会を利用しようとした。ビロンがやってきて見ると、ペドリーロの部屋に梯子が立てかけてある。窓から突き出したペドリーロの巻髪頭を、床屋が梯子の上から調髪し、髪粉をふっているではないか。ビロンは足を止め、ペドリーロ、これはどうしたことか。すると彼は答えていわく、私の床屋が私に対して不遜ながらも腹を立てましたので、出入りを禁止しました。ですが、閣下、御覧のとおり、この者がいないと私は生きていけないのです、と。ビロンは笑ってペドリーロを許してやった。

［第1部第1話（以下1-1のように表記）］

エルンスト・イオガン・ビロンは一六九〇年にクールラント公の廷臣の子弟として生まれ、一七一八年からクールラント公アンナの宮殿に働く。一七三〇年にアンナが女帝となってからも彼女の文字通り片腕として宮廷を支配したが、彼女の死後、逮捕、裁判を受けて家族ともシベリア流刑に処され、中央政界からは姿を消した。だが、その後は生まれ故郷のミタウに戻り、長男に座を譲るまでクールラント公として活躍し、一七七二年一二月にミタウで死去した。彼が生まれ、アンナと過ごしたクールラントでは、郷土の名士として今なお記憶に残る人物である(37)〈図38〉。

ペドリーロはビロンの絶対的といえる寵愛を受けていたし、受けなければならなかった。それを得るためにこそ、このイタリア人はお馬鹿をし、戯けた振る舞いを見せる必要があった。しかも、その

図 38 - 1 ●エルンスト・イオガン・ビロン（1690 - 1772）

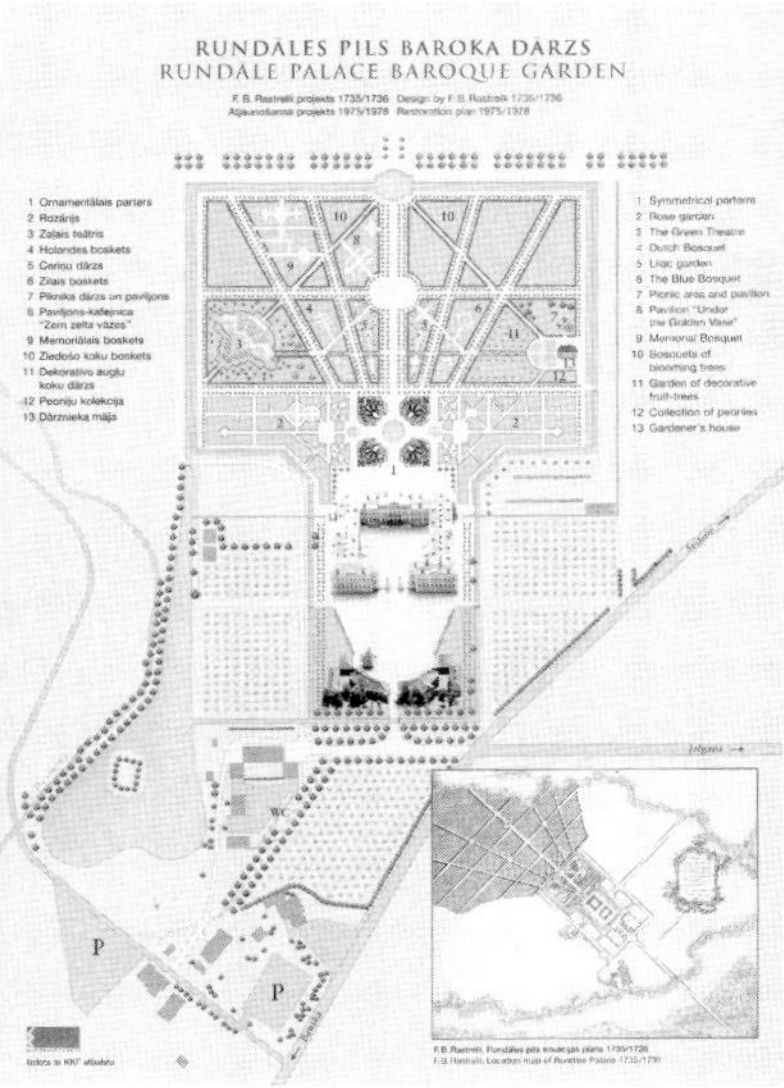

図 38 - 2 ●ビロン所有のルンダーレ宮殿全体図と北側ファサード　フランチェスコ・ラストレリ作　1735 - 36 年

物言いは「対等」でなければならない。追従や忖度だけではまったく意味を持たないし、面白みがないのは明白である。ビロンとペドリーロとの関わりを語る話は、一八三六年に刊行された小話集の全体五〇話中の九話を数えるが、その中のいくつかを見てみよう。

客歓待

ペドリーロはビロンを自宅へ招待する。客に行くこと、客として招き、供応すること（客人歓待 gostepriimstvo, hospitality）、しかも、この場合に示されるとおり、目下の者が目上の人物を家に招いて供応することは重要な「エチケット」(38)である。

あるとき、ビロンがペドリーロのもとに客に行った。そこには素晴らしいご馳走が用意されていた。おいしい料理の数々にビロンはとても満足し、料理人にはたっぷりと褒美を与えた。食事が終わるとペドリーロはビロンに言った、「閣下、私がご馳走をした動物は今も生きております」。ビロンはとても驚き、自分で確かめたくなった。ペドリーロがビロンを中庭へ連れて行くと、そこにはなんと、耳を切り落とされたブタの一群がいた。料理はすべて、ブタの耳をさまざまに調理してこしらえたものだった。[1-2]

豚耳料理(どのような調理法と味つけだろうか?)でビロンを供応し、しかも食後に生きているブタを見せるというペドリーロの趣向とアイディアはユニークであり、かつ驚きである。現代のロシアでは豚耳の料理は珍重されるのだろうか。

ビロンに向けられるペドリーロの欲望は限りがない。だからこそ、その頓智が執拗なまでに発揮される話としては、

ペドリーロは長い間、宮廷とビロンに仕えたので賄いを願うことを思いつき、ビロンのもとに行き、こう言った。閣下、私は退職しましたので収入がなく、貧しく、食べるものが何もありません。どうかご援助ください。ビロンは賄いとして彼に二〇〇ルーブリを与えるよう命じた。しばらく経ってペドリー

ロが再度、公のもとに現れた。賄いの追加を願うペドリーロの言葉を聞いて、ビロンは叫んだ、何だって、まだ不満なのか、おまえには賄いを与えるよう命じたはずだ。答えていわく、ええ、閣下、私には飲むものが何もないことを申し上げるのを忘れておりました。ビロンは微笑んで、もう一度恵んでやった。［1-17］

ペーチに煙が充満しないように工夫することは大問題であった。

ビロンがペドリーロに相談を持ち掛ける、ペーチを煙から守るにはどうしたらよいか、と。すると答えは、最良の方法は煙突にユダヤ人を入れることです、よく知られているとおり、彼らはなんでも取ってきますから。［1-5］

アネクドートでは、ユダヤ人への素朴な民衆感情がむき出しとなる。粗野なナショナリズムの表現として、時代はつねにアネクドートを求めることになる。

次の小噺は傑作の星印が付く。

ビロンがペドリーロに訊ねた、ロシアの人々は自分のことをどう考えているのだろうか。答えていわく、閣下、ある者はあなたのことを神と、ある者はサタンと見なしております。誰もヒトとは考えておりません。［1-20］

いつの時代にも、どこでも、権力者たる者は民意を気にするものである――アンナを「たぶらかして」ロシアを掌中に収めた！　自分、ロシア（ルーシ）にとって一異邦人・よそ者でしかない自分がロシアの人々から、どのように見られているかについて、とりわけ神経をとがらせていたであろうビロンに対する絶妙の回答であり、道化としての面目躍如である。まったく同じ話が、ゴリツィンにビロンが訊ねる形として、後代の『アネクドート集』（一八六九年）に収められていることからすれば、登場人物・主役の「臨機応変な」入れ替えはアネクドート、さらに口承文学の大きな特性である。ちなみに、「ロシアの人々」の意味でここでの原文に使われている rossiyane という語は、十九世紀半ばにはごく普通の言葉となったが、そもそもは十七世紀後半に活躍した啓蒙人シメオン・ポロツキイが使い始めたものである。ルーシからロシアへと移行していくのとまさしく並行する形で、ピョートル大帝登場前の時期に、啓蒙主義とナショナルな意識形成の「前夜」に、この言葉は生まれていたのである。

貴族高官

宮中に群がる貴族や役人等の高位の人々に対して、ペドリーロが辛辣な言葉を浴びせることは、宮廷内の習俗として当たり前だった。功なり名を遂げた老兵が自分の自慢話と苦労話を皆の前で披露する光景は数多く見られたはずだから、それにどのような反応をするか、最大級の誉め言葉や讃美か、あるいは真正面からの異論か？　道化師の出番である。

ある将軍が、ペドリーロのいるところで、自分がトルコとの戦闘に参加したとき、空腹でたまらずに馬肉を食べたと語った。ペドリーロはそのことをとても哀れんだ。将軍がいかにも嬉しそうに、ペドリーロが同情してくれたことへの感謝を口にすると、彼いわく、そうではありません、将軍、私はかわいそうな馬に同情しているのです。［1-3］

ペドリーロにまつわる話には動物との関係性を語るものが多くある（動物の味方として、動物と人間の対比等、以下で述べる彼の妻に関する場合も参照）。アンナ帝の時代のトルコとの戦争は一七三五年に始まり、一七三九年九月にベオグラード講和が成立している。実は、一八六九年に刊行されたアネクドート集に収録された同種の小噺では、(39) この将軍の名前は具体的にA・I・タラカノフ中将とされ、戦闘も一七三八年のクリミヤ遠征として語られている（具体的な固有名詞を聞き手・読み手の状況次第で明示したり、しなかったりすることもまた、アネクドートのみならず口承文学作品のテキストでは、常套の手法である）。タラカノフ家は起源を十六世紀初頭まで遡ることができる貴族名門で、ここでの中将アレクセイ・イヴァノヴィチは、元老院議員、スモレンスク県知事、陸軍省官僚を歴任し、一七五四年に死去した名将である。もっとも、この名門家の名前の語源がゴキブリ tarakan であることはこどもでも知っている。

家柄や血統を自慢することに対する大いなる皮肉として、

名声を好むB伯爵はいつも自分の祖先について語り、その中には有名になった者が何人もいると語るのがくせだった。あるとき、ペドリーロはこう言い放った、祖先のことしか褒められない者は、地中に埋まっているのが最上のジャガイモと同じです。［1-10］(40)

これはごく簡単な他愛ない掛け合いである。だが、これをどう読むかは少々「やっかい」かもしれない。

出自ばかりを自慢する伯爵に面と向かって、おまえはジャガイモ！と言ってのける道化師の姿は見事である。だが、そこには、いくつもの注釈が必要である。

ジャガイモ文化

ジャガイモは、さしずめ現代であれば、ごくありふれた食料であることから、くだらぬ奴、糞くらえ！くらいの意味ととられるかもしれないが、それは、大きな間違いである。ロシアのジャガイモの歴史を見れば、十八世紀前半には宮廷でもごくまれにしか食卓に出されなかったジャガイモだが、特に十八世紀半ば以降、ドイツからの移入を契機に、その栽培の是非をめぐって多くの議論がなされ、その後、十九世紀に入ってようやく定着した。(41) この点を考慮すれば、ここでの小噺は、かりに、ジャガイモがトリュフと同様の貴重な食材とみられていたとすれば、相手をけなす言葉とならない可能性もある。ただし、地中に埋まっているのが最上、との表現からは、無用の長物・役立たず、の意味も生まれるだろう。さらに、十八世紀になってから西欧、特にドイツから浸透してきたことからすれば、ジャガイモは新参者、歴史の少なさ・浅さの比喩となり、由緒の正しさのみを誇る高位者への大きな面当てとなることは間違いない。

新旧貴族の称号

この小噺を理解するためには、さらに、この自慢者の身分である「伯爵」(グラフ)についても考えておく必要がある。伯爵は、それまでのロシアの「大貴族」(ボヤーリン)を筆頭とする権力体制から、「新興貴族」(ドヴォリャニン)を中核としたロシアの近代的な社会構造への移行の中で、「男爵」(バロン)とともにピョートル大帝が導入した新たな称号であった。古来、尊称とされてきた「公」(クニャジ)が、十七世紀に君主の権力強化とも関連してそれまでの権威を失う中で必要とされた新たな肩書である伯爵は、当初はロシアのツァーリからではなく、神聖ローマ皇帝名義の伯爵称号の形で、F・A・ゴロフキン(一七〇一年)、メンシコフ(一七〇二年)、そしてG・I・ゴロフキンに与えられ、ロシアのツァーリから付与されたのは、一七〇六年のV・P・シェレメーチェフが最初である。その後、ピョートル期にはシェレメーチェフも含めて全部で九名(その中には、ピョートルの家庭教師役を務めたニキータ・ゾートフもいた）が伯爵の称号を与えられた他、十八―十九世紀を通じて、何らかの勲功に対して付与された[42]。

だが、この分野における革命前の研究者E・P・カルノヴィチによれば、「この肩書〔伯爵―引用者〕は人々、そしてそれを受けた人々にとってもわからず、それを正しく書くことさえできなかった。というのは、署名の際に《Φ》ではなく、《θ》を書いていたからである〔後者は現在では使用されないが、革命前には両方が用いられ、使い分けられていた―同上〕[43]」とあるとおり、新制度がある種の違和感でもって迎えられていたことがわかる。伯爵という称号が、中世からのロシアの血統を持たず、ピョートル期のロシアに「貢献した」人々（外国人も含む）に優先的に付与されたとすれば、彼らの多くが由緒ある祖先を有するとは考えられない。そして、自身の出自を由緒あるものとして、誇大に吹聴し、場合によっては捏造して語ることは十分考えられるだろう。いずれにせよ、こうした小噺の一見、「他愛無さ」と「馬鹿馬鹿しさ」の背後には多くの「受け取り」が潜んでいるのは間違いない。その「読み」は時代の背景のみならず、聞く者、語る者個人の「自由な再構成と再解釈」によってこそ可能となる[44]。

そして、もう一つ考えておくべきは、この話がいつ語られていたか、という点である。ペドリーロ本人がロシアで活躍していた時期に生まれ、語られていたとはどうも考えにくい。やはり、上記したジャガイモ史を考えてみれば、十八世紀後半、あるいは十九世紀に生まれたのだろう。その間、たとえ「解釈」や「皮肉の狙い」は時代によって微妙に変化したとしても、小噺の受け止め方はジャガイモの社会的受容と、そして「味わい」とともに変化していったはずである。

零落しても貴族は貴族なのか？

あるとき、食事の際にペドリーロの向かい側に、浪費がもとで自分の家屋敷をすべて失った一人の廷臣が座った。ある者がペドリーロに、この廷臣は普段何も食べていませんよ、と耳打ちした。答えていわく、当り前さ、彼はすでにすべてを食べつくしているから。［2-3］

次の話の「頭なし」「能・脳なし」「空っぽ」bez golovy は、繰り返し使われるキーワードである。

あるとき、ペドリーロはとても長身の宮廷人と口論した。しまいにこの男は我慢しきれずに叫んだ、これ以上おまえが黙らないとおれのポケットに入れてしまうぞ。ペドリーロは落ち着き払って答えていわく、いいや、おまえの頭の中がいいよ、そこには、空いた場所がいっぱいあるから。［1-15］

廷臣の無能ぶりをさらりと言ってのけたペドリーロの言葉は、確実に庶民の喝采をもらったはずである。「図体はでかくとも、知恵足らず」か。

見栄えが悪い宮廷人はお化けになぞらえられた。

ある集まりで幽霊のことが話題になった。ペドリーロはそれが作り話でフィクションとしたが、彼の横に座っていたある宮廷人はそれに反論した。ペドリーロさん、申し訳ありませんが、私はこの目で見たのです。私の言うことが信じられないかも知れません。私の家の近くの庭には、落ちぶれた老人の幽霊が時折、現れるのです。私は二度も、月明かりの下で確かに見ました。頭のない人を。それに応えてペドリーロいわく、ご廷臣殿、それはあなたの影だったのでしょう。［2-9］

文字通り「頭のない人」という皮肉の狙いの先が宮廷人に向かうことは言うまでもないが、ペドリーロが幽霊の存在などそもそも信じない人々（合理的な西欧人、との含みもあるか）のたとえ話として用いられているとも考えられるかもしれない。アネクドートのテーマ（かりにこのタームを使用すれば）が一つの「模範解答」に収束してしまうことは、断じてない。

酒場の主人

酒好きなロシア庶民の感覚からすれば、酒場の主人 traktirshshik(45)は、かつての税徴収者でもあり、ある種の「権力者」だった。だからこそ、ペドリーロは庶民の味方となる。

ペドリーロは隣に酒場の主人《トラクチール》が住んでいたので、休息時にはこの酒場に行くことになっていた。あるとき、いつものように酒場に行き、食事をしたが、財布を忘れた。支払いの時に自分のミスに気がついたが、すでに遅い。次回まで待ってくれるよう、彼がどれほど懇願しても、主人は黙りこくっているばかり。しまいには、ペドリーロがそれでも引き下がらないのを見て、彼の上着を脱がせて家に帰らせた。この仕打ちにペドリーロは大いに憤慨し、仕返しの機会を狙っていた。酒場の主人は鶏とひな、カモと七面鳥を飼っていたが、この事件があってからペドリーロは「お詫び」と称して、それらを自分のもとに引き取り、餌をやっていた。数週間が過ぎ、家禽が毎日の餌にも慣れたころ、いつものように餌を与える段になって、ペドリーロは仕返しのチャンス到来とばかりに、家禽の羽根をすべてむしりとり、そのまままもとの家に放してやった。家禽の姿を見た酒場の主は激怒してペドリーロのもとに駆けてきて釈明を求めた。彼いわく、私はあなたがしたのと同じことを家禽にしたのです。一ヶ月分の餌を要求したのですが、払いたくないというので上着を脱がせたのです。

［1-9］

C町へ行く途中でペドリーロが酒場に立ち寄り、そこの主人をからかおうと思った。「この町には、あなたを除いてロバ（強情なアホ）は多いのかい？」主人はかっとして、この恥知らずを追い出そうとした。それを引き取ったペドリーロいわく、ああ、旦那、ごめんなさい、間違いでした。ここにはあなたを含めてロバは多いのかい？

［2-8］

酒場主人との掛け合いは、多くのフォークロアを生みだし、民衆版画に欠かせぬ場面となったことは先に述べた《ファルノス、ピガシヤがエルマークとおしゃべり》で言及した。また、多くの場合、ロバが馬鹿の代名詞となることは言うまでもない。

芸術家・教養人

「頭なし」の非難は不出来な作曲家にも向けられる。

できの悪い作曲家が自分の作品のくだらなさを印刷所のせいにした。ペドリーロいわく、そのとおり、最初の楽譜にさえ頭がなかったから。［2-2］

作曲家の才能のなさは、符頭がしっかり描かれていなかった、あるいはフロントページを付けなかった版下、もしくは元楽譜のせいにしたことを示唆しているのか。

ペドリーロが活躍した時代は、西欧の影響下に、演劇、音楽等の舞台芸術が大きく開花した時期である。バレエもその一つで、アンナ女帝の庇護もあって、フランス人ジャン＝バチスタ・ランド J.-B. Lande (Landet)（?―一七四七年）による、ロシアで最初のバレエ学校の開設が許可されている（一七三八年、後の演劇学校）。したがって、バレリーナのスキャンダルは同時代の巷の話題となったはずである。

バレリーナのSは自分がやせていることで、優雅な骸骨というあだ名をもらっていた。あるとき彼女は自分のパトロンであるグリンスキイと、そして愛人であるドプスキイと舞台で踊った。ペドリーロいわく、二匹の犬が一本の骨を求めてつかみ合っている。［2-16］

グリンスキイは大貴族の名前だが、ドプスキイは不明。バレリーナのS某は、上で述べた帝室舞踏学校卒業生（ただし、最初の卒業生が出たのは一七四二、一七四三年）の中に見えるアクシーニヤ・セルゲーエヴァか、あるいは一七五七年にイタリアから来たバレエ団の一員で評判を取ったサッコーのことか。(46)

自身が舞台人であるからこそ、ペドリーロは芝居にはうるさい。

椅子に座り、まどろんでいたペドリーロは、大きな物音と口笛で目が覚め、全力で拍手をした。どうして？と聞かれて彼は答える。皆さま、私は作者を称賛します。あまりに見事な出来ばえ過ぎて、作者の戯曲の出来が悪い箇所はすべて眠ってしまって鑑賞せず、あなたがたと同じく、耐え難い退屈さを感じないですみましたから。［2-21］

ペドリーロが多くの劇作品の一節とその作者に通じた教養人であることを例証する話として、ある若者がペドリーロに自作の喜劇を読んで聞かせた。他の著者から取った言葉を耳にするたびにペドリーロは帽子を脱いでは、お辞儀をした。若者は驚いて、その理由を訊ねた。昔からの友人にお辞儀しているのです。　［2－17］

ここにあるような他人の作品からの引用・借用（盗作？）への当てこすりは、一八六九年刊行のアネクドート集の中にも見ることができる。

一人のフィレンツェのイタリア人が、土地の作家であるダンテ氏の作品を盗み、自分の作品に散りばめて、ペドリーロに向かって自身の妙技の作を読んだ。盗まれた言葉を耳にするたびにペドリーロは帽子を脱いでは、お辞儀をした。偽作者は、何をしているのかと訊ねた。昔からの友人にお辞儀しているのです。

図書館司書は、今も昔も尊敬されるべき人物であるはずだが、

知識がきわめて足りない男がプブリーチナヤ図書館の館員に任命された。彼と会ったペドリーロの言葉——ご就任おめでとう。そのポストはあなたに好都合ですね。今やあなたは本の読み方を習う手段を手に入れたのですから。　［1－18］

プブリーチナヤ（公共）図書館とは、現在の正式名称を「ロシア・ナショナル図書館」（本館はペテル

図39●プブリーチナヤ図書館　1800年代

ブルク市内、サドーヴァヤ通り一六番地）といい、「プブリーチナヤ」「プブリーチカ」（いずれも「パブリック」から）と通称される。エカテリーナ二世の着想にもとづき、この帝室図書館の建設が承認されたのは一七九五年五月のこと、翌年六月から建設が開始され、建物の完成まで二〇年を要したが、一般公開されたのは一八一四年二月である〈図39〉。ペドリーロの活躍した時代にこの図書館がいまだ影も形もないことは、改めて言うまでもなく、話の成立はペドリーロの時代からはるかに後である。この小噺集が刊行された一八三〇年代の図書館は、初代館長のA・N・オレーニンの指揮下に大きく成長していく時期にあたっていた。館員として書誌学者V・G・アナスタセーヴィチ、ジャーナリストのN・I・グレーチ、歴史家のN・I・スパスキイ（いずれも一八一七年以降）の他、寓話作家のI・A・クルィローフやプーシキンの友人A・A・デーリヴィグ、『イリアス』のロシア語翻訳で知られるN・I・グネヂチらもここで働いていた（いずれも一八一〇年代から一八三〇年代まで、クルィローフにいたっては一八四一年まで）ことを考えると、この小噺の怖さは底知れない。

次の話の主人公となるトレヂアコフスキイについてはすでに言及したが、十八世紀前半から後半にかけてのロシア文学史上で燦然と輝く存在である。現在のロシア詩の基本であるアクセント詩法を確立した（「ロシア詩作の新簡略方法」一七三五年）ほか、タルマン『愛の島への旅』の翻訳（一七三〇年）、自身の作品『テレマヒーダ』（一七六六年）で知られただけでなく、同時代の西欧の科学・歴史・思想にも通暁した同時代で最高の教養人である。

いとも賢いヴァシリイ・キリロヴィチ・トレヂアコフスキイについて、ペドリーロはこう言った。彼は自分の著作にとてもよく似ている。作品と同じく、巷で販売することも、売却して手放すことも、きわめて難しいのです。［2-7］

この大詩人の作品が難解であり、本屋からすればなかなか売れない、また買ったとしてもこんどは本屋が引き取ってくれない。あるいは、良い本なので手放したくなくなる、の意味か？　アンナが帝位に就いたのと同年の一七三〇年に、オランダ、フランスへの遊学から戻った詩人が発表したタルマン『愛の島への旅』の翻訳は、大きな評判を獲得し、それがもとで、彼の宮中への出入りが可能になり、さらに依頼を受けて女帝への讃歌も書いたのだが(47)。

『逸話集』にはトレヂアコフスキイが登場する話がもう一つあり、ペドリーロの毒舌の矛先は最大の英才にも向けられねばならない。

ヴァシリイ・キリロヴィチ・トレヂアコフスキイは自分の優秀さを他人に感じさせたがった。書き物によれば、彼は背が低く、猫背だった。あるとき、ある学問的な問題に関して熱い議論がなされた折、トレヂアコフスキイが皮肉の笑いをこめてペドリーロに質問をした、君は疑問記号とは何かを知っているのか。するとペドリーロは答えた、それは、時に実に愚かな質問をする小さくて猫背の人物の姿です、と。［1-7］(48)

ロシア語文章表現の中で「?」が疑問記号の意味を持つようになるのは十六世紀以降のことである（十六世紀末から十七世紀初頭にかけて活躍したL・ジザーニイやM・スモトリツキイの文法書では「;」がその意味を負っている）。それが定着へと向かうのは、まさにペドリーロや初期トレヂアコフスキイの時代であり（一七三一年に刊行されたB・E・アドドゥーロフの「文法書」）、一七五七年に出版されたロモノーソフの『ロシア語文法』によって確立した。とすれば、この時期にはいまだ、ロシアの人々の間でも、疑問記号がいかなるものか、知らなくとも不思議ではない。そうした同時代の雰囲気をこの話は背景として映し出している。

このこととあわせて重要なのは、トレヂアコフスキイはアンナ帝の宮廷にもしきりと顔を出し、オードも作った宮廷詩人であったから、ペドリーロと面識があったことも十分考えられることである。しかも、上記のとおり、彼は多くのフランス語、イタリア語作品の翻訳者として著名人であり、翻訳作品の中には、コメディア・デラルテの作品も含まれていたから、ペドリーロとの関係はきわめて深かったはずである。天下の大詩人に対抗して敢然とやり返す道化の姿は勇ましく、この両者の丁々発止の掛け合いは最高の「お芝居」に見える。この両者の「交流」を直接物語る証言も、関連資料もないことは残念でならない。

トレヂアコフスキイはいわばロシア学の礎を築いた「ロシア最初の、真に学問的な文献学者[49]」である。アンナ期には、宮廷詩人として、また科学アカデミーでの活動により高く評価されていたが（ただし、後に述べる一七四〇年の殴打事件等もあり、その評価の内容と推移はきわめて複雑である）、次第に「ドイツ派」の反撃により居場所を失っていく人物でもあった。

守銭奴？

ペドリーロがロシアで大儲けをしたことはすでに述べたとおりであり、彼が金銭に執着する話は多い。その中の一つからは、当時の使用人の仕事の中身を具体的に知ることができる。

あるとき、ペドリーロが広告を出した。「馬の世話と食卓のサービスができる年配の人を求めています。

その他の仕事は以下のとおり、晩の祈祷の場にいて、走り使いをし、毎日、聖書の一章を読むこと。また、髪におしろいをかけることができ、詩編を歌い、カルタ遊びができるとよい」「家から追放される恐れがあるので、使用人たちと陰謀をめぐらすのは禁じられ、霊に反して肉体が謀反をおこさぬように。年俸は五グリーヴナ」　［2‐11］

ここで語られる広告とは、どこに、どのような形で行われたのか(50)。ここで検討している『逸話集』が刊行された一八三〇年代にはすでに、活字出版による新聞・雑誌等の定期刊行物や書籍が大きな情報源として機能していた(その影響は、『逸話集』の中にも見られる(51))。アネクドートそのものはあくまで口頭で伝承されたものであっても、アネクドートの中に文字媒体による情報が「テキスト内テキスト」として登場し、あるいは呑み込まれ、さらに口承で広まっていく現象の一端がここに見られる。もっとも、五グリーヴナ(一グリーヴナは一〇コペイカ)はあまりにも安過ぎる。

ペドリーロはとてもけちな男だった。抵当を取って金を貸していたのだ。あるとき、6パーセント以上の利子が禁止されたが、その後、貴族の息子がペドリーロのところに来て借金を申し込んだ。すると彼はチョークを取り、壁に「9」と書いた。貴族の男は叫んだ、この恥知らず！神を恐れぬのか？　ペドリーロは答えていわく、どうして恐れることがありましょう、神様は上からご覧になり、6としかわかりませんよ。

読み（聞き）方によっては、とんでもなく恐ろしく、不謹慎な語りのテキストである。庶民にとって、この道化師は貴族ばかりか、神をも欺く大悪党なのだろうか？　［1－21］

ただし、その一方で、彼がお金に気前がいいことも庶民は忘れてはいない。

床屋がうっかりペドリーロの顎鬚を切り落としたにもかかわらず、二倍の勘定が支払われた。ペドリーロいわく、一つは散髪分、一つは止血分だ。　［2－12］

役人にしかるべく頬打ちを食らわせたかどで、ペドリーロには三ルーブリの支払いが言い渡された。彼いわく、これは高くない。そしてテーブルに六ルーブリを投げ、役人にもう一発食らわせた、これで勘定済みだ。　［2－25］

役人を恐れずに、啖呵を切って金を放り投げつける彼の姿と所作に人々は喝采の声をあげたに違いない。

名言・名答

先のユダヤ人の場合と同じく、助言を求められたペドリーロの当意即妙の回答例として、

けち男がペドリーロに、リュウマチがとても痛むので、立つことも、座ることも、横になることもできないと訴えた。ペドリーロは答えて、「最後の手段は首でぶら下がることでしょうな」［1-41］

一七七七年に株がおおいに下がったとき、大きな金額を買いためていたある人物がペドリーロに訊ねた、この株券は上がるか、どう思う？　上がるさ、それで凧を作るようにあなたの子供たちに言いなさい。［2-11］

一七七七年、とうの昔にペドリーロはロシアにはいない。だが、彼の存在はしっかりと記憶されている。

ペドリーロのところで働いていた料理人が台所から魚を失敬し、コートの下に入れて持ち去ったが、コートが短過ぎて魚の尻尾が下にはみ出していた。ペドリーロは泥棒を見て、言った、よく聞け、今後盗みを働くことを思いついたならば、もっと短い魚を狙うか、もっと長いコートを用意しろ。［1-14］

使用人の中にいる盗人への助言もしゃれている。

自らも宮廷人である道化師には、女性への周到なマナーと心遣いも欠かせない。

ある暑い日にペドリーロは川で水浴びをしていた。いきなり川岸で、ご婦人がたが乗る馬車がひっくり返った。水から飛び出したペドリーロは、急いで水中の人々の助けに行った。彼女たちに手を差し出していわく、お許しください、ご婦人がた、手袋なしで。［1-19］

あるとき、男爵夫人Dのところで集まりがあったが、そこは、品物の似たところと違いを見つけ出すという頓知遊びを楽しむ場だった。ペドリーロが入ってきたのを見て、男爵夫人が質問を出した。「わたくしと時計との違いは何？」答えていわく、時計は時間を思い起こさせますが、あなた様は時間を忘れさせます。［2-6］

男爵夫人Dとは誰のことか。ペドリーロの時代にはドルゴルーキイ一族が大きな力を持っていたが、男爵は外国人に与えられることの多い爵位であるから、無縁のはずである。

もともとペドリーロは音楽家、バイオリニストで、弦楽器の名手だった、

イタリア人のペドリーロはハープを巧みに演奏した。しばしば社交界に登場しては自らの演奏で聴衆をうっとりとさせた。あるとき、Ch連隊長のところでペドリーロがハープを弾いたときのこと、客の中の一人の女性が魅せられ、彼の演奏をすべて聞き終わってこう叫んだ、ああ、ペドリーロ、キスをしてち

ょうだい！　お願いだから、お別れのキスを。ペドリーロは立ちあがり、ご婦人を抱きしめ、彼女のバラ色の唇に熱いキスをした。ご婦人は彼の厚かましさに驚いて、こう訊ねた、どうしてこんな大胆なことができますの？　だって、あなたがそれを求められたのだから、の答え。女性いわく、私が求めたのは別れのキスのロマンスで、あなたのではないわ。［1-16］

道化師の行動の大胆さを称賛したものか、それとも道化師への、あるいは外国人への差別と理解すべきなのか。

アネクドートにはペドリーロの息子も登場する。

ペドリーロには身持ちの良くない息子がいた。ひとところに住むのに飽きた彼は、世間を知るためによそに行きたいと父親にせがんだ。ペドリーロが応えて言うには、おまえが世間を知るためにおまえを手放すことに、おれは反対ではない。だが、世間がおまえを知ることが心配だ。［2-5］

ただし、ペドリーロに息子がいたことは確認できない。「可愛い子には旅をさせよ」は名言だが、ペドリーロ親子の場合はどうか。不良息子への至極まっとうな親心の一端を覗くことができる。

道化師の誇り

道化師たる者は自分が世間からの風刺の対象となることに何ら恐怖心を抱かない。どのような場合でも、自分自身への風刺や誹謗中傷は堂々と受けて立つ、というのが基本的なスタンスなのであろう。そうした小噺として、

あるつまらぬ作家がペドリーロを風刺した、とても悪辣な風刺作品を作ったとの話がペドリーロの耳に入った。彼はそれを読むのを拒み、こう訊ねただけだった、そこにはビロン公を侮辱するような部分があるのか、と。ないとの答えを受けて、ならば、作者は放っておけ。［1-6］

あるとき、見せしめ台のわきに男が立っているのを目にしたペドリーロは訊ねた、この男の罪は何だい？ 罪人は答えた、大臣たちを中傷したのです、と。ペドリーロいわく、えい、兄弟！ おれのことをネタにすればよかった。そうすれば、おまえには何も及ばなかったのに。［1-8］(52)

道化師の存在理由を語るものとして、

一人の頭の良くない宮廷人がペドリーロに訊ねた、おまえはどうしていつも馬鹿をやっているんだい。答えはこうである。理由はただ一つ、あなたには知恵がなく、私には金がないから。［2-18］

バラキレフ

ペドリーロの同僚として宮廷道化師の一人であるイヴァン・バラキレフなる人物がいたことはすでに述べた〈図40〉。彼は一六九九年に貧しい貴族の家に生まれ、修道院の小姓として働いていたが、その後、宮廷内で使用人となり、さらに、ピョートル大帝に気に入られて道化師の身分を獲得した[53]。一七二四年に逮捕され、拷問を受けたが、エカテリーナ一世が帝位に就くと流刑先から戻り、プレオブラジェンスキイ連隊で兵士となり、さらにアンナの治世期に再び《お馬鹿》となって女帝に笑いを提供する職についた。この波乱の人生から見て、彼は筋金入りの道化師とみられ、その意味でロシアの道化師の原型とされる場合が多い（彼にまつわるアネクドート集が数多く刊行されている）。このバラキレフとペドリーロの掛け合いは、おそらく宮廷内の雰囲気を大いに盛り上げたに違いない。

　二人の道化師が、帆船で自分の町を視察するピョートル大帝に同行した。ペドリーロが海軍省の建物の尖塔を眺めながら言った、僕は、りんごに止まった蝿が右足で耳を掻いているのが見えるくらい視力がとてもいいんだ。ドルミドーシャ、君にはそれが見えるかい？　それに対する答えは、君ほど目が良くないけれど、そのかわりに、その蝿が「私を起こさないで」を歌うのが聞こえるよ。[54]

指摘するまでもなく、ペドリーロはピョートル大帝期のロシアにはいなかったから、この話が史実に反するのは当然としても、この二人が宮廷の中で他愛ない冗談や軽口を繰り返し、周囲の人々を笑わせていたことは明らかである。こうしたとりとめもない細部から見えてくるのは、ピョートル期とそれに続く時代の宮廷内に作られていたであろう《笑いの空間》であり、こうした宮廷内の雰囲気を、史実や具体的な人物名の「間違い」や「混同」を超えて語り伝えた一般庶民の反応とメンタリティである。

図 40 - 1 ●イヴァン・バラキレフ（1699 - ？）

図 40 - 2 ●『バラキレフ逸話集』（ 1833 ）

次は、宮廷内には道化を好む一方で、道化師の存在を疎ましく思う雰囲気も確実に存在していたことを物語る話である。あるいは、ツァーリはやはり賢くならねばいけない、との寓意もあるのだろう。

ある宮廷人がペドリーロに言った、もしも自分がツァーリになれば、すべての道化師を絞首刑にするよう命令する。答えていわく、それはどうでしょうか、あなたがツァーリになれるほどなら、もっと賢い選択をしたはずです。［2-23］

女帝に関する小噺

アンナ女帝も笑い話には登場する。ビロンとともにペドリーロの庇護者であるアンナ女帝自身とも、ペドリーロは他愛ないおしゃべりや馬鹿話をしたはずだが、一八三六年刊行のものには収録されていないので（その理由は考えるべきだろう）、他の刊行本からエピソードを紹介する。無類の狩猟好きだったアンナは、首都から一〇〇露里以内の場所での一般人によるウサギやキジを含む家禽の狩りを禁止したほか、例えば、ペテルブルク郊外のエカテリンゴフには、ピョートル大帝が設営を開始した《獣舎》を整備し、狩猟用パークを建設するよう指示をした。計画によれば、パーク内でシカやウサギ、キツネ、トリ、さらにクマやオオカミの狩猟ができるよう、屋敷や獣舎、檻などの準備を命じたというが、これは実現しなかった。(55) また、アンナが特に好んだのは犬を使わない狩猟であり、室内から窓越しに的を狙う狩猟がお気に入りだった。

女性と狩猟

この時代に、女性が狩りをすることは「時代を先んじていた」のだろうか。高位女性がエスコートの男性を従えて行なう狩猟は、新帝都ペテルブルクと旧都モスクワとの間の「文化的格差」となっていた証言がある。一七三八年にアンナは接見の場でモスクワから来た貴族女性に訊ねて、「モスクワではご婦人たちは狩りをしているのか」。それに対する答えは「陛下、A・M・チェルカスキイ公が奥様に柵の上に的を置いて窓からの射撃をするのを教えていらっしゃるのを私は目にしました」。アンナはさらに「撃っていたのは鳥か」「陛下、的の近くにハトを据えたのですが、羽根には当たりましたが、逃しました。ですが、二回目は見事に命中しました」、「他の御婦人がたは狩りをしているか」「申し上げられません、女帝陛下、見たことがありません」[56]。新たなタイプの娯楽の浸透には時間がかかる。

ペドリーロ自身がアンナの射撃の標的になることも実際にあったのか。

あるとき、アンナがペドリーロをカモ用の銃弾で狙い撃ちにした。彼は後ろにふっ飛び、噴水の中に落ちたが、その後五〇〇ルーブリの贈り物で慰撫された[57]。

ただの絵空話ではないとしたら、権力者に仕える道化職も命がけである。五〇〇ルーブリで済むならば良いとでも考えたのか。

「もう要らない」

次の小噺は「危険発言」を含む。発言の主がロシア語のネイティヴ・スピーカーではないことは、この場合、事態に何の影響も与えないとは思われない。

あるとき、ペドリーロは宮中で、もう女帝はたくさんだ！！と口走り、ただちに逮捕された。以下は言い訳である、皆さん、あなたがたはおわかりではないのです、私が言いたかったことは、そして今も言いたいのは、われらの女帝は現状でもう充分だ、ということです、だってこれほどに慈意あふれていらっしゃるのですから。［2-19］

ペドリーロが何と言い逃れをしようとも、原文の「もう、たくさんだ」「もう（これ以上）必要ない」ne nuzhno bolee の解釈の問題ははっきりと残る。「女帝不要」と解釈されれば、おだやかならず。肯定とも否定ともとれる絶妙な言い回しにこそ、道化としての面目はあると言うわけだろう。もしもこの話がアンナ帝の生前に語られていたとしたら、道化はどのような運命をたどっただろうか。

第４章　道化の妻たち
――仲人婆と「悪妻」

1　妻たること

ロシア民衆の口承伝統では、妻、息子、さらには親戚にいたるまで、道化を取り巻く人々が根こそぎで語られることが多い。現代まで、生活の中で血縁関係を最大に重視し、他人の家庭内部や親族に過剰なまでに強い興味と好奇心を示すロシアの人々にとって、笑い話のヒーローたる道化は妻帯し、家族持ちでなければならない。主人公と妻との関係が、周囲の人々に何にもましてリアリティを感じさせ、大きな笑いのネタを提供するからである。ペドリーロの息子については先に紹介したので繰り返さないが、ここでは、多くのアネクドートで語られるペドリーロとその妻に注目したい。そのことで、二人の関係性がさまざまな問題を浮かび上がらせるはずである。そして、後半は、独身だった道化が仲人女の助けを借りながら、どのようにして花嫁を獲得していったのかを、十八世紀前半に都市で広まっていた幕間劇を事例に見てみる。さらに、ルボークに描かれた男女・夫婦関係、特に、テーマとしての「悪妻」について考えてみたい。

宮廷道化の妻たち

ペドリーロの妻をめぐる小噺を検討する前に、アンナの宮廷道化師仲間の妻たちについても触れておく。アンナの宮廷に侍っていた公認道化師は、繰り返しになるが、ポルトガル生まれのユダヤ人ダコスタとイタリア人ペドリーロの外国人二人、ヴォルコンスキイ公爵、アプラクシン伯爵、ゴリツィン公爵のロシア人貴族三名、ピョートル期以来の道化師でロシア人のバラキレフだった。史実の上で正しいかどうかは別にして、フォークロアでは全員が妻帯者である。

ポルトガル出身のユダヤ人であるヤン・ダコスタは、バラキレフ同様、すでにピョートル大帝の時代から宮廷道化師として働いていた。ツァーリ主催の飲み会には欠かさず参加していたとされ、乾杯の際に、ピョートルが挨拶の言葉を口にしないとき、代わりにダコスタが言葉を発し、その度に皇帝から一〇〇〇ルーブリを受け取ったとされるほどの人物である。その彼と妻の逸話は多い。

あるときダコスタと妻が告解のためカトリック司祭のもとに行き、告解が済むと司祭はダコスタに鞭の仕置きが必要だと考えた。妻は言った、神父様、私の夫の身体はとてもヤワなのです。よろしければ、私が夫の代わりに懲戒を受けて耐えます。司祭は同意し、ダコスタの妻を鞭打ち始めたが、夫は目前の光景を喜び、こう叫ぶだけだった、ヤツを打ってくれ、もっと強く、神に見放された罪多きこのおれのために！　ダコスタと妻との仲がとても悪いことはみんな知っている。(1)

奥方へ仕置きの鞭を加えるという筋は、後述の《不実の妻》を暗示するものだろう。不仲を抱えた夫婦の話が多いのは、「笑える」という以上に、何と言っても、当たり前で一般的だったためであろう。そして、庶民夫婦間の不仲（それ以前の喧嘩も含めて）や妻の不倫、離縁といったごく日常茶飯事の出

来事が、こうした笑い話、民衆版画や民間劇に頻繁に登場するのは、ピョートル期以前の、十七世紀半ば以降のことである。(2)

帝都のカトリック教布教

カトリック司祭が最初にペテルブルクで活動したのはいつからか。正教の国ロシア、特に、新たに誕生したばかりの都《ミヤコ》ペテルブルクで、カトリック教布教の歴史は文字通り一七〇三年の都建設開始と同時に始まった。建設のためにロシアへ招聘された外国人建築家のカトリック教徒自らの信仰の場が求められたからである。ペテルブルク都市計画の先頭に立ち、新都建築を担った人物として知られる、スイス系イタリア人のドミニコ・トレジーニは一七〇五―〇六年に、都心の自宅脇(現在の大理石宮殿近く、ドイツ人部落のギリシャ通り)に最初、礼拝所を、さらに応急に木造の教会を建てた(いわゆる「フィンの岩礁群」)。「世界史」へ窓を開いた新たな首都の宗教選択は、多種多様な外国人の来訪とあいまって「自由」でなければならず、他の宗教施設とともにカトリック教の宗教施設もロシア伝統の正教寺院と並んで積極的に建設された。一七二四年にピョートル大帝は、今度は石造の、丸屋根付きカトリック教会の建築を許可している。それ以前にトレジーニが建てた木造教会は一七三七年に焼失したことから、それを再建すべく、町の中心を貫くネフスキイ大通りに聖エカテリーナ石造聖堂を建てるようにとの指令が出されたのは一七三八年九月、アンナ帝の末期である(これは、その後、再建が繰り返され、同じ場所に現存する)[3]。

同じく妻を打擲する話として、

あるとき、ダコスタは妻のことをとても強く叩きのめしたので、親類たちが文句を言い、自分を抑えるよう忠告した。すると、ダコスタいわく、ああ、私は自分を抑えるためにこそ彼女を叩いたのです。なぜなら、夫と妻は一心同体ですから[4]。

次は二人の不仲を語るものか。

とても博識だったダコスタは読書が大好きだった。彼の妻は、夫との仲はあまり良くなかったが、慈しみあうときに、夫に言った、ねえ、いとしい人、あなたの欲望の的になるために私は本になりたい、と。すると道化師いわく、それならば、おれはおまえを日めくり暦にしたいよ、毎日替えられるから[5]。

ダコスタの妻は夫から、コーヒーが自分の悲しみの特効薬だと、よく耳にしていた。だから、夫が死ぬとすぐに彼女は叫んだ、私はなんと不幸なの！　一刻も早くコーヒーをちょうだい！　コーヒーカップが渡され、飲み干したとたん、彼女はすぐさま、以前のように陽気になった[6]。

コーヒーの登場

ロシアにおけるコーヒーの歴史は、文献上では、一六六五年に宮廷医（先述したコリンズである）が記した、アレクセイ帝のための処方箋に「ペルシャやトルコでは知られている沸かしたコーヒーを、皇帝はディナーの後に召し上がるが、これは、むくみ、鼻かぜ、頭痛に効く薬」との一節があるのが初期の記録である。ピョートル期に入ると、この外来の飲み物は、新たな社交の空間たる《アサンブレ》と呼ばれた集まりの場（この新風俗については、後述）には欠かせないものとなった。ちなみに、ペテルブルクで最初のコーヒー・ハウス《四隻のフリゲート艦》が現れたのは一七二〇年という。(7)

バラキレフの妻

ロシア人道化の代表格たるバラキレフの妻はポサード（商工地区）民モロゾフ家の娘で、二人は一七三二年に結婚した。その際、新郎が持参金をもらっていないことを知ったアンナが、妻の実家に対して二〇〇〇ルーブリをただちに支払うように命じたという。(8) 一七三二年二月二四日付、モスクワ司令官セミョン・サルティコフに宛てたアンナの書簡には次のように書かれている。

イヴァン・バラキレフはアレクセイ・モロゾフの娘と結婚し、モロゾフは娘のために二〇〇〇ルーブリを持参金とする旨を約束したが、今、われわれが知るところでは、当のモロゾフはバラキレフにこのお金を与えなかったとのこと。したがって、このモロゾフに出頭させ、必ずバラキレフへ婚資のお金を出すように命じよ。もしも何か言い訳をしたら、いかなる言い訳も受け入れることなく、バラキレフにたいする貸し分の額を、ヒトロヴォとタチーシチェフに確認するよう命じること。彼らから得られるだろう真実の証言にもとづき、汝はモロゾフからしかるべきお金を支払わせ、バラキレフへ渡すように。もしもその間に、バラキレフへの支払い期限が来てしまった場合には、借金の抵当に含まれるバラキレフの村については、これを相続地として登記せぬよう、ヒトロヴォとタチーシチェフに命ずること。(9)

ヒトロヴォ家は十四世紀半ばから続く名門貴族で、ここに登場したのは一七〇〇年生まれのアレクセイと思われる。タチーシチェフ家も同じく名家で、ここに言及されたのは、歴史家として知られるヴァシリイ・ニキチチ・タチーシチェフではなく、一六九七年生まれの大将級武官アレクセイ、あるいは一七三一年の第一次カムチャトカ調査に参加したサフロンか。ヒトロヴォともども宮廷財務に深く関わっていたのだろう。

書簡を送られたセミョン・アンドレエヴィチ・サルトィコフ（一六七二―一七四二年）は、ピョートル期に勲功をあげ、陸軍少将、親衛隊少佐となり、国家の中枢にいた人物である（妻のフョークラ・イヴァノヴナはヴォルィンスキイ家の出身で、後に、《氷の館》祭典で重要な役割を果たすアルチェミイ・ヴォルィンスキイが妻方の甥にあたる）。アンナ帝の母親プラスコーヴィヤはサルトィコフ家の出であることから、セミョンが一七三〇年の政変時にはアンナ支持の側に就いたのは当然である。一七三二年初めに、モスクワからペテルブルクへの宮廷移動にともない、彼は、モスクワの「良好な秩序を維持すべく」アンナからモスクワ司令官 glavnokomanduyushii を任じられ、一七三三年には伯爵の称号を付与された。そのことからすれば、少なくとも、書簡が書かれた時点までのアンナのセミョンに対する信頼は厚かったと考えられる。(10) ただし、バラキレフが道化としてアンナのお気に入りだったとしても、一個人の婚資の支払いにまでモスクワへ調査を依頼するのは「やり過ぎ」ではないか。背景に見えるのは、商人層の所有財産にたいする国家の監視の眼である。道化はそのための口実として利用されたと言える。

ヴォルコンスキイの妻

ニキータ・フョドロヴィチ・ヴォルコンスキイ公爵は名門の出だが、すでにミタウ時代から自分の周囲に道化師を集めていたとされ、自らも奇行とおふざけの数々で評判の人物だった。その妻アグラフェーナはピョートル・ミハイロヴィチ・ベストゥージェフの娘であり、父親ピョートルは、クールラントに嫁入りして寡婦となったアンナのお目付け役＝宮廷長官（一七一二―三〇年）としてピョートル大帝によって送り込まれた人物であった。そして、このピョートル・ベストゥージェフは、彼に遅れて頭角を現したビロンにその座を奪われるまで、アンナの寵臣であると同時にクールラント公国の文字通り実権者として君臨していた人物である。

したがって、その娘アグラフェーナは、アンナにとって、あらゆる意味で身近な存在（そこには両者とも女性であることが含まれる）として、ライバル的存在であったに違いない。寵臣の娘で、若く知性にあふれたアグラフェーナが、名門貴族ヴォルコンスキイ公爵と結婚し、表面上は愛情あふれた夫婦生活を送っていることは、結婚直後に寡婦となったアンナにとって大いに気になるところであっただろうし、それどころか、嫌悪感さえいだいていただろうことは想像に難くない。しかも、アグラフェーナ・ヴォルコンスカヤが聡明な人物としてエカテリーナ一世の筆頭側近 gof-dama を務め、周囲に多くの宮廷貴族を集めていた（この集まりは、ロシア最初のサロンとも呼ばれている[11]）となればなおさらである。彼女の目覚ましい活動と、そしてエカテリーナとの関係がアンナをますます不安な気持ちに押しやってゆく。アンナが女帝の座に就いた一七三〇年、ビロンとアンナが父ピョートル・ベストゥージェフを追い落としたことにたいし、アグラフェーナは激しくアンナを非難し、それがもとで彼女はチフヴィン修道院へ送られることとなったが、その地でアグラフェーナが死にかけているとき、アンナはそこで追い打ちをかけさえしたのだった。すなわち、田舎に引き籠もっていた彼女の夫であるニキータ・ヴォルコンスキイを探し出して宮中の道化師としたのである。[12]

道化の仕事

彼が与えられた仕事はアンナが可愛がっていたボルゾイ犬の世話だった。一七三二年、アグラフェーナは修道院で失意の中に亡くなったが、アンナはそれで収まらず、さらに残された彼女の夫を、次に記す同じく道化師のゴリツィンの娘と「おふざけで結婚させ」さえした。

これはアグラフェーナへの逆恨み的な復讐劇なのか、それとも彼女にとっては他愛のない悪ふざけだったのだろうか。いずれにせよ、一七四〇年のアンナの死後、アグラフェーナの夫ニキータは道化師の役目から解放され、少将の位を与えられ、また、息子のミハイル（一七一三―八六年）は陸軍大将となり、ロシア・ポーランドのあらゆる勲章を受け、モスクワ総司令官、元老院議員となったから、その頃には、さすがにアンナの呪詛も消えていたに違いない。

ミハイル・アレクセエヴィチ・ゴリツィンについては、第5章で記される《氷の館》の祭典の主役となる人物であるから、そこで改めて述べることになるが、このゴリツィンの最初の妻との間に生まれた娘エレーナ（一七一二―四七年）の夫となるのが、アレクセイ・ペトロヴィチ・アプラクシン伯爵（死去は一七三五年、一七三八年とも）である。彼は、ピョートル期の著名な海軍提督の従兄弟であり、エカテリーナ一世の下で侍従として勤務し、一七二九年にエレーナと結婚した。岳父の影響からカトリックへ改宗したことが知られるが、いつから道化師となったのかは不明である。

このように見てくると、ピョートル期から道化師だったバラキレフとダコスタ、それに次に述べるペドリーロを除いて、三名の貴族たちが道化師になった理由を考えるとき、そこには、夫婦関係、そして女性・妻にたいするアンナのスタンスが反映していることは間違いない。そして、ここには、宗教問題、具体的にはカトリックへの改宗問題が潜在していたことも指摘しておく（むろん、ヴォルコンスキイ夫妻は二人とも正教徒であったし、ゴリツィン本人はカトリックへ改宗したものの、イタリア人を除く三名の妻は正教徒であったはずだが、これについては、後に再度、検証したい）。

ペドリーロの妻の場合

ペドリーロの妻をめぐる笑い話に移ろう。一八三六年に刊行された『逸話集』では、一七××年の『通報』にペドリーロはお上の許しを得た上で次のような広告を載せた。「一二月一三日に我が馬が失せました、見つけ出した方には賞金として五ルーブリを差し上げます」。さらに数日後に追加分として、「同月二五日に我が妻がいなくなりました、連れ戻した方には賞金として五グローシを差し上げます」。［2-1］

一八世紀初頭から発行された新聞『サンクト・ペテルブルク通報』に、このような広告が実際に掲載されたのだとしたら、史実とフォークロアとの関係の興味深い事例となると思われるが、今のところ目にしたことはない。ここには、妻が行方不明としか書かれていないが、この小噺を耳にする人々の想像において、他の男と駆け落ちをしたことは明らかであり、このテーマは大いに好まれた。それにしても、キリスト降誕祭の当日に彼女が逃亡したのは、神をも恐れぬ大胆な行為ということもあり、それでなくとも、いかにも話題性を含む。さらに、五ルーブリと五グローシという金額の多少も話のポイントである。一グローシは二コペイカ（一コペイカは一〇〇分の一ルーブリ）に相当（ただし、一六五七―一八三八年のことで、一八三八年から一九一七年のロシア革命時までは半コペイカ）することから、五ルーブリ対一〇コペイカ、すなわち五〇〇対一〇が馬と妻の価値比率である。

ペドリーロの妻は口やかましい女性だが、それでも彼は二五年間もともに暮らしたので、友人たちが、銀婚式はやらないのかい、と聞いた。答えていわく、友よ、もう五年待ってくれ、そうすれば、三〇年戦争を祝うことになるから。［2-26］(13)

三〇年戦争は一六一八年から一六四八年までドイツを舞台に、最後で最大の宗教戦争として、ヨーロッパ諸国を巻き込んだ大きな戦争である。二五年もの夫婦生活が本当ならば、妻との仲も耐えられない、というほどのものではないらしい。ともあれ、五年後の未来まで妻とともに歩む姿を想定している中で、それを戦争と皮肉るここでのペドリーロの態度には、いかにも道化らしい、二枚舌を感じさせられる。

ペドリーロは語った、愛は不思議なもので、驚くべきものだ。結婚したときは、とても妻に惚れていたので、愛するあまり食べてしまいたかったのに、今はそれができないのが残念だ。［2－27］[14]

これも前例同様、妻への両義的な態度を感じさせるだろう。愛が無くなり、食べられず、だが、目前の妻を消してしまえない、という恨み節であると同時に、かつては確かにあった妻への愛情を惜しんでいるのだろうか。

妻が病気になったペドリーロに医者が訊ねた、奥さんは少し良くなったかね？　今は何を食べているのかい？　答えていわく、牛肉を食べています。医者が聞く、おいしそうに食べているかい？　道化は微笑みながら、ワサビをきかせたのを食べております。［2－20］

「おいしそうに食べる」「食欲がある」s appetitom と「ワサビをつけて食べる」s khrenom の言葉の組み合わせが食欲と性欲の重ね合わせを連想させる。牛肉にワサビをつけて賞味すること[15]を伝えるが、隠語としてのワサビの用例から妻の浮気の暗示ともなっている。ここでの、寝取られ夫である自分を皮肉るかのようなペドリーロの態度について言えば、それこそ、すべてを笑いとする者としての道化の本領発揮とも受け取れるし、あるいは、すでに愛情の冷え切った妻の行動など彼にとってはどうでもよいことであった。

ペテルブルクの生まれだが、プロシャの外交官として働いたK・G・マンシュテインは、一七二七―一七四四年という長期間ロシアに滞在した人物である。その折の見聞を書き記した『ロシア手記、一七二七―一七四四』に紹介された話は、ペドリーロの面目躍如たる活躍ぶりをその妻も含めて詳細に物語っている。

ペドリーロの妻は見栄えの悪い女性だった。あるとき、ビロンがそのことを物笑いのネタにしようと思い、こう訊ねた、「おまえはヤギと結婚したという噂だが、本当かい？」 すると、機転が利く道化はこう答えた、「本当どころではありません。私の妻は妊娠していて、近く出産するはずでございます。どうか、閣下におきましては、御慈悲深くあられ、ロシアの慣習に従い妊婦のもとを御訪問いただき、生まれた赤児に贈り物を賜りますように」 ビロンは大笑いし、そのとおりにすると約束した。数日後、ペドリーロがビロンのもとにやってきて、喜色満面で自分の妻のヤギが無事出産したので、件の約束を思い出したと告げたのだった。アンナ女帝はこの悪ふざけがとても気に入り、宮廷の人々全員に対し、道化のもとを訪問し、家族の幸福を祝ってくるよう命じた。そこで、ペドリーロはヤギを手に入れてリボンで飾り、ともにベッドに入って真面目な顔つきで祝福を受けた。言うまでもなく、訪問者は皆、道化の枕元にプレゼントを置くこととなり、おかげでペドリーロは一日で数百ルーブリもの金を手に入れることができた。(16)

ヤギの表象

ペドリーロと妻のヤギについては、こだわってみる必要がある。その手がかりは、ロヴィンスキイが紹介する一枚の版画である〈図41〉。それは、第3章で触れたトレメールがペドリーロへ送った新年の祝い状に付した風俗画であり、そこには、アイロニカルな書簡形式の戯れ歌が添書きされていた。ちなみにトレメールは、ペドリーロをライバルとみなしていたかもしれぬドイツ系フランス人であり、ペテルブルクに一年余滞在した人物であることについては先に述べた。

この絵に対するロヴィンスキイの記述は以下のとおりである。

> ペドリーロの妻が偽りの夫［愛人――引用者］と橇に乗って進む。橇を引くヤギにはペドリーロ本人が乗り、バイオリンを弾いている。遠景にゴフラント島の灯台が見え、その窓から外を覗いているのはラコスタである。彼はペ

図41●トレメール書簡に添付されていた版画「ペドリーロの馬鹿な行状」　右奥の灯台から覗いているのがラコスタ

ドリーロに向かって「あっちへ行け」と叫んでいる［彼の口元から左斜め方向にその言葉、一部ロシア語、一部ポルトガル語が読める――引用者］。そのわきに、テントが二つあり、その一つでは、ペドリーロの妻とカピタンがベッドで毛布にくるまり、傍らにカピタンの剣が置かれている。手に蝋燭を持って寝台の下から這い出したペドリーロには大きな角がある。彼は幸福な恋人たちに恐怖を与えたいのだが、カピタンの剣がそれを遮っている。ペドリーロの愛人の白いヤギが灯で照らしだされる。その隣りのもう一つのテントには、丸テーブルが置かれ、右側の椅子に向かうペドリーロがバイオリンを弾き、左側には彼のヤギが足で皿を抱え、飲み物を口に運んでいる。テントの背後には、二頭のシカが見張っている。(17)

図像学者の説明によれば、この奇妙な戯れ絵の主な登場人物は、バイオリン弾きのペドリーロと彼のライバルであるダコスタ（ラコスタ）、ペドリーロの妻とその愛人、そしてヤギであるという。絵のテーマはペドリーロの生涯であり、それをきわめて簡略かつ集約的に、アレゴリカルに描いたものとされる。

そのことをもっとも象徴するものこそは、上述したトレメールの書簡に記されたペドリーロの肩書きにある「磨羯宮（山羊座）の求道者《エクスペクタント》」、そして、ロヴィンスキイの解題にもあったヤギであり、特にその角である。言うまでもなく、「角」には「妻に逃げられた男」の意味がある。次の話には、ペドリーロの妻のことが直接語られているわけではないが、明らかに彼の妻が暗示され、意識されている。

年寄りの夫が浪費家で若い自分の美人妻のことをペドリーロと話題にして、こう言った、私の妻は美人なんだ、だけど金をとられるんだよ。ペドリーロは答えて、金がね、とられるってわけか！　うーむ！どうしようもないな。［2―15］

年老いた旦那と若い妻あるいは悪妻、という組み合わせ、同時に、そうした若く美しい妻の自慢、同時に愚痴・不平、あるいは「悪妻」ないしはその「告発」というテーマはロシア民衆の想像力の中に根強く見られるもので、多くのフォークロアを生んできた。ここで「（金が）ね、とられる」と太字にした部分は、ロシア語の doroga（「高価な」を意味する形容詞）という響きの中で rog（「角」の意味）の音が強調されるとき、あるいは文字表記を目にするとき、この小噺を聞く（読む）ロシア人の意識のスクリーンには、妻に逃げられた男・夫であるペドリーロの姿が投影されるはずである。だとすれば、この箇所は、寝とられ男である道化師の実感、あるいは彼にとって同類である年寄りの夫への共感を込めて読む（聞く）べきであろう。とはいえ、それと同時に、ここでのペドリーロの行為は、相手を茶化すためには自身が巻き添えになることも厭わない、ということもあるわけで（最後の言葉にしても、浮気をする妻たちも、浮気される自分を含めた夫たちも、そのすべてが「どうしようもない」というわけだろう）、まさに道化の鑑とも言えるかもしれない。

有角のシンボリズム

動物の角は魔除け・厄除けのシンボルであり、力と豊穣・多作・多産をこめる護符としての機能を持つ。同時に、悪霊・デーモンとのつながりも合わせて、各種の仮装には欠かせない。その農耕呪術的機能は、そのままセクシャリティと結びつく場合が多いから、角は男性原理を表象するものとして、性的能力ならびに「妻に逃げられた男」「不倫・浮気」を連想させるのに十分である。[18]

ヤギと結婚の小噺の冒頭でペドリーロの妻について「見栄えの悪い」とされていることにも注目してよい。ペドリーロがすでにイタリアにいたときに妻帯していたらしいことは先に述べた。それが本当かどうか、正確に判断できる資料はない。重要なことは、（ミーラの経歴紹介で触れたように）「美人」ともされた彼女が実際に美人であったかどうかとは違う次元で、ロシア内の言説として、ペドリーロの妻は「不美人でなければならなかった」らしいことである。この理由もまたヤギに関係している。

フォークロアのヤギ

ロシアの昔話や儀礼・遊戯歌謡、妖怪話や伝説においてヤギはとても人気があり、アレゴリカルな登場人物である。現代の民族誌家であるO・V・ベローヴァやA・V・クーロチキンの記述によれば、ヤギとそれを人格化した仮面は年間歳時儀礼、特にクリスマス週間や謝肉祭週間に行なわれる儀礼で仮装される存在であり、そのときに用いられるアイテムである。クリスマス・新年の「ヤギの連れ回し」の習俗や「ヤギの謝肉祭」は収穫や家畜の多産・豊穣を目的とした農耕ならびに牧畜の呪術と結びついていた。ベローヴァとクーロチキンは、ヤギに仮装する風習はウクライナとベラルーシに特徴的であり、ロシアでは少なく、西と中央と南の地域にわずかに見られるのみとする。しかし、ソビエト期の民俗学者V・I・チーチェロフとV・Ya・プロップが指摘し、さらに、一九八〇年代に精力的に活躍しながらも夭折した民俗学者L・M・イーヴレヴァが自らの観察にもとづいて的確かつ「厚く」記述したとおり、ヤギの仮装やヤギの行進を含む行事は北ロシア（セーヴェル）にも確実に残っていた。[19]そして、そこにおいてヤギは、悪霊（不浄の力）の分身であり、とりわけ「他者」（よそ者）に近い動物として理解されてもいたのである。

ヤギと妻

このヤギが備えた「他者性」こそがペドリーロの妻＝不美人というイメージを導く鍵となる。すなわち、ペドリーロの妻は、彼女がロシア人としてイメージされる可能性＝危険性があるときには、外国人の、しかも道化に嫁入りした者として、不釣り合いや不適応のシンボルとしてヤギの姿をまとわされたのであり、さらに、ペドリーロと一体化した者に対しての排外的な心性からは、そのヤギはまた「醜さ」を割り振られることともなったのである。これを換言すれば、外国人であるペドリーロと彼を取り巻く者たちについては、そこに異形性の刻印がつねに求められるのであり、しかし、彼のイタリア人妻が美人であったことが現実として動かし難いものであったとするのなら、その代償が求められるかのように、「ロシア人」として語られるときの彼の妻は、ことさら不美人とされなければならなかった。かくして、宮廷内のメンタリティにおいても、民衆的観念の中でもペドリーロの妻は「よそ者」でなければならなかったのである。

民衆文化におけるヤギ

動物との結婚、異類婚姻は、言うまでもなく、昔話や伝説といった民衆の物語でもっとも一般的で、人気があるモチーフである。そして、不浄な力としてのヤギとのコミュニケーションの危険度をできうる限り少ないものとするため、ロシア民衆文化の中でヤギには「ぶざまで」笑いを誘う動物としての役目が与えられた。人格化したヤギ仮面と仮装は、数々の儀礼のみならず、民衆の演劇化された出し物で欠かせぬものともなった〈図42〉。

クマとのペア

ヤギは、歳時ならびに家族サイクルの伝統的儀礼を行なう人物として登場し、多くの場合、クマや放浪芸人とともに、民衆の見世物や演劇＝ブッフ、街頭の軽演劇＝ショーに参加した（クマとヤギがペアとなって登場する多くの民衆版画〈図43〉）。このことは、十八―十九世紀の民衆演劇とルボークに限らず、多くの歴史的データによっても確認できるとおりである。ベッドに横になってリボンで飾られたヤギの存在が現実であれ、創作であれ、そのイメージを民衆が耳（や目）から脳裏に映し出したときには、すぐさま民衆は、ヤギの仮装や行進を、そしてクリスマス週間や謝肉祭等のヤギが登場する、路上や広場で繰り広げられる見世物芸の場面をまざまざと思い起こしたことであろう。

図42●イヴァン・ビリービン、カシチェイの組曲のための「ヤギ」の衣装デザイン

2 道化の結婚と仲人婆

このように、ペドリーロなる道化は妻を揶揄し、また、逆に妻から笑いものとされ、そうした二人の激烈なやり取りをもって聞く者に笑いとユーモアを確実に伝える役割を演じた。その意味で、彼ら

同士の掛け合いだけでなく、存在そのものがロシアの民衆文化の中で大きな機能を果たしていた。だが、このペドリーロがロシアに到来した当初には、当然ながら、彼には「ロシア人」の妻は存在しないわけである。とすれば、結婚までのキャリアはどのようなものか、あるいは、端的に言って、彼の婚活はいかなるものだったのか。

そのことを考える上で欠かせないのは、結婚を切望する独身道化が仲人の老婆を介して金持ち商人の娘と知り合い、破格の結婚を実現するという筋書きを持つ一連の寸劇（幕間劇）の存在である。これは、主に都市住民（商人、職人他）や学生（神学校、アカデミア）を観客とする啓蒙的な世俗劇[20]の幕間に演じられた芝居であった〈図44〉。ロシアの世俗劇は、放浪芸人による街頭の寸劇を別にすれば、西欧の恋愛物語の翻案を上演した宮廷演劇から始まったと考えられるが、劇の主要部分が啓蒙的で、西欧の影響が大きいのにたいして、幕間劇は、西欧からの影響を残しながらも、分量の点で簡略化されており、このことに関連して、観客たる都市住民にわかりやすくロシア化され、かつ即興的な色彩が強いことが特徴となっている。台本のほとんどが手稿の形で残され、多くの異本があることも特徴的である。[21]

図43-1●木版画《クマとヤギ》

図 43 - 2 ●リトグラフ《さあさあ　クマのイヴァンがやって来た》1878 年

図 43 - 3 ●S.ステイキン《旅芸人》1910 年代半ば

幕間劇《道化の結婚》

ここで検討したいのは、世俗劇の中でも幕間劇のレパートリーにある《道化の結婚》《道化と仲人》と題された芝居（異本として《道化の物語》《道化と結婚》《アルレキーノの結婚のインテルメディア》他）の存在である。これら一連の作品は、道化を主人公としたドタバタ劇だが、ここには、彼の言動に集約された形で、十七世紀後半から十八世紀初頭にかけた時期の、庶民の結婚願望ならびに準備活動とそれにまつわる風俗と風刺の世界を見て取ることができる。

概略は次のとおり。

道化が登場して、語り始める。

こんにちは、高貴なる皆様、私はいつもあなたがたに敬意を持っております

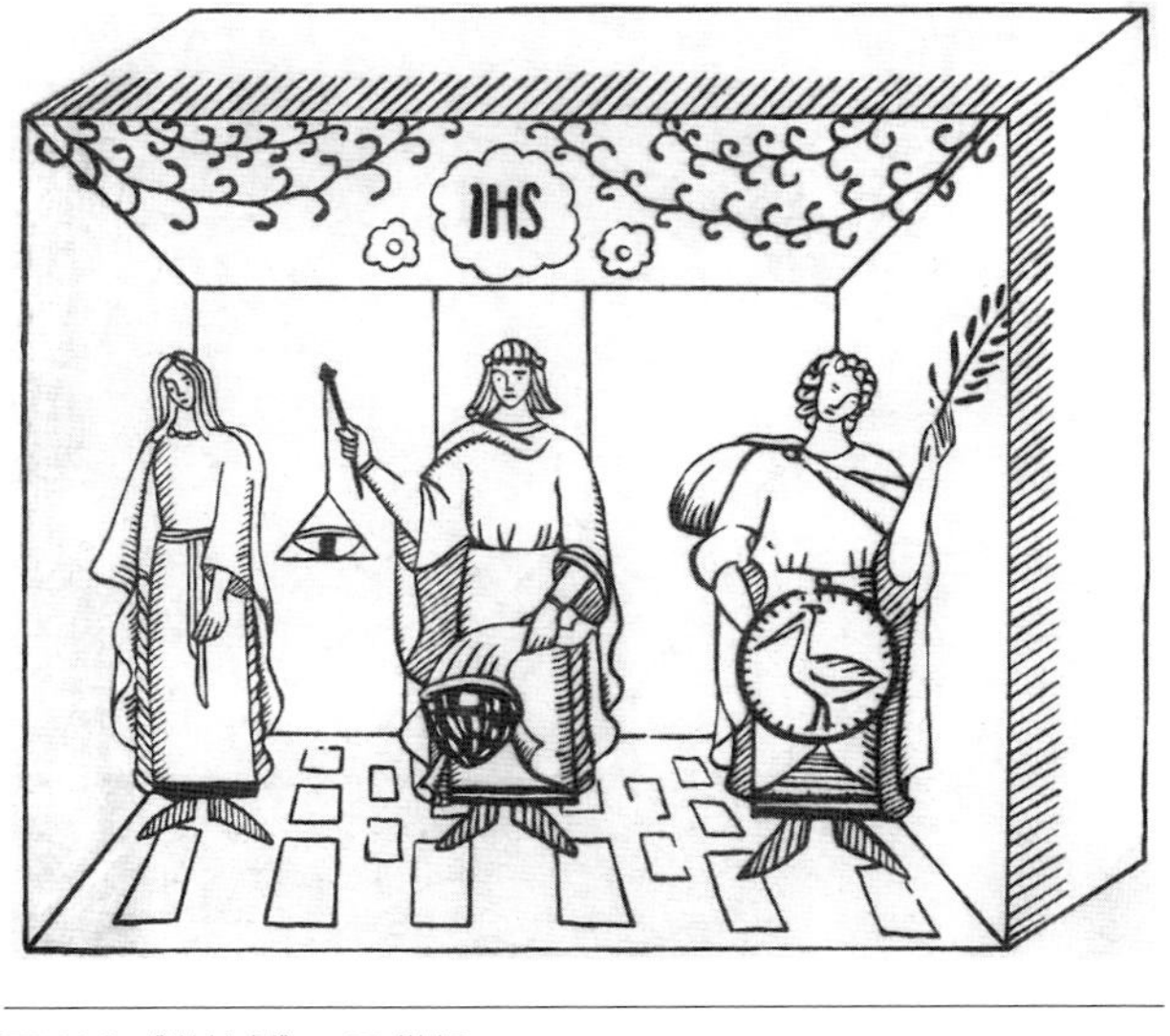

図 44●《学校劇》　17 世紀

皆様は私をどのようにお考えか、ロシアの道化か、それともドイツの道化なのか
私は、ロシアのアルレキーノであります、低いお辞儀をするために、やって参りました
ここで、あなたの良心を求めたいのです、というのも、私はすでにお年頃なので
他の連中のように、結婚をこそ望んでおります
そして、奥さんと楽しく過ごしたいのであります
私は、自分を不幸者と思っています、わが暮らしには潤いがない
独り身の時を引きずり、長らく結婚しないのは恥ずかしいこと
鳥も動物も、知りうる限りの生き物は、いずれも奥さんを持っている

〔……〕

どうか憐れみたまえ、鳥になぞらえないでください、私のためにどこかに娘を探してください
私は皆さんのために心から尽くします、これ以上、私に苦労させないでほしい
皆様は、私が美男でなく、振る舞いが悪く、抜け目ないと思われているでしょうが
私には少なからぬ学があります
残念なことに、良い仲人を見つかっていません、見つかれば最後の上着を差し出すつもりです
良き仲人がいさえすれば、上等の花嫁を取り持ってくれるでしょう
嫁がいれば長生きができるし、何も苦労することもありません

穏やかで、正直者の独身男がこのままずっと、そのままでいるなんてことがありますか
花嫁を探しに出かけよう、ぐずぐずしていられません(22)

注目すべきいくつかの箇所にコメントを付しておく。

自分自身をロシアの道化か、それともドイツか、と問いかけて、それにたいする答え――「ロシアの道化、しかも、アルレキーノである」――には、《ナショナル・ロシア》という意識の顕在化と、同時に、アルレキーノのロシア化の過程という二つの面が読み取れる。アルレキーノがイタリアの劇団巡業とともにロシアで受け入れられるようになるのが、一七三〇年代のアンナ帝の時代であることは上述したとおりである。

次に、結婚願望について見れば、これほどストレートで、赤裸々な語り(「世界の万物にはすべてパートナーがいる！ 独身は不幸そのもの！」)は、それまでのロシア史の中で、特に文字に残された発言＝発現として記されたことがあっただろうか。その正直な心情告白は道化師だからこそ可能なのか。また、「美男」としたが、直訳すれば「赤ら顔」「美顔」となる。

見栄えのかわりに誇られる「少なからぬ学」とは一体、何をイメージしたらよいのか。「学」nauka と直訳してみたが、それが「学問によって得た知・教養」だったとしても、現代の学問とは時代的にもかけ離れていて、内容はあまり判然としない。道化ならではの芸、話芸、あるいは、人生経験によ

って得られた知識、知恵、世間知とでも考えられるが、そもそも、この言葉を耳にした同時代の人々はどのような感覚を共有したのだろうか。(23)

芝居に戻ると、次に登場するのが仲人である。たんに老婆とされる異本もある。彼女は、「おまえに素晴らしい花嫁を見つけてやろう、おまえが結婚を希望していることは聞いている」と応じ、二人の掛け合いが始まる。言葉遊び（音と意味の双方の）にあふれ、日常の品々（例えば、キセーリ［果汁のピュレ］、クワス［ライ麦と麦芽の発酵飲料］、シシー［キャベツスープ］、カーシャ［ロシア風粥］）に言及しながら盛んなやり取りの場面が続く（「果実ピュレであるキセーリは婆さんの歯では噛めないだろう」「燻製の氷をペチカへ入れる」「中身なしのシシー」等）。道化は自らの生まれを「おれは人間として輝かしくはないぜ、そもそも、とてもおかしなヤツに生まれついたんだ、お馬鹿な事が忘れられず、いつも面倒な言葉からは、おさらばさ」と表現し、さらに二人の掛け合いは続く。

仲人女　おまえにくれてやるのは小さなモノだが、私には感謝するはず、まずは、自分の面を見てごらん、どんなに不細工か自分でもわかるだろう、そのままでは、花嫁はびっくり仰天して逃げるだろうよ、こんな馬鹿と暮らせるか？って。私がいい男にしてやるよ、そうすれば彼女もおまえを好きにもなるさ、私が格別美男にしてやるよ、おまえの面に仮面を着けるのさ、そうすりゃ誰も気が付きゃしないし、良

い花嫁が来るってもんさ

道化　おっかさん、おれは、そもそも面をけっして自慢できないことにびくびくしてたんだ、もちろん、花嫁がやぶにらみってこともあるさ、だけども、おれの鼻ひとつで仰天するだろう、あんたには望みをかけているが、おれは縞模様の服で歩き回って、あの楽しい宴へ行くつもりだから、おれに式服でも見つけてくれませんか

仲人女、いわく「黙れ、飛ぶ鳥、あとを残すなよ、私はすべてのことでおまえを放ったらかしにはしないよ」、するといと道化は「仲人さんよ、永遠におまえに仕えるよ、おまえへの愛を死ぬまで忘れない……」、仲人女は応じる、「どうか、ここで待っていろ、今から花嫁のもとへ行ってくるさ、おまえの願いが叶うよう、できる限りのことはするさ」

少しコメントをしておくと、式服を見つけてほしいとの道化の頼みは、むろん、次の段階で、花嫁の家へ向かうときに着ていく服（その箇所では、カフタン kaftan［上着、式服］）の伏線であるが、同時に、ここで「式服」と訳した原語 mundir には「軍服」の意味もある。十七世紀に登場した軍服をもとに、西欧の影響も取り入れて、近衛兵をはじめとするロシア国軍の新たな制服が制定されたのはピョートルの時代であることを考えれば、観客には、この語が持つ同時代的意味が届いたにちがいない。

仲人女は商人夫婦の家へ行き、語りかける、「おまえのところには、いとしい娘がいるね。知り合いに、とても立派な若い男で、おまえと同じく商人がいるんだ。最近、ヴェネチア（ドイツ、という異本もある――引用者）の船でやって来た男で、ロシア語とドイツ語で読書もするさ、財産はとてつもなく莫大で、おまえくらいだろうさ。美男子で、背も高く、性格もいい、今、この町にいて、とても結婚したがっている、おまえの娘と連れ合わせるため、この男と見合いをさせてみてはどうかな」。父親の答えは、娘を嫁にやりたいが、「そういうおまえさんは年寄りだから、嘘をつくのではないか、その男について真実を言ってないかもしれない」。仲人女はいわく、「おとうさん、あたしはどれほど生きてきたことか、この男について、私が嘘をつくなんてことがあるものか、この年寄りを信用しなさいな」。

父親は誘いを受け入れ、自宅へ連れてくるように言う。早速、仮面と式服を持って男性のもとへ戻った仲人女に、道化は「オレは待ちかねて、三日以上も何も食べずに待っていたところさ」。仲人女は、花嫁と見合いをするから、この仮面とカフタンを着けるように、そして嘘をつくように言う。不安がる男だが、彼女の助言にしたがって化粧し、仮面と豪華なカフタン（ドイツ服、との異本もある――同上）と、そして立派なカツラを着け、銀の時計をポケットへ入れると、見事な姿になり、威勢も素晴らしく良くなる。さらに、羽飾り付きの豪華な帽子、糊のきいたカフス付き上着をまとえば、いよいよお出ましである。

仲人女が目指した花嫁候補が商家の娘であることは、明らかに、上述したアンナに、持参金未払者として追及されたモロゾフ家を思い出させる。そして、カフス付き式服、仮面とカツラ、羽飾り付き帽子と、上から下まで、着飾った姿は、そのまま、《赤鼻ファルノス》の出立ちを思わせる。ちなみに、ここでは彼の鼻への言及はないが、先の台詞には、花嫁が鼻に仰天、とある。

商人の家で互いの紹介と挨拶があり、次に、父親から質問が矢継ぎ早に浴びせられる。さしずめ、花婿の面接テストといったところだろうか。

父親　あなたは海外から戻って長いのか
道化　もう一年もここに住んでおります
父親　どのような商品を商っているのか
道化　いろいろな飲み物を売っています
父親　今、あなたの船はどこに停泊しているのか
道化　品物を下ろし、海上へ放ちました
父親　どうして一人で滞在しているのか、手代は雇っていないのか
道化　春が来れば、多くの者といっしょにいるでしょう

父親　聞くところでは、あなたは一人で楽しく過ごすのを望まず、結婚をお望みとか

道化　ええ、そのとおりです、その望みを抱いています、ただし、あなたを苦しめることはできません、もしも、愛情が芽生えるならば、あなたの娘さんを私にください、もしも、わかっていただけるならば、私と彼女に祝福をください

父親　あなたが品行方正な人物と見込んで、あなたが気に入るならば、娘をあげましょう

外国からの積み荷を港に下ろすほどの商いとなれば大商人であることは間違いないが、そもそも本格的な海上取引はようやくピョートルの時代に始まったから、これも新たな時代の到来を意味する。登場人物がどこに住むかの記載はないが、やはりモスクワではなく、帝都ペテルブルクと考えるのが自然である。

第一段階の「面接試験」は合格である。次に花嫁の登場があり、「私は、自分の喜びをもって望みます、そのことをはっきりと申し上げます」との彼女の合意が示され、第二段階も無事に完了する。それを受けて、父親は娘に「おまえが望むならば、この面前で愛のキスをするように」と指示する。道化はキスをし、手を取り、これにて、結婚（式）は無事に成就し、音楽が相奏されるが（ただし、テキストではここに未来形の動詞が使われていることから、実際の舞台では、はたして式が行われ、音楽が流れたのか。式が正式に終了したとみなすか否かの問題が生まれるかもしれない）、ここで、ト書きによれ

ば「道化が自分の格子縞の服で現れる」ことになる。[24]

ここで突如、第三段階への突入である。道化は自身の正体を明かす長台詞をまくしたてる。時に、退場し、再び、今度はアルレキーノの衣装で登場し、数々の言葉（「老いぼれ悪魔」「古びたワサビ」等々）を舅に向かって、そして遅れて登場した姑へと浴びせかけるのである。ペテンを見抜けなかった自らの愚かさを舅は悔い、「このペテン師！」となじるが、後の祭りで、いきなり道化を殴り、足で踏みつけることができるだけである。姑も愚痴とご託を並べ、男と仲人女に悪態をつき（「嘘つき」「詐欺師」「狡猾な仲人め、悪賢いババア」）、道化は舞台を出たり入ったりする（花嫁が退場し、男だけが登場する、という異本もある）。そこに姑の愛人が姿を見せる。貴族である彼は自らの剣でやっつけようと、道化に挑みかかる。だが、逆に、道化は奪い取った剣で愛人を叩き、その後はつかみ合いとなり、最後に、両者は仲直りする。[25]

道化師が着けていた仮面を外し、格子縞の平常服へ着替えて再登場するのは、まさしく《大転回》そのものである。であるからこそ、仮面の意味（もちろん、服装も）はきわめて大きい。また、ここでも商人の妻の不倫が題材化されていることに着目すべきである。妻が自分の夫を「うちのヤツはどこに消えたんだい、もう、この世の中には姿を現さないよ」と毒づく（イコール、現れないでほしいという願望である）箇所があるが、ここも観客の大きな喝采を受けたはずである。

この寸劇全体がまったくのドタバタ劇であることから、すぐに思い起こされるのはロシアの伝統的人形芝居《ペトルーシュカ》である。ここで、この両者の筋構成と台詞の細部を比較対照することはしないが、明らかに両者に共通する部分は多い。観客への挨拶に始まり、他の登場人物へのユーモアと攻撃を含んだ台詞と掛け合い、最後に「刃傷沙汰」でおしまいとなる点は、両者がともに大道芸的構造を特質としていることで説明できるだろう[26]。

劇の版画化

この幕間劇《道化の結婚》は、そのまま、ルボークの題材として選択され、制作された。一般的には「新郎と仲人女」とされる木版・銅版画がそれである（一二一、一二二番〈図45〉）。これらは言うまでもなく、劇の観客よりも、はるかに多くの人々の目に触れることになったと考えてよい。作品を見ると、その下部に彫られた文章は、ルボークの主役の二人の掛け合いであり、ほとんどが幕間劇の台詞からのものである。ただし、先の芝居の言葉をかなり簡略化してあるのは、画面制約からすれば仕方ないだろう。多くの箇所で、掛け合いの筋も、個々の台詞＝言葉も共通している。男は結婚を目的に、仲人女に数々の助言を求める、仮面を着けるようにとの彼女の言葉こそないものの、彼が醜い面をしているとの指摘もある。男性は「新郎」（「愚かな新郎」のルボーク異版もある）とはされていないものの、服装からすれば明らかに一般人でなく、道化師である点は共通する。「私の鼻は大きなキュウリ」の言葉からすれば、やはり大鼻の持ち主であり、女性の最後の言葉は、「私をあてにしなさいな。あなたは満足するわ。だって私には惚れさせる魔法の根があるから。だけど、あなたの馬鹿ヅラを見たら、あなたには角のあるヤギを連れてくるわ」となっている。[27] ここは、先の幕間劇には、異本も含めて見出すことができない部分である。「魔法の根」は先のハゲ男タラスに対する薬のことを思い出させる。角とヤギについては、改めて繰り返す必要はない。

この芝居の仲人婆の姿に、周囲の者たちを結婚させたがったアンナを重ね合わせることは唐突過ぎるだろうか。

図 45●木版画《新郎と仲人女の会話》
18 世紀半ば　37.4 × 31

3　悪妻は叩かれる

新時代のメディア

十七世紀後半に誕生したと考えられる民衆版画（ルボーク）は、あたかもピョートルの時代の到来を宣言するように、十八世紀突入と同時に、一躍、時代の文化的メディアの寵児となったことはすでに述べた。この新たな媒体は、十七世紀半ば以降、本格的に移入してきた同時代の西欧の物語・演劇の場面や風俗を好んで題材とした。加えて、ロシアの宮廷ならびに市中の日常的な光景や習俗を鮮やかに切り取る上で有効な「器」としてルボークは広く流布していった。したがって、すでに紹介した楽師・道化師と並んで、新たな時代の社会の前面に躍り出た存在として、女性の姿が題材として好んで選ばれたのはごく自然のことである。それ以前のロシア中世にあっては、ごく一部を除き、女性がとりたてて注目すべき対象として認識され、表象されることなく、文字に記述されることも、視覚的に描写されることもきわめて少なかった[28]ことを考えるならば、ルボークに頻出する女性描写は大きな衝撃を与えたはずである。その意味で、時に自由奔放に振る舞い、時に感情を露わに、あるいは、押し殺して平然とした姿で登場する女性の姿がルボーク画面で主役として描かれたことは、時代の大きな《視覚革命》の一端を担った《事件》と考えて間違いない[29]。

図像学者の理解

図像学者ロヴィンスキイは、女性がルボークの主役として取り上げられたことの重要性と意味に十二分に気づいていたから、この《事件》についてかなりの分量を割いて記述している（『ロシア民衆絵画』全五巻の簡略版全一巻では、第四章全体がその記述に費やされる）。彼によれば「ルボークの中で大きな部分を占めているのは、女性を追い回すこと、女性の狡さと悪意、恋愛における女性の裏切り・不倫と言い逃れ」であるという。そして、こうした内容は二つのルーツ――一つは、『プチェラー（蜂）』（さまざまな異本がある中世初期の翻訳説教・歴史物語集）、および、同じく中世に属する教父ヴァシーリイ・ヴェリーキイ、イオアン・ズロトウスト（金口イオアン）の言葉であり、もう一つは、大半が西欧文学の影響による物語、滑稽話――に求められるという。ルボークを研究対象からは、視野の外に置いていた同時代の美術史・歴史学研究から見れば、ロヴィンスキイのこのような視点は個別ディシプリンの専門性を完全に無視した、「意表を突く」ものとなったはずである。中世翻訳説教・物語集や中世教父のテキストは、比較文学研究やキリスト教（史）研究では扱われていたし、翻案文学も、比較文学研究の対象となっていたものの、ロヴィンスキイのように、中世社会史・文化史の面からそれらを取り上げたものは皆無だったし、しかも、そこで重要なテキストとしてルボークに注目したのは、文字通り最初の試みだったからである。

だが、こうしたロヴィンスキイの研究史上の意義を十二分に認めた上で、確認しておくべきは、その理解がいかにも単純であるとして、場合によっては図式的と批判されるかもしれない、ルボークの女性描写のルーツをめぐる彼の「二元論的な」説明と叙述である。ここで紹介した彼の指摘は、ルボークの女性描写誕生の背後に見える女性観には、キリスト教的世界と非キリスト教的（世俗的）世界という、相反する二つのルーツがあるというのに等しい。補足を加えるならば、次のようにも言える。すなわち、中世ロシアの文化がほぼキリスト教的世界観によって形成・一元化され、世俗的な部分が社会の表層に現れることはきわめてまれであったのにたいし、ようやく十七世紀に入って中世が終焉を迎え、世俗化が本格化していく中での聖俗二つの世界の対立においてロシア「文化」の形成過程が始まったのであり、十八世紀以降のロシアにおける男女観もまた、そこにおいてこそ形作られていったとされているのである。ルボークに描かれた男女の姿と振る舞い、あるいは女性像こそはこうした文化史的背景の下で理解されるべき、というのがロヴィンスキイの問題設定と考えられる。

ルボークに描かれた女性

ルボークに描かれた主要な女性像をテーマごとにみておくこととしよう（ここにあげる作品は十八世紀の作であるが、その時期のものにはタイトルがないのが一般的なので、便宜的な呼び名であげる）。

例えば、《あなたを見ていたい》（一二七番〈図46-1〉）、《桶を返して》（一二三番〈図46-2〉）のように、求愛を題材とした作品は数多くある。男性からの働きかけ・言い寄り・愛の告白とそれに応対する未婚女性との姿はまさしく時代を表現するテーマとなっていると考えてよい。同じくその一例《あっちへ行ってよ》(あるいは、《ブリヌィを焼く女性》、一二〇番〈図46-3〉)で着目したいのは、屋敷内の台所で言いよる使用人男性にたいして、ブリヌィ(ロシア風クレープ)を焼く女性が「対等に」言葉を返していることである。[30] この作品を同時代人はいかに読み取ったのか、セクハラが通用しないどころか、逆にやり返す女性の堂々たる言動に、見る者は歓声を上げたことだろう。もちろん、そのことは、上部の文字テキスト十三行を読むことができる(あるいは、読んでもらえる)という条件下ではあるが、その条件が満たされずとも、描かれた女性の姿に堂々とした表情を伺えるのではないか。

上流階級のロシア女性の、室内の自由な行動の様子を伝えるルボークがある。男女それぞれ二人がカードに興じ、さらにもう一人の女性が乾杯を求める光景(一二八番〈図46-4〉)は、フランス風衣装や女性の振る舞いを見るまでもなく、中世では考えられなかったものであり、後述する公認コンパである《アサンブレ》導入以後の風俗であることは間違いない。《若い男を口説く二人》(一三四―一三六番〈図46-5〉)は女性の側から積極的にアプローチする作であるし、さらに、婚資(持参金・物)のリストを前面に出して、自ら花嫁としての価値をアピールする《花婿選び》(一四一番〈図46-6〉)といった作品もある。これが女性優位を示すのかどうかの判断は微妙だが、明らかに女性力が先行している。逆に、男性側からの結婚観を描いた《独身男の思惑》(一三九番〈図46-7〉)も時代風俗を示す貴重な資料となる。屋外での男女の語らい(一二五番〈図46-8〉)も、ルボークではごく普通に描

図 46 - 1 ●木版画《あなたを見ていたい》 18 世紀前半 26 × 18 . 3

図 46 - 2 ●木版画《桶を返して》 18 世紀半ば 37 × 28 . 5

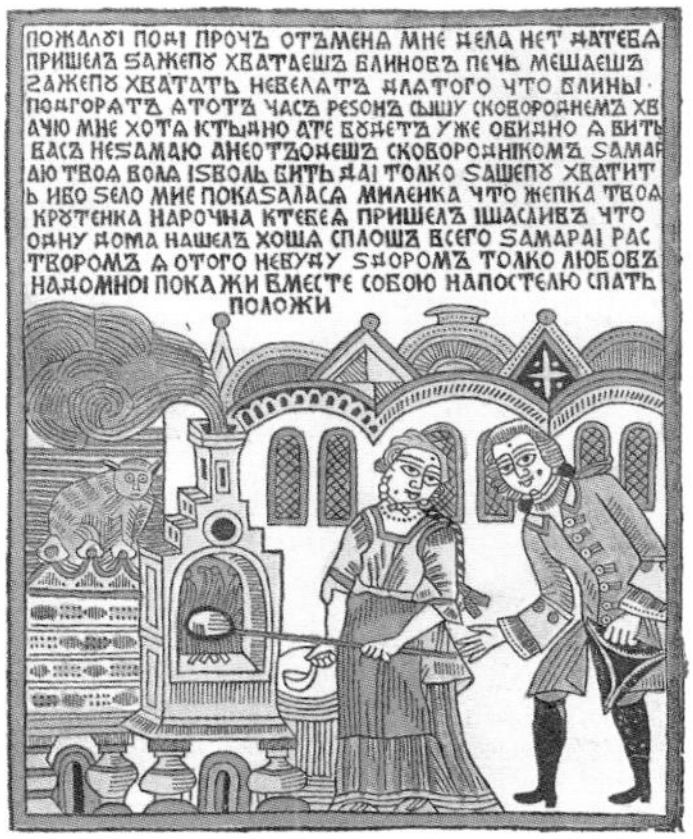

図 46 - 3 ●木版画《あっちへ行ってよ》 18 世紀半ば 35 . 8 × 29 . 6

図 46 - 4 ●木版画《愛すべきコンパ》 18 世紀半ば 35 . 4 × 29 . 3

かれることになる。ここで右側の木の隙間から覗く人物は、服装から見て明らかに道化である。[31] 彼はこうしたごく日常の場面にも姿を見せていたのだろうか。

結婚後の様子もルボークには忘れずに描かれる。協同の家事労働や平和で穏やかな夫婦の生活ぶりを具体的かつ象徴的に描いた作品（一二九、一三〇番〈図47〉）もあるが、夫婦間の不仲や争いも多数描かれている。特に目につくのは、先に触れた、男性サイドからすれば「不倫」「不貞」を行なう妻を描いた作品である。ロヴィンスキイは、それを《悪賢い妻》《ずるい妻》《不実の妻》（一一九、三八四、二五六番〈図48‐1〉）としてテーマ化したが、そのことの関連で指摘すべきは次の三点である。第一は、多くの作品があることからすれば、このテーマが好まれ、大きな評判となっていたこと、第二に、これらの場面のルーツの多くがフランスに求められること[32]（一二〇番〈図48‐2〉）、そして、第三に、浮気した妻を懲らしめる場面があり（一三二番）、これが当時評判の演劇の場面から取ったモチーフであることである。

妻への打擲

ここでは、第三にあげた、妻が打擲される場面を描いたルボークを取り上げてみよう。三五・二×二七・八センチの木版画。ルボーク収集家として有名なオルスフィエフのコレクションにかつてあり、その後、ベロセリスキイ＝ベロゼリスキイ・コレクションとなった一品で（一六〇番

図 46-5 ●木版画《二人の女性が若者を》
18 世紀半ば　35.3 × 28.1

図 46-6 ●木版画《夫人と美女の目録》
18 世紀前半　38.1 × 37

図 46-7 ●銅版画《独身男の思惑》
1820-40 年代　22.4 × 31

図 46-8 ●木版画《リンゴを召し上がれ》 18世紀半ば
37.5 × 29

〈図48-3〉)、十八世紀半ばの作と考えられる。[33] 左側の、三角帽をかぶり、ドイツ風のシングル上着(カフタン)を着た男性が、左手で女性の髪を掴み、右手で鞭を振り下ろそうとし、さらに左足では女性の手を踏みつける、いささかサディスティックな場面である。女性は、左手で男性の袖をつかんで抵抗しているとはいえ、あえなく殴打されるままである。右後方に立つ女性(上部の文言から、鞭うたれる女性の姉妹)が、まるで祈るかのように胸に手を当てているのにたいして、打たれる女性の胸元がかなり乱れているのは、いくら打擲されているとはいえ、「不倫」の臭いがなくもない。それは、上部の文字で明らかとなる。

(一)おまえは夫を後にして出かけ、よその愛人たちに恋焦がれたいのか。ほら、背中を叩いてやるぞ、男どものもとへ通うことは忘れるんだ。正式な連れ合いを愛するのだ。別の友を求めるのではない。(二) どうか、私を許して、これからはいつも、あなたを愛するから。私が悪かったわ。あなたの気持ちは私のもの。(三) ああ、いとしいお姉さんが叩かれている、なんてひどいことだわ、どうしたらよいかわからなくて悲しい、お姉さんを何も助けられないわ。

全体で八行からなるこの文章が芝居の台詞から取られたことは明白である。言うまでもなく、(一)は旦那、(二)が殊勝にかしこまった奥方、(三)は妹の台詞で、全員が服装から見て、貴族であろう。奥方は、ここまでは夫に詫びているが、それでも、愚痴を抑えられない。その言葉は、ロヴィンスキ

図 47●木版画《末永く　室内で　共に仕事を！》 18世紀前半　30 × 26.6

図 48 - 1 ●「悪妻」 銅版画《愚かな妻とネコ》 1820 - 40 年代　21.5 × 33.5

図 48 - 2 ●木版画《不実な妻》 18世紀半ば　36.5 × 30.9

図 48 - 3 ●木版画《許してちょうだい》 18世紀半ば　34.5 × 27

イがあげる異版のテキスト（一六一番）[34]に読める。上に引用した台詞に続いて、「(四) ああ、なんて忌わしいお婆さん、おまえがもとで大変な苦しみが生まれたわ。愛人が窓を覗いて、夫を脅かしているわ」は興味深い。愛人に視線を向けて発せられたこの言葉は、彼女のホンネが、明らかに愛人を求めているのを示している。さらに注目したいのは、この異版では、呪いの対象とされた老婆が右に立っていることである。それは誰か。正式な今の夫を世話し、この不幸な結婚を仕組んでくれた張本人である仲人婆である。

さらに考えるべきことは、妻を「悪妻」として叩き鞭打つ行為そのものだろう。打擲が「野蛮な体罰」であり、かつ男女差別として「封建的」ロシア・スラヴの民族性の例示とするか、あるいは、スラヴ古来の習慣（これ自体の評価も男女対等だったか否かに分かれるだろう）であって、それがさらにタタール支配によって助長されたのか、変質したのか、等々の議論は尽きない。

一点だけ論及しておけば、栗原成郎氏の名著『スラヴのことわざ』（一九八九年[35]）によれば、ロシアの人口に膾炙した諺に「毛皮外套は叩けばさらに温かくなり、女房は叩けばさらにやさしくなる」があるという。同氏の説明によれば、「昔の話ではあるが、ロシア女性で、結婚後夫に一度もなぐられないような愛を信じる者はいない、と言われた。夫が殴打によって妻を教化するという野蛮な習慣は、古代スラヴ時代以来の旧習がタタールの軛に毒された粗暴性によって更に助長されたもの、と説明する人もいる」という。そして、これに関連したロシアの諺——「女房をなぐればなぐるほど、それだけスープがうまくなる」「昼飯のために女房をなぐれ、晩飯のためにまたなぐれ」、さらに、婚礼歌にもある、殴打が愛情の証拠との表現が紹介されている。また、以上は殴打する男性の心意を示したものだが、打たれる側の女性の受け止めとして、「いとしい人の打擲は長くは痛まない」「女房を教える（なぐる）なら子供のいないとき、子供を叩くなら人のいないとき」といった諺もあり、「絹の鞭」という民謡的な比喩表現があることにも栗原氏は言及している。打擲そのものの解釈は、それこそロシア・スラヴに限らないのは言うまでもないが、ロシア文化の範囲内でも、例えば中世の『ドモストロイ（ロシア版家庭訓）』（十六世紀半ばに成立）での記述をはじめとしてさらに検討すべきことは多い。(36)

不倫という題材

夫婦関係を面白おかしく語ること、あるいは、男性の側から見た妻の不倫や浮気、悪妻ぶり、不実さを話題にすることは、この時代の風俗文化のもっともアクチュアルなテーマの一つであった。その背後にあるのは、こうしたテーマを持った世俗物語と演劇が陸続と登場し、都市町人を中心に急速に流行していったことである。この現象は、それまでの中世的（十六世紀に成立した『ドモストロイ』に集約される）男女・家族関係の崩壊を示していたし、それはそのまま新たな風俗と女性像の出現を物語っていた。十七世紀半ば以降に加速化したその潮流は、西欧からポーランド、ウクライナ、ベラルーシ経由で流れ込んだ騎士物語・世俗文学、世俗寸劇（幕間劇）等の影響を受け、それらと一体化しながらも、ロシアの新たな言語・演劇文化を誕生させていったのである。この時代に作られた物語、演劇、ルボーク、そして、後世に弛まず「再生産」されていったものだとしても、この時代の人物・風俗を盛り込んだアネクドートの多くに、年老いた旦那と若い妻ないし悪妻というペア、若く美しい妻の自慢と同時に愚痴・不平、あるいは「悪妻」の告発といういくつものテーマが見られるのはこうした理由による。同時代の話題として、女性と結婚というテーマが焦眉であったことをルボーク画家は見逃さなかった。

新たな文化を予告する作品群

こうした一連のテーマ自体は、おそらく古くからロシア民衆の中に見られたものであったかもしれない（残念ながら、それを証明する中世資料は、あまりに乏しい）。しかし、十七世紀半ば以降に誕生した世俗小説・物語や世相諷刺劇、そして十八世紀に本格化する西欧からの同じく世俗的な幕間劇とも混交する中でこそ、女性をめぐるロシアの文化が大きく進展していったのは興味深い。多くの場合、妻たちが話題の的となり、まるで脚光を浴びるかのように、彼女たちの言動が生き生きと語られる（演じられる）のは、まさしくこの時代の精神を反映していたからである。道化師の妻がアネクドートの中でしきりと語られ、そして時を同じくして、生き生きと活動する多くの女性たちがルボークの画面（さらに、物語や世俗演劇の舞台）に出現したことは偶然ではない。笑い小噺、幕間劇、民俗版画のいずれもが、女性が主役となった時代の到来を宣言する作品群であり、こうした時代のイデアを盛るに相応しい「器」(ジャンル)であったと言える。この時代精神を演ずる役者と演目はすべて揃っていた。まして時の最高権力者である女帝が「演出家」だとすれば、この舞台の準備はすでに出来あがっていたはずである。

4 世話焼き女帝アンナ

アンナのメンタリティ

母親からの愛の欠如、政略結婚と結婚直後の夫との死別、寵臣たちとの関係、再婚希望の不許可等といった、きわめて複雑なプロセスの中で、アンナのメンタリティは形成された。そのことが、周辺貴族の男性を道化にさせたばかりか、特に多くの妻たちに対して強い憎悪を露わにし、おしゃべり女への癒しと慰みを狂乱的なまでに求めさせた要因である。彼女が、道化師本人の意思を無視してまでも彼を結婚させたことについては、すでに述べた。彼女は「仲人女」たることを望み、そのために強大な権力を行使するまでに至った。むろん、そこには、彼女自身の満たされなかった結婚(再婚)願望や実現されなかった幸福な家庭・夫婦関係への恨みと、それを裏返した形で周囲の者たちの婚礼遊戯へ投影させようとする、きわめて自虐的な面があったのは認めざるをえない。

おせっかいの歴史は可能か?

しかし、彼女のこうしたきわめて複雑な、時に矛盾にあふれ、時に本能的で、ストレートな性格と言動の背後に見え隠れするものとして、はっきりと認めなければならないのは、時に権力と時代の要請に従いつつも、あくまで自らの動機と意思で社会の表層や前面へと進出していこうとする同時代の多くの女性たちの存在である。こうした彼女たちに向けたアンナのまなざしは、確かに、彼女自らの抑制がきかぬほどのジェラシーや憤怒に囚われていた。だが、それと同時に、ロシア(ルーシ)の女性に共通するあるメンタリティが彼女の言動の底に見えることも事実である。それは、他人のプライバシーへ、時に過剰なまで深く介入し面倒を見るという「世話焼き」「おせっかい」と呼べる心的・行動的傾向である。おそらく「ホスピタリティ(客人歓待)」とも深く関係するものとして、女性のメンタリティと行動様式たる「おせっかい」の歴史について、ここで述べる余裕はないが、それが中世以来のある種の伝統と考えることは可能である。

上記した十六世紀半ばに成立した『ドモストロイ』は同時代の公的な国家・宗教的イデオロギーを基盤として、しかも、あくまで理想像としての家庭と女性・主婦を求めた男性の立場から編纂されたものである。だが、少々視点をずらしてみれば、そこには、家事全般へのきわめて具体的指示項目の間に「世話焼き」と「おせっかい」のメンタリティ（ただし、男性が望む形で）がはっきりと投影されている。かりにこれを中世までの伝統としての世話焼きとするならば、ロシアの近代化が、西欧近代を受け入れる中で、この伝統を嫌悪し、拒否しようとしたことは疑えない。ピョートルが導入したことで知られる《アサンブレ》がその好例である。

《アサンブレ》

その慣習のルーツは、フランス滞在時（一七一七年）のピョートル個人の体験をもとにした法令化（一七一八年）とも、あるいは、それ以前、一七一四―一五年の宮殿内での「集まり」に始まるとも考えられているが、[37] いずれにしても、「コンパ」の制度化がそれまでの多くの交際の作法を激変させ、一気に転換させたことは明らかである〈図49〉。特に、対人ならびに社交の中での女性の立ち位置と振る舞い方については大きな影響をもたらした。例えば、中世の行儀作法の手本書たる『ドモストロイ』では、客人が来た際には、主婦は奥に引き込み、客の面前に姿を見せることがほとんどなかったから、《アサンブレ》によって、定時に屋敷を開放し、訪問客を歓迎し、男性との交流と社交を義務付けられた当時の女性（のみならず、男性も）の「困惑ぶり」は多くの証言に見られるとおりである。実際に《アサンブレ》に参加したF・V・ベルフゴリツの日誌に「つい最近まで粗野で、教養のなかったロシアの女性は大きく変わり、今では、ドイツやフランスの女性たちに、交際時の繊細な態度と

図 49●S.フレボフスキイ　《ピョートル期のアサンブレ》　1858 年

社交性においてほとんど劣らず、時にはそれを超える」とあるのは、日記作者が「身内ゆえの」いくらかの誇張があるとしても、それまで「邸宅の部屋や居室に引き籠っていた女性が、自由な空気を吸い込んだ」[38]ことは疑いえない。その意味で、この《アサンブレ》は、明らかに新たな時代の到来を意味する「モード」[39]としての機能を果たしていたと言えるだろう。

しかし、この《アサンブレ》における対人関係と交際をめぐる慣習の「上からの」導入はまた、新たな世話焼き役が義務化された瞬間でもあった。伝統の世話焼きは、まがりなりの「近代化」というフィルターを介して、西欧近代の女性像とも異なる形に変形しながらも、新しい世話焼き女性へと変容し、生き続けたからである。

アンナ姐御

これまでにもたびたび参照し、次の章でも多くの研究成果を見ることになる十八世紀演劇史の研究者であるスタリコヴァによれば、アンナは「ボイ・バーバ」boi-babaであるという。これは日本語への訳が困難だが（露和辞典によれば「威勢の良い女」「鉄火肌の女」「姐御」）、この合成語の前半部のボイが「闘い」「戦闘」を意味するからといって、権力志向のほとんど無いアンナがいわゆる戦闘的・戦闘好きということではないだろう。語の後半部バーバも、少々やっかいな言葉である（基本的には、既婚の農婦、百姓女、俗語で女房、同じく俗語で婆さん、等）。この演劇史家の記述を引用してみよう。

われわれの面前に現れるのはツァリーツァ・バーバ（婆帝）であり、どこか、英雄叙事詩に見るような「ボイ・バーバ」である。彼女は、北の丸石の塊のように、がっしりとした体格で、押し殺し、使い尽くされぬ強い情熱を秘めている。時に彼女は、まるで鬱叢たる針葉樹林のように、自らの願いやリアクションをあらかじめ口にすることがない。彼女はまた、雪解けの氾濫水で広がった川のように、善良さや悪意の面でも広大である。そうした川に流れる氷のごとく、彼女はずる賢く、狡猾である。(40)

ここで「英雄叙事詩に見るような」とされているように、アンナがフォークロアに登場する女性（ただし、聖女や女性英雄としてではなく）になぞらえられていることからすれば、彼女はまさしく庶民の生活の中でごく普通に登場し、周囲の人々と日常的な行動をともにし、井戸端会議や四方山話に熱中する、ただし、仲間の、特に女性の目から見れば、えらくおせっかいで、時に干渉がましい女性ではなかったか。だとすれば、演劇史家のスタリコヴァがアンナの呼び名として使った「ボイ・バーバ[41]」こそは、さしずめ、新しい時代の「おかみさん」、「やり手婆さん」として、新しい女性のひとつのタイプとなっていたのかもしれない。

第5章 《氷の館》
――ロシア式結婚狂騒曲

1 厳寒の中で春を迎える祭典

一七三九年末から翌一七四〇年二月の謝肉祭（マースレニツァ）にかけての時期に、ロシア帝国の都サンクト・ペテルブルクで一つの祭典が開催された。《氷の館》《氷の宮殿》と呼ばれるこの祭りは、現代でも世界各地で行われる氷・雪の祭典に類するものかもしれないが、内容は実に奇妙なイベントだった。この祭典は、その奇妙さゆえに多くの好奇心をそそって面白がられ、現在まで、史実のエピソードとして広く知られ、人口に膾炙することが多いにもかかわらず[1]、歴史研究においては「真面目に」扱われることはほとんどなかった。それどころか、今なお、「馬鹿馬鹿しい」出来事として嘲笑の対象となるか、完全に無視され、挙句の果ては、ロシア史上で最大の恥辱として憤怒と揶揄の対象とされることとすらある文化現象である[2]。

この祭りの時期に、ロシア権力の頂点にあったのは、改めて言うまでもなく、アンナ・イオアンノヴナである。彼女は一七四〇年一〇月に病没したから、《氷の館》は彼女にとって生前で最後の大きな祭典となった。ロシア＝ソビエト歴史学のほぼ一致した見解によれば、アンナ女帝は、生まれつきの資質に加えて、政治的意欲と能力にまったく欠けていた。ピョートル大帝死後の混迷の中にあった一七二〇年代末、中央政界の貴族間の闘争を終結させるべく、バルトのクールラントで寡婦として二〇年弱の時間を過ごしていた彼女は、自らの意志によることなく中央政界に引きずりだされ、その後はE・I・ビロンやA・I・オステルマンらドイツ系寵臣たちに政治を委ねた、というのがこれまでのロシア史記述の大勢であることは、すでに述べたとおりである。

このような状況の下で、即位後の彼女は遊戯と娯楽に強く惹かれ、宮中・市中で多くの遊興的イベントを行なうよう命じ、即位式をはじめとして、その周年記念、誕生日などの多くの機会には必ず式典を企画し、華麗な儀式と花火、イリュミネーション、マスカラードや宴会に打ち興じたから、《氷の館》も、そうした遊戯や式典を好むアンナの趣味と気紛れを最大限に発揮した事例とされてきた。そして、《氷の館》について言えば、他の祭典以上に「度を越していた」、「ここまでは、やり過ぎ」という評価が与えられ、そのことが上記した「憤怒」や「恥辱」といった刺激的で感情的な表現を生んだことも事実である。

しかし、そのように《氷の館》を、「ふざけ過ぎ」とか「ナンセンス」といったレッテルによって封殺することなど、それが、皇帝が心血を注いだ「気紛れ」であってみれば、もとよりできるはずはない。[3] 必要なのは、それが「度を過ごしていた」というのならば、一体「何が、どの点で度を越していたのか」を確認することだろう。そのためには、アンナのさまざまな遊戯の中で特に祭典《氷の館》に具体化されたイデーが何かを精査しなければならない。

祭りの主旨

《氷の館》祭典の目的は何か。一つには、一月二八日のアンナ誕生の祝典を行い、あわせて、一七三五年に開始した対トルコとの戦争がミニフ元帥によるホチン陥落で勝利に終わり、一七三九年九月に成立したベルゴロド講和と一七四〇年初頭に講和批准を祝賀することにあったのは間違いない(4)(一月二七日にトルコとの戦いに参加した軍隊のペテルブルク勝利行進が行われた)。だが、祭りの目論見はそれにとどまらなかった、というよりも、むしろその先にこそ祭りの「主眼」があったとさえ思える。何が予定されていたのか。

それは、戦争終結と講和の祝典に続き、二月半ばの謝肉祭に合わせて「おふざけの」結婚式を執り行い、その一環として、マスカラードや祝いの宴会を開催し、そこに、帝国各階層ならびに各地の代表者が参加・祝賀し、騒ぎ、新夫婦を見物しようというものだった。もともと、その結婚式と披露宴は一月中に開催される予定だったのだが、それが間に合わずに二月に延期され(おそらく、後述する大寒波の影響によるもの)、謝肉祭と一体化することで、一月末から二月一七日までのほぼ二〇日に及ぶ大きな祝祭期間が生まれたのである。

場所

祭りのメイン会場として選ばれた場所は、都の最中心部であるネヴァ川の氷上であり、そこに祭りのために特別に、そのすべてが氷によって作られた館が建設された。館の建物だけでなく、内部のインテリアや調度品さえもすべて氷で作られていた。そして、この氷の宮殿の寝室で初夜を迎える新婚夫婦の姿（これは本物の生きた人間である！）と彼らを取り巻くさまざまな氷の作品を、女帝と外国人、さらにロシア国内各地から集められた臣民を含め合計三〇〇名を越える人々がマスカラード行進をしながら観賞し、そのあとの祝宴で食事を取る——これが、祭りの趣向である。

主役たる夫婦

《氷の館》の婚礼における主人公となるべき新郎と新婦は誰か。新郎は、先に述べたアンナの宮廷道化師六名の中の一人で、齢五〇を過ぎていたM・A・ゴリツィン公爵、新婦にはアンナの寄食者エヴドキヤ・イヴァノヴナ・ブジェニーノヴァが選ばれた。

新郎は？

花婿のミハイル・ゴリツィンについては、すでにアンナの宮廷道化の一人として名をあげたが、改めて彼の生涯を記しておく(5)。彼はロシア古来の名門貴族ゴリツィン家の一人として一六八九（一六八八？）年に生まれた。祖父ヴァシーリイ・ヴァシレヴィチ（一六三三—一七一四年）はソフィヤ皇女の愛人として名を馳せ、父アレクセイは陸軍に勤務（中将）し、ペルミ総督の地位に就いた人物で、母マリヤ・イサエヴナも名門一家の出である。だが、祖父は一六八九年にソフィヤ失脚とともにすべてを失い、息子一家とともに北部のカルゴポリへ、さらにピネガ地方のアルハンゲリスクから二〇〇キロメートルのホルモゴルィへ流刑された。父が早く亡くなったため、ミハイルは祖父の下で成長した。ギリシャ語、ラテン語を含む多くの西欧語を身に付け、当時としては最高の教養人だった祖父がミハイルに与えた影響は大きいと言われている。流刑中の一七一一年に彼はマルファ（イリーナ）・フヴォストヴァ（一六九四―一七二九年）と結婚し、エレーナ（一七一二―四七年、ゴリツィンと同じく道化となったアプラクシン伯爵と結婚）とニコライ（一七一三―五八年）の二人の子供が生まれている。一七一四年に祖父が死んだ後、家族は流刑を解かれ、都に戻ったミハイルは、ピョートル大帝によって西欧遊学に送られ、国外で多くの時間を過ごすようになった。パリのソルボンヌで学んだ（聴講だろう）ともされ、ロシアと西欧を往復していたと思われる。だが、ここまでは、貴族の子弟としては一般的な、しかも豊かな西欧体験を持つ者としてのキャリアである。

だが、その後のミハイルの生涯は波乱に富んでいる。彼が国外へ出た際に、フィレンツェで知り合ったイタリア人女性（彼よりも二〇歳年下のマリヤ・フランツィスカ・ルチヤ）とハノーヴァで結婚（この時点では最初の妻が生きていたから重婚となるが、彼女の死が一七二二年の記述もある）、それを機にカトリックに改宗した。一七三二年にこの妻と娘を同伴してロシアへ戻る。帰国後は、外国人妻の存在と改宗を隠してモスクワのドイツ村で秘密裏に住んでいたが、そのことが宗教問題に敏感だったアンナの耳に届き、大きなスキャンダルとなる[6]。その結果として、宗務院（シノド）による懲戒処分を受けるとともに、アンナから道化師の身分を与えられたのである。また、ヨーロッパから連れ帰ったイタリア人の妻は、強制的に結婚解消を求められ、おそらく、一時、モスクワのドイツ人村で収監された後、一七三六年九月にはペテルブルクへ戻されたという。その後の彼女の行方は不明である。

飲料を供するお仕事

ゴリツィンの道化としての主たる役目は、女帝をはじめとした宮廷人にクワス（麦から作るロシアの伝統的発酵飲料）を供することだったので、彼はクワスニクの名で呼ばれることとなり、そのことは人々の間で広く知られるようになった[7]。ここで紹介する一七四〇年の《氷の館》で結婚した妻エヴドキヤとの間に一人息子アンドレイ（一七四〇—七七年）が生まれている。同年、アンナの死去後、新たな支配者（摂政アンナ・レオポリドヴナ）が道化職を廃止したことで、ようやく宮廷道化の身分から は解放されて、生まれ故郷近くのアルハンゲリスコエ村へ引っ込んだ。さらに第三番目の妻の死後、新たに購入した所領地コステンチンコヴォ村へ移り、ここで、一七四四年に第四の妻アグラフェーナ・フヴォストヴァ（一七二三—五〇年）を娶った（彼女との間に男三名女一人が生まれた[8]）。この地で彼は丸三五年を過ごし、生まれ故郷である旧流刑地のブラトフシチナ村で、一七七八年に九〇歳を前にして死んだというから大往生である。

新婦は？

新婦エヴドキヤ・イヴァノヴナ・ブジェニーノヴァはアンナを取り巻く侍女の一人である。出自については、カルムィク人であること、生年が一七一〇年であることを除き、個人としての経歴に関する情報はほとんど見出せない(9)。カルムィクという、主にヴォルガ、ドン川下流域のステップ地帯に住むモンゴル系民族名からは、ピョートル大帝期以来のロシアの東方進出によって併合され、捕虜ないしロシア軍兵士となった民族の女性の命運がかろうじて推測されるだけである。彼女はゴリツィンとの婚礼から二年後の一七四二年に、息子一人（あるいは二人とも）を残して亡くなった（ちなみに、彼女の姓は、アンナが好きなブジェニーナ buzhenina（塩ゆで豚）にちなんで女帝が付けたとされている。一言付け加えれば、こうした調理法と食品をめぐるエピソードが伝承されてきたことに、女帝のある種の庶民性？が伺えるのではないか）。

婚礼と道化

結婚式というハレの場に道化、大男や侏儒を参加させたり、さらには道化を結婚させることは、アンナ期に始まったことではない。そうすることで、その場が最高に盛り上がるのと同時に、ハレの場の式そのものをパロディ化し、戯れの空間としようとする企画はピョートル期にすでに行われていた。その試みの最初期のものは、一六九五年一月に行われた道化ヤコブ・ツルゲーネフと輔祭の未亡人との結婚式である。そこには、シェレメーチェフ家、ゴリツィン家、トルベツコイ家といった古来の大貴族が参加し、行列行進をし、大宴会は三日間続いたという[10]。他にも、一七二一年の、やはりニシタット講和の祝賀を兼ねた結婚式が知られるが、そこでの主役は、新郎が「ピョートルの巣の雛鳥」の一人である老イヴァン・ブトゥルリン、新婦はニキータ・ゾートフの寡婦（彼女も齢六〇を越していた）の二人だった。

そもそも、当のアンナとフリードリヒ・ヴィルヘルムの結婚式（一七一〇年一〇月三一日）も同様だったことが思い起こされる。その場に参加したデンマーク大使の記述によれば、「花嫁の後に続いて進んでいたのは、無秩序な群れを成す女性たちだった。波止場近く、婚礼の列の右側には、道化の晴れ着を着て、手には棒や火矢を持った花火職人が列をなしていて、この人々はとても愉快な光景を見せていた」として、乾杯ごとの砲声とあわせて、花火が打ち上げられる様子が詳細に記されている[11]。この婚礼の場には、道化や侏儒も加わっていたし、さらに、アンナの婚礼の続きとして、翌月二五日には大男エキム・ヴォルコフの婚礼も行われたという（その折に予定されていた花火は、メンシコフ公の息子の死で実現されなかった）。こうした意味からすれば、「お道化の」結婚式は、アンナにとっては叔父の時代に始まる伝統として、すでにおなじみになっていた。

主目的の背後

アンナ帝治世の最末期であることも相まって、祭典に込められた意図は単純ではなかった。そこには、ロシア風馬鹿騒ぎであるとして無視や嘲笑、さらに憤激の対象として済ますわけにはいかないものが確実にあったはずである。そもそも権力者によって企画・立案された儀式が、ただの馬鹿騒ぎで済むなど、そもそもありえないではないか。これは、儀礼は「公的なもの」をパロディ化する危険性をつねに備えているからでもあるのだが、問われるべきは、そのときの《お馬鹿》そのものであることは確かであろう。

厳寒の記録

一七四〇年の謝肉祭が祝われたのは、二月一七日（日曜日、旧暦二月六日）を最終日とする一週間であったが、一七三九年から翌年にかけての冬はきわめて例外的な寒さだった。ドイツ人のG・V・クラフト（一七〇一―五四年）は、一七二五年末にロシアを訪れ、アカデミー・ギムナジウムで教壇に立った後、ロシア学士院会員・物理学教授となった人物だが（一七四七、あるいは一七四八年に帰国）、彼は祭典《氷の館》に関する記録と、そして、以下で示す建物図（全景ならびに平面図）二点ならびに屋内屋外の緻密なスケッチ五点を残したことで知られている。報告書のタイトルは『一七四〇年一月にサンクト・ペテルブルクに建てられた氷の館と、そこにあったすべての家具と調度品の本物かつ完全な記述、付録として版画と、全ヨーロッパで一七四〇年に起きた厳寒に関するいくつかの注釈、自然科学を愛する人々のためにゲオルグ・ヴォルフガング・クラフトが著す』（全三六ページ、帝室科学アカデミー刊、一七四一年〈図50〉）という。これは、優れた自然科学者としての観察眼が縦横に発揮された精緻な資料集として貴重である。

クラフトによれば、一七三九年一一月から翌年三月一六日にかけての冬期は全ヨーロッパで厳しい寒波に見舞われたが、貴重なこの報告書には、ペテルブルク滞在中の彼が記録したこの時期の詳細な気温データがある。それによれば、厳しい寒さは一七三九年一一月には一〇日から一四日まで、一二〇日から二四日（旧暦）まで続き、翌一二月は五日から一三日、二五日から三一日まで、一七四〇年一月には連日、絶え間なく厳寒が続き、二月は一日から連続一八日間、と最後の三日間、そして三月は一日から三日まで、八日から一六日まで続いた。そうした中で、帝室気象台の温度計が観測した最低

図 50 - 1 ●G.V.クラフト（1701 - 1754）
1730 年代の版画より

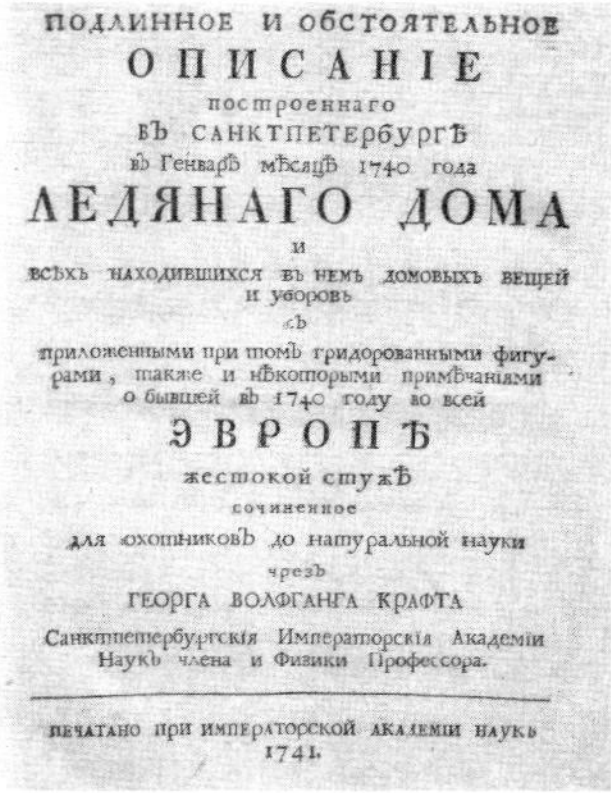

ПОДЛИННОЕ И ОБСТОЯТЕЛЬНОЕ
ОПИСАНІЕ
построеннаго
ВЪ САНКТПЕТЕРБУРГѢ
въ Генварѣ мѣсяцѣ 1740 года
ЛЕДЯНАГО ДОМА
и
всѣхъ находившихся въ немъ домовыхъ вещей
и уборовъ
съ
приложенными при томъ гридорованными фигурами, также и нѣкоторыми примѣчаніями
о бывшей въ 1740 году во всей
ЭВРОПѢ
жестокой стужѣ
сочиненное
для охотниковъ до натуральной науки
чрезъ
ГЕОРГА ВОЛФГАНГА КРАФТА
Санктпетербургскія Императорскія Академіи
Наукъ члена и Физики Профессора.

ПЕЧАТАНО при ИМПЕРАТОРСКОЙ АКАДЕМІИ НАУКЪ
1741.

図 50 - 2 ●報告書表紙

温度は、一月二五日午前七時、華氏マイナス三〇度であり、この日は外気が吹き抜けることのない石造建物の玄関部屋では、終日マイナス三度で、「空はきわめて晴れていたが、大気の下部は厚い雲に覆われ、弱い北風が吹き、気圧が次第に上昇したが、気圧計は二九・六インチ（七五一ミリメートル）で止まっていた」という[12]。

この祭典の開催にあたって、謝肉祭（マースレニツァ）の時期が選択されたことは偶然でない。これは、復活祭の七週間前を節目として、冬の折り返しの時点で行われるものであり、冬送りと春迎えの双方を視野に入れて行われる重要な祭りである〈図51-1・2〉。

謝肉祭には

一般的に言えば、この謝肉祭には、教会でのキリスト教の式典が行われず、その一方、農村では人形を燃やし、雪陣取り合戦をし、ブリヌィをはじめとした飲食（食べ放題）と宴会が祭りを盛り上げることから、きわめて民衆的＝異教的な色彩が濃い歳時儀礼と考えることができる。起源ならびに特

図 51 - 1 ●P.N.フィローノフ《謝肉祭と冬から夏への移動》(部分)
1913 - 14 年　78 × 98　油彩画

図 51 - 2 ●S.Yu.スデイキン《謝肉祭》　1923 - 24 年　油彩画

徴から言えば、非キリスト教の祝祭であるため、どんちゃん騒ぎ（カーニヴァル）には最適であった。そのことに加えて、ロシアの長い冬の過ごし方の一つとして、結婚を意識し、その準備をすることが謝肉祭の重要な要素となってもいるのであって（さまざまな楽しみ・娯楽の過程における異性「観察」と「お見合い」、結婚シーズンとなっていたことを示す中世ロシアの年代記の記述、民族学的データ、多くの諺を参照）[13]、それは、いわば、秋に始まる結婚シーズンの最終段階イコール最頂点に他ならなかったから、以下で紹介する「氷の結婚式」との親和性は明らかである。ちなみに、謝肉祭は、移動祭日のため二—三月半ばにかけて行われるが、寒さが頂点となる時期にあたるため、ネヴァ川の氷上での式典開催は物理的にも適時であった。

十八世紀の謝肉祭

ところで、この伝統的な謝肉祭が十八世紀、より厳密にはアンナの十八世紀前半に、どのように祝われていたかを知ることは、文献資料の面からはほとんど不可能である。上で、「中世ロシアの年代記の記述、民族学的データ、多くの諺」としたが、この中で後者は、十九世紀以降の記録がその典拠であり、それをもとに中世ならびに十八世紀の祭りを「類推」「復元」した色彩が強い。ロシア民俗学がこの祭り（むろん、謝肉祭だけではなく、歳時儀礼・祭り全体）に関心を示し、その実体をいくらか興味本位に（ただし、この場合の「興味」それ自体の検討が必要であり、その時代の知的関心・好奇心の在り様を考慮すべきである）記述し始めるのは、断片的なものでも十八世紀末のことであり、より総体的には、十八世紀末に着手され、十九世紀前半・半ばに著作が刊行されたI・M・スネギリョフ、A・V・テレシチェンコ等の仕事によるものである。[14] この点からすれば、十八世紀前半の、帝都における謝肉祭をいわゆる民俗（族）学的な記述によって裏付けることはほぼ不可能である。

だが、ここに、特に都市で祝われていた謝肉祭について知ることのできる資料が存在する。それは《氷の館》の背景を考える上できわめて貴重な証言となるはずである。その資料とは、十八世紀前半の作とされる一連のルボークと、これに加えて、ルボークとも不可分に関わる手稿本（祭の時期に合わせて演じられたであろういくつかの寸劇台本[15]）であり、後者に関しては、ソビエト期に活躍した演劇史家V・D・クジミナが大きな成果を残している。彼女は、十七世紀半ばから十八世紀にかけて作られた民間劇に関する手稿台本を系統的に整理・調査したが、その際、この劇の中で特に謝肉祭時に上演されたものに着目し、その関連でルボークに論及しているのは見逃せない。すなわち、ルボークに描かれた謝肉祭の情景を見出し、手書き台本と照合しながら、都市における謝肉祭のディテールの再構築を試みるのである。[16]

謝肉祭を描いたルボーク

問題となるルボークは、《セミークとマースレニツァ（謝肉祭）》と題された何点かの作品である。

ここではその中の代表作（ロヴィンスキイ、九二番〈図52-1〉）を取り上げ、先の手稿本の記述も参照しながら検討してみよう。

この作品は、ロヴィンスキイによれば、ルボーク工房として有名なアフメチエフ工房の作であり、全体が二七コマからなる大作である[17]。左上に見出しとして「親愛なるセミークと親愛なるマースレニツァの物語」の文字が読めるとおり、復活祭後の第七木曜日の春祭りであるセミークと、復活祭前七週間のマースレニツァとが一つのテーブルを囲み、お互いを讃え合うことからこのドラマは始まる（左上端部）。時間的順序からすれば、後者から前者（全部で一四週の時間が経過することになる）への移行が物語展開の枠であり、上段の左から右へ、上段から下段へとストーリィは続き、両者の間には、さまざまな衝突（「時間の闘い」）のモチーフも登場

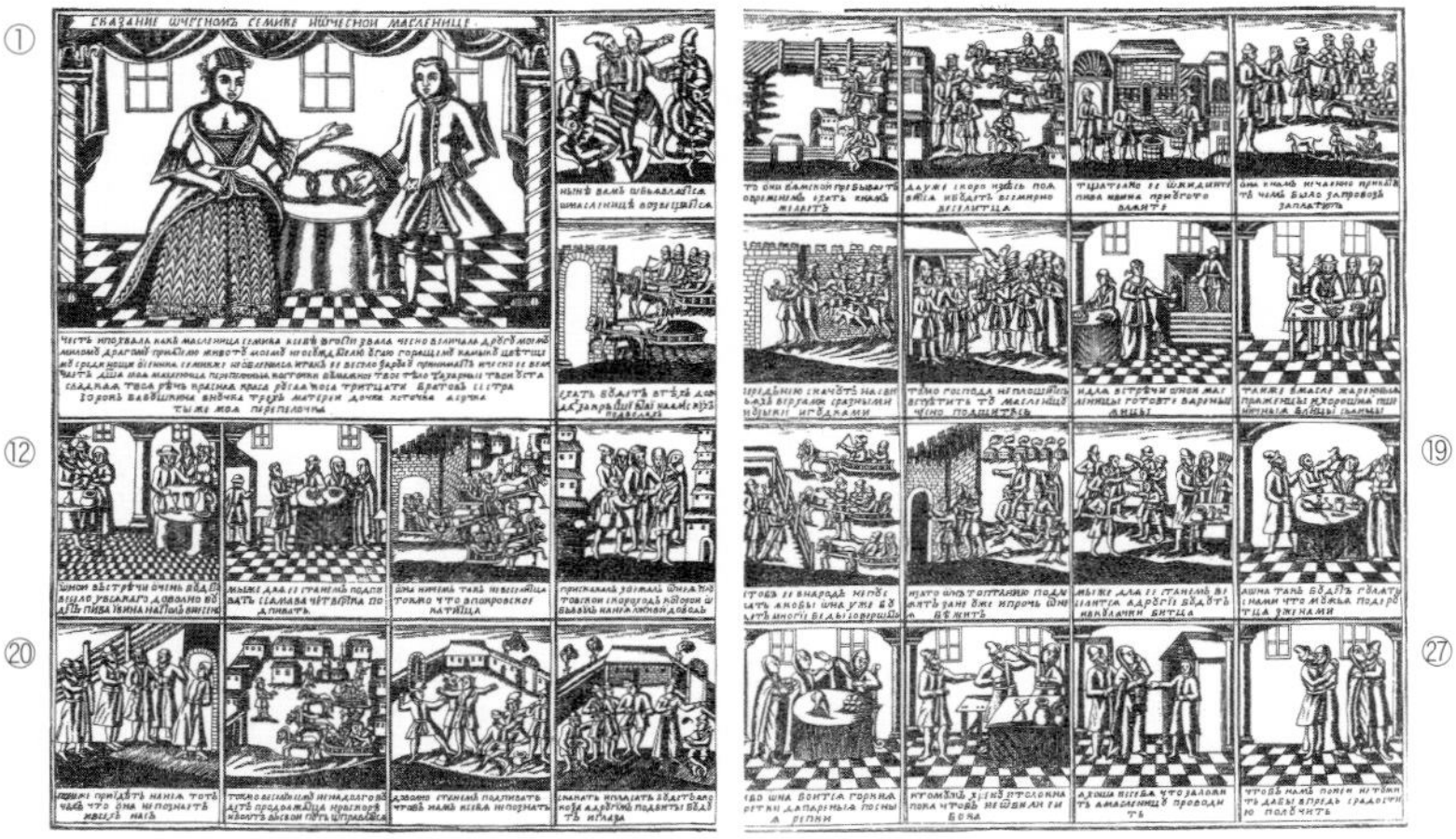

図 52 - 1●ルボーク《セミークとマースレニツァ》 全体図

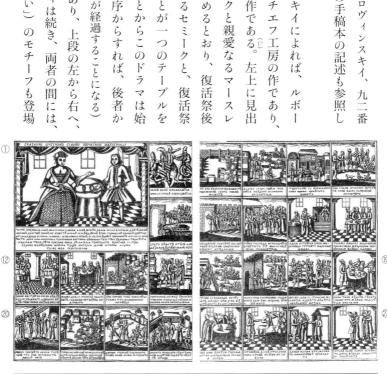

って いる。

するが、最後に両者が抱き合う形で、いわば、時間の「仲直り」として終わる（右下）という形を取

その各場面を、本書との関連箇所に注目しながら、以下に概略する。左上部に大枠として用意され

た最初のコマ（以下、①②……と表記する）の下部説明文では、女性であるマースレニツァが男性のセミークを客として歓迎し、言葉が述べられる。具体的には、マースレニツァが「親愛なる友、得難き友人のセミーク」を迎え、セミークがそれに手を取って応える様だが、その際に男性が女性に向けた「羽のような体と砂糖のごとき口、麗しく亜麻色の髪、三〇人の兄弟姉妹、四〇人の孫、三人の娘」といった言葉は、そのまま、美と多産・豊穣のシンボルたるマースレニツァへの讃美となるだろう。十八世紀の謝肉祭で演じられた寸劇の手稿台本にも、「おまえはこの世のすべてよりも楽しいマースレニツァ」「親愛なる喜び」「このうえなく敬愛するマースレニツァ」「マースレニツァ様」といった呼びかけが頻出する。ちなみに、マースレニツァは、性の区別を持つロシア語名詞では女性形にあたるから、さしずめ「マースレニツァ女王」とでもなろうか。

その右隣②〈図52-2〉の絵に添えられた文言は「今、あなたがたに告げられる、マースレニツァ様がいらっしゃるぞ、と」である。ロヴィンスキイの解説によれば、「酩酊者に混じって二人の道化が描かれる」とあるだけである。確かに、中央の二人、特に前方の人物は服装（しかも、縞模様）から道化と見えないこともないが、周囲の四人が酩酊しているかどうか（右手前の人物が手にする物を酒

とすることは可能かもしれない）は明確にはならない。この点について研究者のクジミナは、手稿本に出てくる使者 vestovshshik という言葉に注目するが、その指摘を敷衍すれば、この使者は祭りの到来を告げる「先触れ」の役目を果たしていたのだろう。あるいは、別の言い方をすれば、「先触れ」だからこそ、普段の服装、あるいは一般の人々とは異なる目立った衣装を着けたことで道化となっていたのではないか。

図52－2●同上ディテール　②

さらにクジミナの指摘によれば、各種の劇台本には、この祭りの「使者」の外見については、御者や近習、ブリヌィ売り等さまざまなものが見られるという。[18] この時期の路上を賑わせたこうした人々の装いについては、それを確定する資料が圧倒的に少ないとはいえ、クジミナの指摘からは、謝肉祭には「使者たる道化」が欠かせないこと、そして、町に住まう各種庶民が参加していたことが明らかである。

さらに右隣、第一段目③の説明の文言には「彼女（マースレニツァ）がまもなくわれらのところに馬車でやって来る」とあり、それは画面に描かれる若者二人の歌う歌詞だろうか。④でも「もうまもなく、ここにお見えになる、そうすれば、みんなは安らかで楽しくなる」とあり、二台の橇には楽師がそれぞれドゥートカとグドークといった楽器を手に座っている。⑤は祭り用のビールとワイン（ウオッカ）の準備、左半分の第二段目、通算⑦では、二台の橇が砦の門の中へ入ろうとする様子であり、マースレニツァがいよいよ町へ入場するのだろう[19]。

⑧には注目したい〈図52-3〉。説明文には「音楽とグドークを演奏しながら、ブタに跨った人々が前方へ駆け込む」とある。開門した町の中へと入っていく一行は、先頭の二人がグドークとドゥートカを手に歩き、続く二人はブタに乗り、彼らもヴォルィンカとフルートを演奏し、その後方に四人がいるが、彼らが楽器を持つかは不明である。いずれにしても、楽器演奏の一団であり、これが事実を反映していたとすれば、春迎えの謝肉祭に合わせて、楽師の集団が町を訪問していたことになるだろう。続く⑨は、「人々は心騒がせてこのマースレニツァを迎え、心から歓迎しようと思っている」とあり、楽師と道化が町の住民に歓迎されている様子である〈図52-4〉。その右の⑩は祭りの食事用に二人の女性が卵を調

図52-3●同上ディテール　⑧

理する様子、⑪の説明で「バターで焼いたピローグ（プリャジェネツ）と上等な粉のブリヌィと卵焼き」と詳しく具体的に記されるのは、やはりハレの食事のためだろうか。すでに四人が食事をしている。同様に食卓の様子が⑫⑬でも描かれる。⑭は戸外での馬車乗りか。

⑮では、説明文には「ペテン師の早駆けが彼女のもとから駆けて来て、彼女について偽りの言い訳を触れ回る」とあり、六人が耳を傾けている。彼女はマースレニツァのことだが、「偽りの言い訳」とは何か。道化師風の服装をしたペテン師の登場はいささか唐突な感があるが、彼の話の内容は⑯にあり、祭りに参加すべくやって来る人々の橇を入城させまいと、若者が門を閉めようとしている光景が描かれる。さしずめ、「抵抗勢力」との世代間の争いか。その理由は、「彼女（マースレニツァ）が人々に多くの災いをもたらす」ことにある。手稿本でも同様の文言が記されてある。だが、こうした虚言を振りまいたペテン師は町の門の外へ追放される⑰。ちなみに、劇台本では、この後に続く、マースレニツァが「厳かに入城」する場面が、きわめて詳細かつ具体に描写されている。

図 52 - 4 ●同上ディテール　⑨

図 52 - 5 ●同上ディテール　⑱

図 53●木版画《クラーチヌイ・ボイ》　18 世紀前半
34.3 × 30

⑱は、野外でのクラーチヌイ・ボイ（格闘）と呼ばれる殴り合いの場面だが、これは農村でも謝肉祭に必ず行われる遊戯である。[20] 一対一ならびに集団によるルールに従った儀礼的格闘であり、ルボークの題材としても描かれるが〈図53〉、ここでも、この季節行事が市中で行われていたことがわかる。右側の人々は酒を楽しんでいるが、左側では八人が「一戦交えている」。⑲は、食事中にもかかわらず、男女（夫婦か?）がつかみ合う場面。最下段は、祭りも終わりに近づき、いよいよマースレニツ

ァ様の「送り出し」である。飲み過ぎてお互いがわからなくなったという⑳。㉑には楽しみは長くは続かないだろう、まもなく自分のところへ向かわなければならぬ」とあって、三台の橇で帰って行く場面。だが、まだまだ酒は足りず、騒ぎも不十分なのか、㉒では、殴り合いが続き、㉓では、二人の楽師はさらに演奏し、それに合わせて三人が踊る。屋内でも食事は続き、女性二人が向かう食卓には食材が並び、さらに第三の女性がカブを載せた皿を運んでくる㉔。そして、ようやく㉕で「かくして、マースレニツァを送り出す」べき時が来て、最後のコマで別れの挨拶を交わすのである㉗〈図52-6〉。

図52-6●同上ディテール　㉗

十九世紀前半以降に観察・記録された、特に農村のマースレニツァに関する民族誌では、マースレニツァは藁人形として具象化され、祭り終了後に、畑でバラバラにされたり、村の広場で壊されるか、火で燃やされる、すなわち、祭りの象徴を「破棄・解体」する場合が多いが（これは現代にも変わらず、農村や都市の広場や公園で見られる）、少なくとも、このルボークに描かれた「物語」ではそうしたことは行われない。この点については、さらに考えてみる必要があるだろう。

異人の来訪

詳しくルボーク作品を見てきたが、この祭りの場所は、城門があることからすれば大きな町とも考えられ、であれば、都市住民の間で見られる季節行事の次第と考えてよい。注目したいのは、屋内屋外で、ある意味で農村でも見られる娯楽と食事が提供されていること、そして、謝肉祭がキリスト教の色彩をほとんど持たないことである。重要なのは、祭りのために楽師・芸人（そしてペテン師も）が外部から到来することであって、彼らが服装・身なりの点で道化に通じる存在であったと考えれば、道化そのものの可能性も否定できない。さらに、マースレニツァも共同体の外部から季節ごとにやって来ること、しかも、時に「人々に多くの災いをもたらす」とされる《異人》として登場するのも特徴的である。また、楽師が乗っていたのがブタであるのは、赤鼻ファルノスを十分想起させる。冒頭のルボークに登場した楽器を携えたファルノスが向かう先は、もしかすると、マースレニツァの祭りの場でもある《氷の館》の祭りの場であったのかもしれない。

2 企画と準備、そして行進の始まり

発案・計画・設計

《氷の館》の祭典は誰が、いつ企画し、その計画・準備はいかに進行したのか。

道化師を結婚させることについては、アンナの意思が強く働いていたと考えられる。以前から他人を結婚させることに多大な熱意を示していた「全ロシアの仲人女」（アニーシモフ）としての女帝が、結婚したいという寄食者の言葉を受けて実現させたのである。[21]

《氷の館》の祭典開催は女帝アンナによって最終的に決定されたが、館を氷で制作することを思いついたのは宮中侍従長のA・D・タチーシチェフ（同時代の政治動向にも深く関わった著名な歴史家で地理学者V・N・タチーシチェフと血縁関係はない）とされる他、当時のきわめて多くの宮廷人が関わった。また、建物等の設計・建設を指揮したのは、P・M・エロープキン、[22] I・Ya・ブランク、P・A・トレジーニ[23]といった、いずれも初期ペテルブルク建築史を飾る建築家たちである。氷の家そのものの建築様式はイタリア後期ルネサンスの著名な建築家アンドレア・パラジオによったことも注目すべきである。

祭り全体の統括者

祭典全体の責任者の役を担ったのは、当時、官房長の職にあったA・P・ヴォルィンスキイである[24]〈図54〉。一六八九年に大膳職の子として生まれた彼は、一七〇九年九月のポルタヴァ戦に参加、その功をピョートルに認められた（「ピョートルの巣の雛鳥」）。ピョートルの東方・南方進出政策を担うべく、カスピ海周辺地域の調査、ペルシャやインドとの交易・通商に腐心、アストラハン、カザン両県知事となった。ピョートルの姪アレクサンドラ・ナルィシキナを妻に迎えたから、ピョートル体制との関係は万全である。ピョートル死後、一時的に、総主教との不和も経験したが、アンナ期には権力を復活させ、主馬頭官房長、陸軍中将を務め、一七三八年四月から官房長の大役を果たしていた人物である（その後、一七三九―四〇年の期間に「国家事業改造計画」を策定したとの廉で、一七四〇年四月に逮捕され、役職を解任され、同年六月にスィトヌィ市場で公開処刑）。

図54●A.P.ヴォルィンスキイ（1689 - 1740）

女帝の命を受けた祭りの開催準備ならびに進行に関しては、演劇史家スタリコヴァが綿密に収集し、集大成した資料集が全体と細部を教えてくれる。(25) 以下、主に彼女の記述を中心として、他の資料も参照しながら再構成してみる。

祭りの準備が本格化したのは一七三九年一二月の段階である。一二月五日付女帝アンナの勅令は述べる、「朕は、わが官房大臣にして狩猟官長ヴォルィンスキイに対して、マスカラードに必要な準備を行なうように命じた。そのために建設官署から建築家ブランクを大臣のもとに派遣し、職人その他の人々、木材はじめ資材がどれだけ必要かについて、すみやかに彼の要求を大臣に知らせること。建設官署に対しては、このことを本勅令に従って執り行なうよう命ずる」。同日、この女帝の命を伝える形でシベリア官署に送られた指示には、「現在、宮中では、来たるべき滑稽な婚礼、マスカラードのための準備が行われている」ので、そのために必要な品々（キツネやオオカミの尾、各種ウサギ、クマやヤギの毛皮、水鳥の羽とその具体的数量）をただちに、遅くとも一二月末までに送るように、もしシベリア官署にない場合には市場で購入して速やかに送付するようにと書かれている。

その署名がオステルマン、チェルカスキイ、ヴォルィンスキイ三名の官房大臣全員によってなされていることを見れば、きわめて重要な命令であることは明白である。だが、人と物資の送付期限が一ヶ月足らずとあるのは、時間に余裕がなく、緊急要請の印象は否めない。また、式典が婚礼とマスカラードからなり、しかもおふざけの部分を含むこともこの官房指示に読み取ることができる。続く一二月七日付の指令では、祭典のイルミネーションにはかなりの数の絵が必要なので、多くの画家や絵師の協力を求めること、宮廷付きの金細工師や塗料工、指物師を集めるようにと求めている。

マスカラード・人と物品

祭りの頂点がマスカラードとなることは必然だった。その進行の次第に関しては後述するが、準備段階においてさまざまな意匠が凝らされ、そのために多くの指示が行われている。例えば、マスカラードにはシカの角五〇本が入用なので調達しておくこと（一七四〇年一月九日付）、狩猟用のミラノ犬一五頭、ニワトリの羽毛でこしらえた羽飾り一五〇本を一月末までに都へ送ること（一月一〇日）等々。

注目されるのは、必要な人材と品物が詳細に指示されていることであって、招聘される人々の土地、その衣装と楽器がきわめて具体的に指定されている。例えば、ヴォルィンスキイ（一七三九年一一月二七日付指令）は、カザン県知事に対して女帝陛下からの命令を伝達するとして「チェレミス、モルドヴァ、チュヴァシ、タタールの人々男女各三組」を都へ送るように、また、アルハンゲルゴロド県知事に対してはロパーリ（ラップランド）、サモエードの人々を、やはり各三組、モスクワ県知事には「踊りができる六人の女性と男性」を、ウクライナからは「踊れる若い女性とコサックを六人ずつ」送ること、しかも「送られてくる人々は全員、自分が使用する衣服等を官費によって新調し、着てくるように」命じている。他にも、モスクワ近郊から良犬一五頭、ノヴゴロドから五〇頭のヤギならびにヒツジ、等。

服装・楽器

また、官房を構成する三名（ヴォルィンスキイ、オステルマン、チェルカスキイ）の連記による、一二月五日付のモスクワ県副知事ユスポフ公爵宛て命令書によれば、モスクワ近郊のカルーガとアレクシンから、踊り上手で、見目麗しい村の若い男女八名ずつ、また、笛を吹ける若い牧人六名を集めるように、そのためこの命令を受け取ったならばただちに人を派遣し、選抜した男女に対して普段着よりも上等な服を公費で作る手配をせよ、とある。しかもその際の服装は、農夫は通常の白い布でこしらえたカフタン（長裾上着）、半カフタンのかわりに短いコジャン（革上着）、ズボンは丈が長く、まだら模様のものとすることをはじめとして、牧人、農婦についても同様に具体的指示がある。また、各種楽器として、木製スヴィレーリ（ロシアの笛）一〇〇本、粘土製ルィリャ

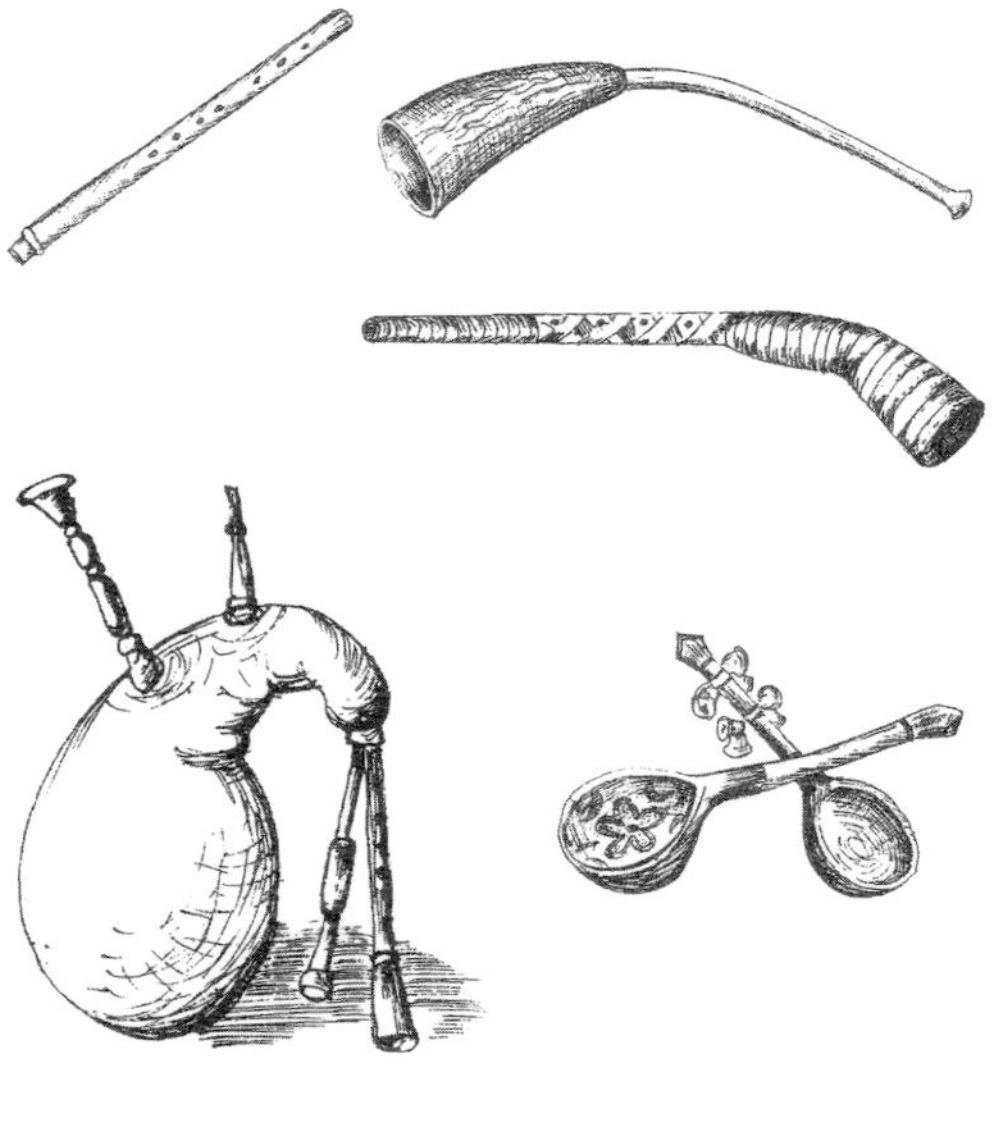

図55●ロシアの民俗楽器（左上から時計回りに、スヴィレーリ、ロジョーク、ログ、ロージェキ、ヴォルィンカ）図18も参照

（ウクライナの弦楽器）五〇本とグドーク（ロシアの弦楽器）三〇本、ヴォルィンカ（風笛）三〇本が必要なので調達せよとの指示がなされている〈図55〉。この官房からの書簡は一〇日付で受領され、翌日付でユスポフが送った回答によれば、指定された男女のことは上二ヶ所の代官へ命じ、しかるべき者を集め、所定の金額を与えてモスクワへ向かわせた、その他の五項目については指示を終えたとある。これを受けて、一二月一二日付のカルーガ代官からモスクワ官署宛ての書簡には、モスクワへ派遣される人員の名簿があり、さらに、一二月二〇日付ユスポフの書簡は、男女各八名計一六名の名前を列挙している。この他、ロジョーク（角笛）を演奏できる牧人が入用なので、具体的人数と楽器個数、さらに特定の村の名前を例示して、それを集めるようにとの指示や、また、赤・青・黄色の羽根飾りの本数についての言及も見える。

収蔵資料と情報の確認

祭りを行うべくこうした人々と品物を都へ集める指示と並行して、すでに帝都に存在する各種の物品とそれに関する情報を最大限に利用することも、当然ではあるが、十分に考慮されていた。一七二五年に創設されて間もないロシア学士院（科学アカデミー）に収蔵されている資料と情報を利用するようにとの指示がそれである。秘書官長アヴラム・スヴェルチコフ名で送られた学士院宛ての問い合わせ（一七三九年一二月二七日付）には、「女帝陛下の勅令に従い、マスカラードが準備されているが、そのために学士院内にあるさまざまな民族の衣服の現物が必要である。すなわち、モルドヴァ、チェレミス、チュヴァシ、ヴォチャク、トゥングース、ロパーリ、サモエード、その他のシベリアの諸民族の衣装」とある。

クンストカマーと科学アカデミー

こうした要請に対して学士院が最大限の協力と資料提供を行なったことは言うまでもない。この学士院と、その収蔵庫＝ミュージアムとしてのクンストカマー（そのままクンストカーメラとしてロシア語化したので、以下ではこれを使用する）を設立すべきとの構想は、ゴットフリート・ヴィルヘルム・ライプニッツに端を発するものである。[26] 彼の全ヨーロッパ的プロジェクト「自然と人工の劇場」の一環としての提案を受けたピョートル大帝が、自身のコレクションをフォンドとしてスタートしたのが学士院とクンストカーメラだった。

先の問い合わせに対しては、学士院にはモルドヴァをはじめとした一六余の民族の衣装現物が収蔵されていること、それらに関する記述に加えて、通常の移動手段、乗り物として使用される動物に関する記述があること、さらに、チェレミスをはじめとして一四余の民族に関する記述と絵があることを回答している。[27] 学士院とクンストカーメラにとって、《氷の館》祭典への協力・参画は、施設発展のためには欠かせないものとなった〈図56〉。祭典への資料提供は、収蔵リストと資料の点検のみならず、ロシア国内でようやく開始されようとしている博物学・民族学的な調査と研究を前進させる上で大きな契機となったからである[28]。

一七四〇年の新年の始まりとともに《氷の館》は、外装、内装とも準備が完了した。新年の花火はロシア・トルコの戦争終結の講和を記念してあげられたものである。《氷の館》はそのまま二月まで、ネヴァ川の氷上にあって祭典の開始を待っていた。

開幕

待ちに待った祭りの開幕である[29]。メイン会場は、再度確認するならば、現在のペテルブルク市内でも最中心部にあたるネヴァ川の氷上、海軍省と冬宮の間の場所とされ、そこに《氷の館》が建てられた。敷地全体の広さは三五平方サージェン（一サージェンは二・三四メートル）、館は長さ六サージェン、幅二・五サージェン、高さ三サージェンで、上述したとおり、イタリア建築家の名で有名なパラジオ様式によるもの

図 56●クンストカーメラ　18 世紀前半

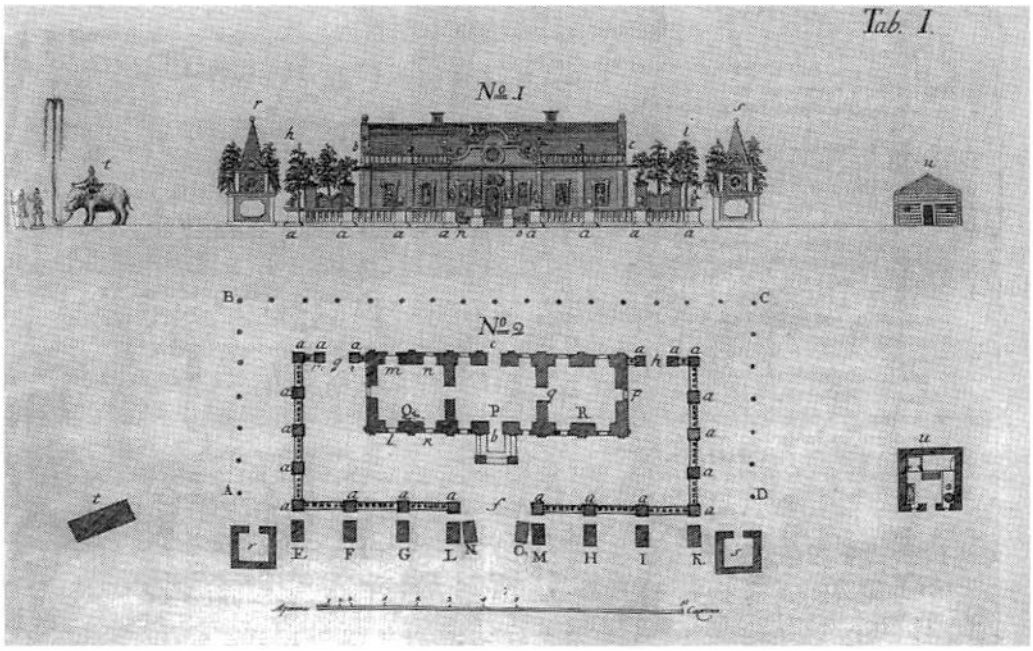

図57-1●《氷の館》図　クラフト報告書より
ファサード　全面図

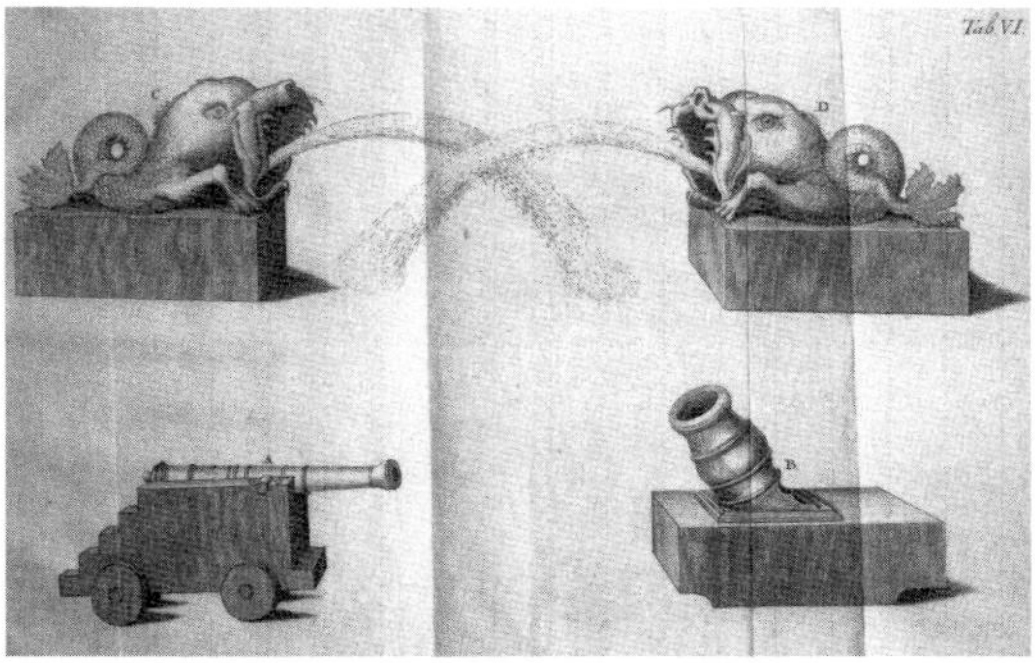

図57-2●氷の大砲

である〈図57-1〉。建物正面前には六台の大砲が置かれ、氷の砲丸が何度も放たれた〈図57-2〉。建物の両側に二つのピラミッドと二つの門があり、それらの門の上には花瓶が置かれ、花瓶に挿された木には鳥が止まっているが、いずれも氷でできている。門の脇にはドルフィンが二頭、館から見て右側には等身大の氷のゾウが立ち、傍らに二人のペルシャ人がいる。ゾウは鼻から上方へ放水して、いろいろな形を作る。水は特製の消防用ポンプによって海軍省運河から引かれ、秘密の回路を通ってもとへ戻るという。夜には、ゾウは中で石油を燃やして燃え上がる噴水となる。「ゾウは生きているかのように大声で吠えるが、これは中に座る人があげた声を管で拡大したため」と見聞者は記している。

建物の中へ!

正面から母屋へ入ろう〈図57-3〜6〉。建物の扉は緑大理石に似せた飾りつけがされているが、これも氷による。中はまず玄関の間があり、両側に二部屋(それぞれに四つの窓)、右側が居間で、ここにはテーブルと椅子、棚、壁時計等がある。左側は寝室で、ここには寝台(上に枕と毛布)、カーテン、腰掛、長椅子、化粧台と鏡、壁鏡、暖炉、棚があり、絨毯も敷かれている。天井からはシャンデリアが吊るされ、実際に輝いている。その他、室内にあるものとして、男女スリッパ、新郎室内帽子と新婦ナイトキャップ、食卓上時計、トランプカード、棚の上には彫像、動物、茶器がある。花を活けた花瓶、ダイダイの樹木と葉、枝にとまる鳥、燭台等、改めて繰り返すまでもなく、すべてが氷の作品である。建物の外側や内装、調度や家具、インテリア、さらに室内のこまごました品物までが氷で作られていたことに、見聞記を残した外国人たちは異口同音に感嘆の声を挙げている。《氷の館》は、三月初めに溶け始めるまでそこにあった。

行進の始まり

そして今度は、マスカラードの集団が行進を開始する。すでに準備過程で紹介したとおり、ロシア

図 57 - 3 ●玄関の間

図 57 - 4 ●応接間

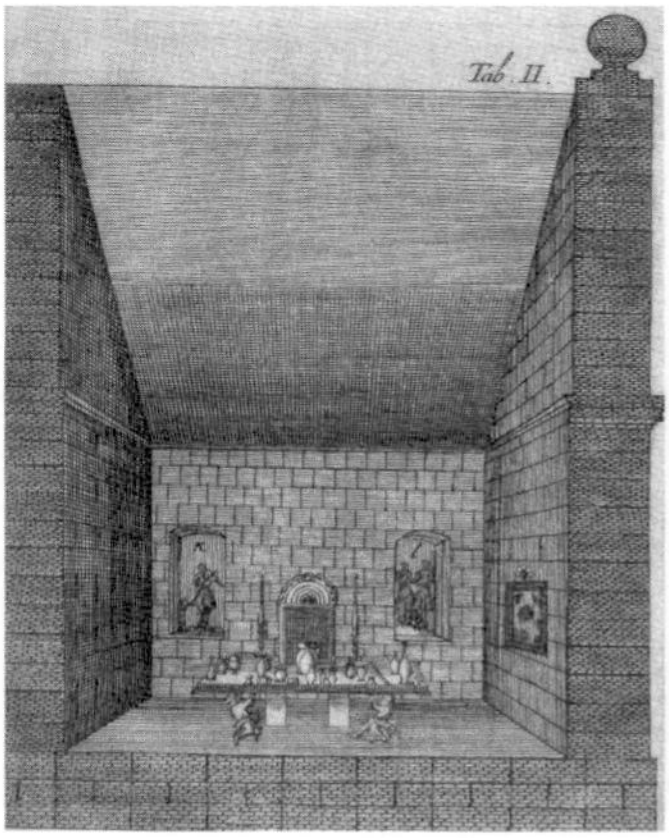

図 57 - 5 ●食堂

図 57 - 6 ●寝室

国内から集められた諸民族の代表者が、自分の土地と民族の衣装と楽器を準備し、それを身に付け、演奏しながら行進した。ヴォルィンスキイのいる大会本部周辺に集合した参加者の数は二〇〇人とも三〇〇人ともされ、彼らは皇帝のいる宮殿前からネフスキイ大通りを進み、市内の主な通りを行進した後、ネヴァ川上の氷の館へ、さらに冬宮前へ進むというコースである。

行列の様子

婚礼行列の先導役は、黄金の角を持つシカ四頭に曳かれた馬車に乗るサトゥルヌス神であり、そのあとを、八羽のツルに乗る北極星のシンボル、ウシに跨る角笛吹きの四人の牧人、笏を手にラクダに乗る御用将校《フリエール》、続いて、付け鼻をした三人の魔法使いといった面々である。さらに、手が四本あり、頭一つに顔が二つあるおとぎの勇者、花婿のお笑い「取り巻き部隊」として、裏返したウサギのコートを着てヤギに跨った二四人の戦士、そのあとを、グドーク、ヴォルィンカ、ルィリャ、バラライカ、ロジョークといった各種の民族楽器を手にした楽師たちが進み、そして、ウシやイヌを繋いだ橇の列が続くが、それらに乗るのは、ヴォチャク、ロパーリ、カムチャダールといった民族の人々、また、その他の民族の服装の人々である。また、行列の中には、魚に乗るネプトゥヌスがいたが、それに扮していたのは、アンナ宮廷公認の六人の道化師の一人であるイヴァン・バラキレフであった。カムチャダールの人々が群衆に向かって凍った魚を放り投げるが、これは婚礼でお金を投げることのパロデある。

図58●《ゾウの背に乗る新婚夫婦と行進》　同時代の版画より

ィであろう。先導の最後は、花婿の馬のかわりとして鞍を置いたロバ、ヤギとヒツジ、そして六頭立てのシカに乗る花婿であるサモエード・ハンの息子クワスニンである。その後ろは、サルを繋いだ四人のキューピッドをともなうユピテルの妻の姿をした仲人女、そして、マスカラード行列の仕切り役がゾウに乗って進む。彼は長い灰色の髭をたくわえ、黒い服をまとい、胸には花婿の「お馬鹿の紋章」を下げ、手に箒を持ち、周囲には一二人の黒人と三人の助手がラクダに乗っている。その後には、鎌を手に、頭に、神として崇拝する太陽、半月、そして四季を描いた帽子をかぶった異教の祭司が続く。そして、いよいよラクダに乗った花嫁その人が進む。「血縁のない」姑、ブタに乗って群衆に野菜を投げるキューピッド、それにモルドヴァ、チュヴァシ、チェレミスといった民族の人々がそれぞれ六人ずつ同行している。楽師たちと花嫁からなる「笑いの親衛隊」で

図 59●V.ヤコビ《氷の館》 油彩画 133 × 216 1878 年

以上が、マスカラードの次第である。ちなみに、この祭典を実際に観察し、記録を残したクラフトの報告書に添付されたと思われる絵には、行列の先頭にゾウが進み、その背中に置かれた檻の中に新婚の夫婦が座っている(30)〈図58〉。祭りの見聞記を残した複数の人物の記述にも、二人が檻に入れられ、ゾウに乗せられていたとあるから、このことは間違いない(31)。ここでみたマスカラードの様子とは齟齬が生じるわけだが、その理由としては、式次第が変更されたことは十分ありうるが、おそらくは、行進途中、いよいよ目指す《氷の館》が見えてきた地点で、二人を行列の中央から先頭へ移動させ、檻に入れたのではないか。というのも、氷の館に入った後、夫婦は朝までそこに監禁され、逃げだすことがないよう、扉には見張りを立たせたとの記述があるからである〈図59〉。

マスカラード参加者は、新婚夫婦の寝室をはじめとする氷の作品を観賞した後、これもロシア各地から用意された土地の料理や民族料理がしつらえられた食卓へと向かった。ここでも、諸民族の音楽と踊りが披露されたが、ここの大きな仕掛けは詩人トレヂアコフスキイによる婚礼ならびに新郎新婦への讃歌の朗読である。これについては次節で述べることになる。

外国人大使の見聞

《結婚式》とそれを見物する人々によるマスカラード行進の様子を、実際に見聞したいくつかの記録の中からフランス大使によるものを以下に紹介しておく。(32) 謝肉祭が最高潮に達した二月一七日(最終日)、宮殿広場で行われたマスカラード行進へ直前に招待されたものの、仕事のために参加できず、そのかわりに、執務室の窓越しにその様子を仔細に眺めた人物の手記である。

彼によれば、女帝陛下の近習で、有名貴族ゴリツィンが釣合わぬ結婚を望んだことから、こうした式が行われ、それは嘲笑の的となったのだという。結婚を祝うべく、ラップランド、サモエード、カルムィク、カザフの人々が集められ、全員がマスカラードの服装をして行進したが、総勢二百人が連なって、檻に入れられた新婚カップルを乗せたゾウの後に続いた。食事が提供され、その後には舞踏会も開かれ、そこでは民族ごとの踊りも披露された(詳細は記載なし)。その後、新婚カップルは、宮殿近くに聳える《氷の家》へと連れて行かれ、翌朝八時まで留め置かれた。何よりもフランス大使を驚かせたのは、《氷の館》のファサードに氷の大砲八台（上記クラフトでは六台）が置かれ、発射ごとに火薬四分の三フント（一フントは約四百グラム）が込められることだった。また、食事会と舞踏会には女帝も参加していたので、ここには参加すべきと考えた大使は、使者を通して、今すぐお伺いすることはかなわないが、全力で仕事を済ませ、お会いできるよう努める旨を知らせたと記している。そして、この外国人大使には、結婚式が執り行われた背景について多くを知る由がなかっただろうが、しかし、式の主役となった花婿については、「ゴリツィンという、国内で第一級の家柄の一つに対する誤った軽蔑から、このように公開で嘲笑行為が実行されることはくだらぬことで、無駄である」、「彼の悪しき振る舞いと、そして、洗礼で与えられた名前以外で呼ぶことの禁止を理由にあざ笑ったとしても、それでも彼は名高い家柄の出であり、にもかかわらず彼を侮蔑することは、祖先ならびに親族の働きぶりと功績から見れば不適切である」としている。ゴリツィンのカトリックへの改宗、家柄について言いたいことは、さらにあったはずであるだろうが、それには触れられていない。

この一七日から数日後の二月二二日、大使は女帝からの誘いを受けたので、式服を着け、今なお祭りの続いていた広場へ向かった。彼は女帝から、「さまざまな種族の踊りを見る機会がなかったので、それを見たくはないか、見たければ、宮殿へ来るように、そこで彼らがお別れのために集まるから」との言葉をもらう。この招待を受けて宮殿へ出かけた大使は「私にはとても不思議で、新しい踊りと音楽を体験した。何よりも驚嘆したのは、ウクライナの人々の踊りの軽さと力である」と記している。(33)

図 60 - 1 ● 1730 年の花火とイリュミネーション

花火史から

謝肉祭週間の最終日である二月一七日には、祭りの最後を飾るべく花火が打ち上げられた。ロシアの花火に関する初期の歴史については、ロヴィンスキイが、花火も一つの図像と考えたのだろうか、ロシア花火・イルミネーション史の、おそらくは最初の試みとして資料集をまとめている(34)。それによれば、ロシアの花火・イルミネーション芸術は、ピョートル後に開花し、アンナの時代に大きく発展したことが明らかである。そして、この分野におけるロヴィンスキイの仕事を継承した現代の研究者D・D・ゼロフの仕事を参照すれば、(35)アンナ期に花火・イルミネーションが披露された時期は以下のとおりとなる――新年（一月一日）、彼女の誕生日一月二八日（一七三二―四〇年）、二月三日の名の日（一七三二、一七三三、一七三四―四〇年）、即位記念日の四月二八日（一七三〇年は四月二八日から五月三日、一七三二―四〇年）〈図60-1〜2〉。

ロヴィンスキイが紹介する記述からは、ここで見ている祭り当日の花火とイルミネーションの様子を知ることができる。花火を描いた版画〈図60-3〉の下部には、次の主旨説明が記されている。

「ロシア帝国とオスマン国との間で無事締結された恒久講和の式典を執り行なうにあたり、

一七四〇年二月一七日、全ロシア帝国で

図60-2● 1735年4月28日祭典　O.エリンゲル作

祝い、
サンクト・ペテルブルクで披露された花火
（以下、右記のドイツ語訳）」

この説明文の上部に描き出されるイルミネーションは、水上に立つ聖堂であり、これは三つの部分からなる。向って左側には、雷で悪を退治するタカが居て、上に「力で武器が粉砕される」の文言がある。中央には、「帝国の安泰が取り戻された」の文言下にミネルヴァ神が座る。そして、右側には、「平和が再興された」との文言の下、豊穣の角、学問と商売に関連する品を持つ女神が立っている。水上に立つこの聖堂の周囲は、欄のある大きな柵で囲まれている。遠くに、巨大なクーポル（丸天井）の聖堂が見え、その前には、平和の女神が立ち、二方向から棕櫚の木の並木道があり、その道は戦勝門まで続いている。(36)

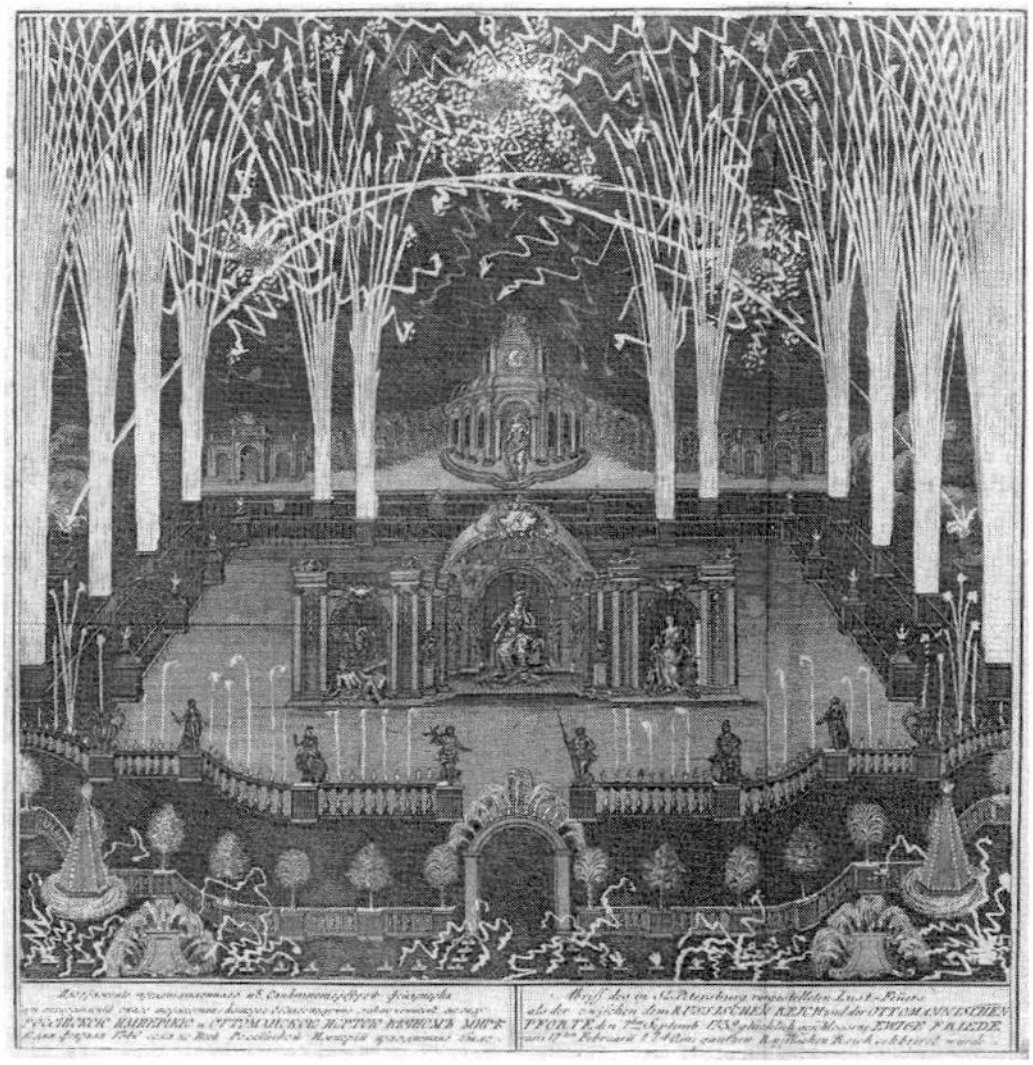

図 60 - 3 ● 1740 年 2 月 17 日の花火とイルミネーション

この花火をもって《氷の館》は掉尾を飾り、これはまた、戦勝・講和を祝う国家的式典の公式シナリオが確認されたかのようである。祭りは終わったのか。

この一度の機会を例外として、アンナの一〇年の治世の間に謝肉祭で花火が用意されたことはなかった。それはやはり、女帝がこの祭りに並々ならぬ情熱を傾けた証拠なのか、それとも、自身の最期(一七四〇年一〇月一七日)を悟っていたのか。《氷の館》の二月一七日の後はどうか。生前最後の花火とイルミネーションは即位記念の四月二八日に行われたものであり、それはフローラが雲の上に座り、多くの花に包まれ、女帝の名前が図案化され、「すべてに喜びをもたらす」との題字が浮かび上がるというものだった。(37) いかにもアンナ個人の心情に相応しいスローガンである。

3 新夫婦への頌詩　もう一人の主役

さらなる主役の存在

祭典《氷の館》が結婚式を主目的としていることからすれば、この祭りの主役は新郎新婦である。だが、この祭りには、新婚夫婦の他に、もう一人の主役となるべき人物がいたことを忘れてはならない。祭りの最終局面である宴会の場に、本人の意思とはまったく反した形でいきなり登場させられ、祭りと婚礼を讃美すべく詩を作るように求められた詩人トレヂアコフスキイである。

彼とペドリーロの「やり取り」については、先に小噺を紹介した。先に記したとおり、トレヂアコフスキイとペドリーロがアンナの宮廷でたびたび出会っていたことは間違いない。おそらく、直接、言葉を交わしたこともあったはずである。だが、ここで重要なのは、トレヂアコフスキイが科学アカデミーに勤務し、フランス語・イタリア語文献の翻訳に携わっていたことである。彼が、同時代に活躍したA・D・カンテミールとともに、新時代の文学者としてイタリアに対する傾倒ぶりを一度も失うことがなかったのは偶然ではない。トレヂアコフスキイはイタリアの喜劇、コメディア・デラルテやインテルメディアの翻訳者として広く知られていたことはすでに触れた。

詩人の生涯

ヴァシーリイ・キリロヴィチ・トレヂアコフスキイは、一七〇三年にヴォルガ川がカスピ海に注ぐ町アストラハンで生まれた〈図61〉。家は、北ロシアのヴォログダから一六九七年にこの町へ移ってきた聖職者の父と叔父の大家族である。故郷で学んだが、当時、町には教会とラテン学校しかなく、カトリック宣教の影響を受けたとされている。一七二二年夏にピョートルがカプチン派（フランチェスコ会の一派）の使節たちと面会した際、同席した当時一二歳のトレヂアコフスキイに会い、彼を「永遠の働き者」と呼んだと言われるが、これは詩人自身の証言であり、あくまでも言い伝えの域を

出ない。(38)

一七二三年からモスクワへ出て、スラヴ＝ギリシャ＝ラテン・アカデミーに入学するが、課程修了を待たず、彼は国外へ出ることを選択した。その目的が修学だけでなく、宗教的活動にもあったことは、現在ではかなり確証のあるものとなっている。一七二六年にオランダへ行き、ハーグに滞在したが、生活は困窮し、当時、ヨーロッパで働いていた貴族高官B・I・クラーキンやM・G・ゴロフキンらの資金援助に負うところが大きかったという。いまだ、国家としての留学支援の制度はおろか、考え方すらない時代だから、学業ならびに外国滞在は本人の意志とネットワークに頼る外ないのである。その後、一七二七年一一月からはパリへ行き、クラーキン宅に住まい、一七二九年一一月までの二年弱を過ごした。この間、パリ大学で数学・哲学、さら

図61●V.K.トレヂアコフスキイ　悲劇『デイダミヤ』（モスクワ, 1775）表題・肖像画 A.Ya. コルパシニコフ作

に神学のレクチュアを受けたとされるが、いずれも自由聴講と思われる。一七二九年一一月から彼はハンブルグへ移動し、一七三〇年八月までの一年足らずを過ごすが、この地でアンナ女帝の即位を知った。そのことが直接の原因か否かは確かではないが（関連があることは間違いない）、その直後に水路を使って、ロシアへ戻った。帰国は一七三〇年九月である。すでにアンナ期が始まり、半年が経過していた。

帰国後の活躍

ロシアへ戻った直後、一七三〇年一二月に彼はポール・タルマン『愛の島への旅』（一六六三年）のロシア語韻文訳を世に送る（原稿は帰国前にすでに出来あがっていた）。自作詩集『折々の詩』とともに、ペテルブルク・アカデミー印刷所から刊行された『愛の島への旅』はロシア初の活字印刷本であると同時にロシア最初の世俗ロマンとして、特に若い貴族の間で大評判を取ったが、そのことの意味は大きい。一つは、この訳者が、訳本の末尾に「著作家・創作者・モノ書き」sochinitel' なる言葉を記したこと、そして、もう一点は、作品を受け止める読者層とモードを生み、トレヂアコフスキイが「（ロシアで最初？の）流行作家」となったことである。前者について言えば、翻訳をある種の創作行為と考えた《文学開始宣言》であり、他方、ピョートル改革期にモードとなった戦勝行進、花火、民間劇等における見物人・観劇者とともに、書物が新たな社会層としての読者を生み出していたことの証である。[39]

訳本『愛の島への旅』の出版が契機となって、彼は宮中への出入りがかなうことになる。さらに、一七三三年からは、一七二五年に創設されたロシア学士院（科学アカデミー）の秘書ならびに翻訳官として西欧文献の紹介者、また、ロシア詩法理論の開拓者であると同時に詩人として活躍し、アンナ死後にはM・V・ロモノーソフと同時に学士院教授（後のアカデミー会員相当の称号）を得ている。その後の彼は、一七五九年に学士院から追放されるなど周囲とのさまざまな軋轢と貧困の中で過ごしたが、ここでは、アンナ期から外れるため、それについては触れない。ただし、その「火種」がすでにアンナ期に顕在していたことは《氷の館》での彼に対する処遇から明らかである。

仕事の全体像

彼の生涯と仕事の全体像に関しては今なお多くの疑問と未解決の問題があり、さまざまな議論が継続しているが、以下のことは確実に言えるだろう、すなわち、彼こそは、同時代の西欧諸学問に通じた有数の文献学者であり、十八世紀前半から後半にかけてのロシア文学史においてはロモノーソフ、A・P・スマローコフらと並び称される文学者である。そして、特に、後者との関連で指摘すべきことは、彼が、十八世紀初頭に始まるロシア文学「構築」の条件として、詩法の確立、言文一致を通しての近代ロシア語形成の準備（そのための教会スラヴ語、さらに西欧諸語との関係の画定）、散文と韻文の関係性の理論化、近代ロシア語そして西欧文学の文化変容といった多くの基本問題を設定したことであろう[40]。

アンナ帝の下で

トレヂアコフスキイにとってアンナ女帝との初めての会見が成ったのは一七三二年一月末である。もっともそれ以前に、アンナが皇帝の座に就いたことを知った時、彼はいまだハンブルグ滞在中だったが、そこでただちに詩《女帝陛下即位を祝賀し、ハンブルグで作られた歌》(一七三〇年、新暦八月一〇日)を創作している[41](しかも、これが同年九ないし一〇月に楽譜付きで刊行されていることに示されるように、詩人と同時代の音楽文化との関わりは見逃せない[42])。アンナとの面会を強く望み、彼自らも自信作と考えていた評判の翻訳『愛の島への旅』を彼女に献呈すべく、モスクワで女帝の妹エカテリーナに会うなど奔走したことがわかっている。

女帝謁見が実現したのは上記の日付だが、詩人はそれに合わせて女帝の名の日(二月三日)に向けた讃歌を作り〈図62〉(女帝の命により、讃歌も含めて詩は単行本として一七三二年に刊行された)、また、宗教コンチェルトも作って、これをアンナとエカテリーナに捧げている。さらに、一七三三年の宮廷の新年式典の場では《全ロシアの専制者たるアンナ・イオアンノヴナ女帝陛下の面前で詠われる歌、パート付き》を披露している。宮廷詩人の誕生である。

図 62●アンナ帝へのオード披露　オリゲールの版画　1731 年

だが、この宮廷詩人としての活躍は長くは続かなかった。あまりにも急な文学的才能の出現を受け止め、「文学者の社会的役割」（V・M・ジヴォフ）[43]を理解するだけの「力量」を、宮廷をはじめとしたロシア社会はいまだ備えていなかった。一七三七年、自宅と書庫が焼失した際、彼は宮廷からも学士院からも支援されず、都での生活ができなくなった彼はベルゴロドへ引き込んで、翻訳者として日銭を稼ぐ生活が続いた。彼がペテルブルクへ戻ることができたのは二年後の一七三九年である。

アンナ帝治世後の彼の活動（「ロシア詩法」への模索、学士院でのポジション、ロモノーソフとの関係等々）については省かざるをえないが、経歴前半期から明らかなことは、アンナ宮廷内部で第一級の西欧通の教養人・詩人として高く認められていたこと、特に桂冠詩人の栄誉を得た最高の文人（フィロロジスト）であったことである。その彼が《氷の館》で大きな役回りを果たすことは、彼自身ばかりか、多くの聴衆がまったく予期しなかった出来事だったに違いない。

事件の勃発

顛末は以下のとおりである。例の婚礼が行われるのを前に、祭りの最高責任者である官房長官ヴォルィンスキイから、祭りの場で朗読すべく祝賀の詩を作るようにとの要請があった。ところが、それが完成する前に、詩人の家に使者が来て、ただちに出頭せよとの命が伝えられる。いぶかしがる詩人が連れて行かれた先は、官房ではなく、祭りの運営本部が置かれていた「ゾウの館」であり、そこに待機していたのはヴォルィンスキイだった。そして詩人はヴォルィンスキイの従者によって気を失うまで棒で殴打されたのである。

こうした処罰を受けた具体的根拠と理由は不明だが、(44) 従者のみならずヴォルィンスキイ自らも棒を手にしたという。その後、約束の歌を作るようにとの指示がなされ、しかも詩人は道化の役を演じることも告げられた。一晩、留置される中で求められた詩を完成させた彼は、マスカラード実行委員会へ連れて行かれ、二晩を見張りの監視下で過ごすが、そこでも再び殴打され、今度は、イタリア風道化の衣装を着せられた。そして、いよいよ、彼は祭りに集う人々の前で自らが作った詩を読み上げた(読み上げさせられた)のである。その後、またもや詩人は拘束され、打たれた。今回の殴打が、詩の出来具合や読み上げの際の態度、会場での聴衆の反響、あるいは詩に詩人が込めた意図の解釈に関連していたのかどうか、この点は詳しく知りたいところだが、先の殴打の動機と同じく、正確にはわからない。

この一連の仕業の後、ようやく彼は拘束を解かれ、憔悴しきって帰宅することがかなった。後日、彼は勇気を振り絞って科学アカデミー宛ての書簡を送る（二月一〇日付）。このような所業を受けた経緯を上申書にしたため、さらに、おそらく死を意識したためと思われるが、自らの蔵書を科学アカデミーへ寄贈する手立てを求めたという。また、ビロンへも訴え出たが、こうした動きを知ったヴォルィンスキイによって詩人は再逮捕され、獄へ送られた。もっとも、そのヴォルィンスキイはこうした「騒動」から程なく、反逆罪で逮捕され、公開処刑されたので、詩人の罪は帳消しとなり、被った「不名誉と傷害」の代償に年額三百ルーブリを与えられた。後に、皇帝への上申書（アンナ死後の一七四〇年一一月一二日付）の中で、詩人は自分の受けた処遇につき、「さまざまな場所で、さまざまな時に、私は暴力的に攻撃され、耐え難い侮辱と、四度もの非人間的な傷を負わされた」と記している。(45)

事件の背後

トレヂアコフスキイが受けたこのような激しく厳しい仕打ち、糾弾と断罪にはどのような背景があったのだろうか。一つは、ヴォルィンスキイならびに彼のグループによる反ビロン・キャンペーンの機運である。ビロンも含めたバルト地域出身ドイツ人勢力の政治的躍進に対するヴォルィンスキイたちの動きと、それを抑えようとしたビロン派の抗争の狭間に、詩人は無自覚のままに放り込まれたものと思われる。彼がビロンに訴え出て、救いを求めたことに対する処遇は、そのことを示している。そして、六月二七日には、すでに触れたように、後者の反ビロン勢力メンバーは絞首刑に処され、ビロン派の勝利に終わった。それが《ヴォルィンスキイ事件》である。ただし、詩人自身は「ドイツ派」ではなく「フランス派」に属していたから、当時、ドイツ人が圧倒的な勢力を握るロシア学士院の中で、そもそも彼に対して十分な評価が与えられることはなかったとも言える。同時期に、同じくロシア辺境ではあるが、トレヂアコフスキイのアストラハンとは対極に位置する北のアルハンゲリスクから都へ上り、ロシアの諸学問を「創立」し、功なり名遂げたロモノーソフとのコントラストとして、トレヂアコフスキイ「神話」が誕生していく契機がここに求められる[46]。

詩人は《氷の館》で受けた恥辱とその後の嘲りの中で、四半世紀を生き延びなければならなかった[47]。

朗唱された詩

詩人が前の晩に留置される中で書き上げ、祭典の場で披露した詩は、全体で二九行からなり、新婚夫婦に向けた挨拶として、オードとなるに相応しい作品である。以下、適宜抽出して見ていこう。冒頭二行は、次のように始まる。

あばずれ女の花嫁　それになんと雄々しき花婿殿　［28-29］

を繰り返して朗読は終わる。

頌詩の意図

この詩、しかも短期間に強制されて作ったこの讃歌はいかに読めるだろうか。

結論から言えば、結婚カップルへのオードとして詠われたこの作品は、農耕とそのセクシュアリズムを基礎に置いた異教性、あるいは民衆性の表象という観点から読むことができるのではないか。

トレチアコフスキイの詩には、謝肉祭の特徴である反（非）キリスト教的な祝祭性、冬送りと春迎えの行事の連想、繰り返し使用される女性罵倒語ならびに悪態語が備えた原始的な覚醒力と反公式的・反文化的時空間の現出、かき鳴らされる民族楽器名がもたらす音楽性、非ロシア・非スラヴ民族ならびに各種ナロードの呼称の連呼、そして、詩には明確でないが、現実のマスカラードに登場した多くの表象（ギリシャ＝ローマの神々のアレゴリーや魔法使い、異教祭司、乗り物としてのヤギやロバ等）が、いやがおうにも目につくはずである。例えば、第二二行目「新郎は疲れても　いずれまた農作業にはげむ」の表現が性行為と農耕のアナロジーであることは明白だろう。

であれば、ここで行われていたことは何であったのか？《氷の館》なる祭典が春迎えの色彩を帯びたのは、どんちゃん騒ぎを好み、「やり手婆」染みた結婚世話人としての自己実現を志向したアンナが、それに相応しい潮として謝肉祭のシーズンを選んだことによるものであり、トレヂアコフスキイへの詩作の要請（強要）もまたそのような「シナリオ」の一部を構成するものとしてであった。だとすれば、彼の作るべき詩もまた、謝肉祭をその一部に含んだかのような《氷の館》に、違和なく溶け込むものであるべきだろう――異教性、原始性、民族性、そして、春迎え。理不尽な殴打の嵐の中で、彼の詩は、しかし確実に春の嵐を導き入れるものだったのであり、すなわち、彼は「依頼」に対して、作品でもって十分過ぎるほどに応えてみせた。それは、職業詩人＝宮廷詩人としての自覚とプライドによるものだったのではないか。付言すれば、それを可能にしたものこそは、西欧の作詩技法やロシアの民俗への彼の常からの関心であり、その蓄積であったに違いない。

4　祭りの目的と詩人の抗い

ゴリツィンが花婿に選ばれたことについては、いくらかの不可解さが残る。婚礼時点で齢五〇に達していた彼に新郎として白羽の矢を当てられた理由としては、いくら宮廷道化師であり、祭典がお遊びとおふざけを目的としたものであったとしても、それだけの説明では十分な説得力がない。この点に関しては、何人かの歴史家が指摘してきたとおり、ゴリツィンのカトリックへの改宗が原因であっ

た と考えられている。彼がロシア正教を捨ててカトリックへ改宗したのは、すでに述べたように、二人目のイタリア人妻との結婚によるものであり、そのことがロシア帰国後に発覚したため、教会からは懲戒処分を、さらにアンナ女帝から道化師にされたのだったが、報復はそれにはとどまらなかったことになる。

反カトリック・キャンペーン

しかも重要なことは、これがゴリツィン一人にあてはまる問題ではなく、《氷の館》というイベントが、その全体にわたって、当時、ロシアの貴族の中で流布していたカトリック(ジャンセニズムを含む)への関心に対する警告であり、反カトリック・キャンペーンとしての意味を持っていたという点である。同様の意識は、《氷の館》のもう一人の主役となるトレヂアコフスキイにも向けられることとなる。その理由ならびに背景についてはB・A・ウスペンスキイとA・B・シーシキンが共著論文において膨大な資料を使って詳細かつ鮮やかに論証している。[52] それによれば、詩人はごく若い時期からカトリックに興味を示していた。故郷アストラハンでの修学環境はカトリックの宣教活動のただ中にあった。その後のオランダ、フランス滞在と学業時にも、彼を取り巻く多くの人脈(当時、西欧にいたロシア人も含む)が同時代のジャンセニズムを中心としたカトリックの動向と深く関わっていたことから、詩人はそこで大きな影響を受けることとなる。さらに、この人脈は一七三〇年のロシア帰国後も詩人にとって大きな意味を持つものとして継続された。かくして《氷の館》で彼に対して行われた処遇は、カトリックを嘲笑しようとするセレモニー全体の目的に従ったもの、というウスペンスキイとシーシキンの結論は、きわめて説得的である。これに付け加えるべきことはほとんどない。

詩人に刑罰を科そうとしたヴォルィンスキイは、かつてアストラハン県知事の職（一七一九―二四年）にあって、その当時から、未来の詩人がカトリックに強く惹かれていたことを知っていたと考えて間違いない。[53] このことに加えて、ヨーロッパでその興味をさらに強くして帰国した詩人の姿に、祭りの責任者の怒りはより激しさを増したことは十分想像ができる。それは、もしかすると、反カトリックといった枠を超えるものでさえあったかもしれない。

詩人の詩作をめぐって

《氷の館》の祭りは、その笑いと遊戯の底に、カトリック（イエズス会ならびにジャンセニズム）対ロシア正教、ロシア正教会対民衆的異教、西欧古典古代の神話対アジア・シベリア諸民族の宗教と信仰といった、宗教戦争的な側面を潜めていた。それは、帝国の本格的成立へ向かう際に不可避的に生まれる、多民族性ならびに多宗教性の確認と認識（そして排除）の過程を内在したものとなったはずである。その点からすれば、《氷の館》のマスカラードは、クンストカーメラの誕生と確立に象徴される民族学・博物学ミュージアム創設とその理念を確実に想起させ、再確認させるのに十分な「戯れの」実験に他ならなかった。そこにあって、ネヴァ川氷上に陳列された「展示物」に囲まれると同時に、多くの政治的・社会的・宗教的抗争の渦中にも置かれる中で、言い換えれば、新生帝国の「暴走」と女帝のカプリッチョに翻弄されながらも、しかし、詩人は自身に担わされた宮廷詩人の役目を果たすべく、詩作に向かったのではないだろうか。

文学プロフェッショナリズム宣言

詩人は、短いながら完璧に近い形で春の讃歌を歌い上げてみせた。そうしたトレヂアコフスキイの「詩作事情」は、おそらく、祭典の場にいて彼の朗唱する姿を見、その詩を聞いた者たちにとってはまったく未知で、不可知のものだったに相違ない。しかし、良き耳を持つ人たちの中には、彼の詩を歌う響きのうちに、従来の詩とは違う何か、彼の詩作の根底にあった一つの意識を嗅ぎつけもしたのではなかったか。苦難の環境にあって彼の詩作を支えていたもの、それは「文学プロフェッショナリズム」創出への強い意志、とでもすべきものに他ならない。いかなる事情にも関わらず、提示され、受諾した依頼に対しては最善をもって応えること。もしかしたら、彼の詩は、そのようなプロフェッショナリズムの誕生宣言に聞こえはしなかっただろうか。いや、もしかしたら、とすべきでないことは明らかである。なぜならば、一七三五年に記した『ロシア詩からアポロンへの書簡』と題する詩で、次のように歌い出しているからである。

九人のパルナスの姉妹　ヘリコンとともに
おお　支配者たるアポロン　ヘルメスの音よ！
甘き言葉の生みの親にして　楽しみ興じる心よ
詩行は単純素朴で　いかなる飾りもない！
ロシアの詩たる私はあなたに送る
地にひれ伏して　かくあれと願う
新しきモノをあなたにお見せしたい
パルナスを後にして　こちらにこそ来てほしい
あなたがいつも素早く私に手を貸し
あなたを前にして　私の詩行がもっとも輝き始めるために
（以下、略）(54)

アポロンの招聘によってロシア詩が作られるとする彼のイデアをいかに考えるべきだろうか。ピョートルによって着手され、ようやくロシア社会が本格的に直面した、何よりもまず「西欧近代の受容」という面からすれば、アポロンへの篤き呼びかけは不可避なのか。だが、それが避け難い時代の絶対条件だったとしても、彼のロシア詩（文学）創成に向けた強い意思表現であることには変わりはない。

ラヂーシチェフからプーシキンへ

このように考えるならば、フェヌロン作『テレマックの冒険』からトレヂアコフスキイの『テレマヒーダ』（一七六六年）へ、それを受けて、『ペテルブルクからモスクワへの旅』（一七九〇年）のエピグラフで、この二人の《社会と文学との相克》を詠ったA・N・ラヂーシチェフへと継承された文化史的文脈が理解できるのではないか。さらに言えば、このラヂーシチェフによって自家出版された発禁の書であるはずの『旅』を手にして『モスクワからペテルブルクの旅』執筆に果敢に挑戦した詩人プーシキンの目論見（ただし、未完）も納得できる（トレヂアコフスキイの登場と活躍から数十年後、詩人プーシキンがこの「近代ロシア語の最初の詩人」に注いだ敬意[55]は深くて篤い）。

理不尽な殴打と殴打のはざま、真冬に凍りついたペテルブルクの中心にあって詩人が挑んでいたのは、一つの詩作ということを超えたもの、すなわち、来るべき《ロシア文学創成》に向けての壮絶な戦いに他ならなかった。

もっとも、こうした文学史的想念の連鎖は先走りかもしれない。むしろ、この《氷の館》祭りの見物に参集した人々には、詩人による新婚カップルへの讃歌は、いつもとは一風違ったマースレニツァの趣向の一つに過ぎなかったかもしれない。ただし、広場のナロードは、詩人の姿に、季節の巡りを告げ、祭りを盛り上げるべく共同体の外から来訪し、そして、時に災いをもたらす《異人》を重ね合わせていたことは十分考えられる。先に紹介したルボークの《セミークとマースレニツァ》に見たとおり、祭りの女王たるマースレニツァ様は道化風の服装をしたペテン師や幾人もの楽師・芸人とともに都市の外からやってきて入城を許され、祭りの終了とともに「送り出される」からである。今なお都市や農村で続くこの祭りにおいて、マースレニツァを象った人形が、祭りが終わると必ず破壊されたり、焼却されることを考えると、トレヂアコフスキイの受けた処遇は「伝統的」とみなすべきものだったのかもしれない。

道化と侍女との「奇妙な」結婚式の広場で詩人トレヂアコフスキイが頌詩を詠った《氷の館》の祝典は、女帝の「粗雑なおふざけ」であるだけではなかった。「この見世物のイデオロギーは気紛れなどではまったくなく、この見世物は、確実に、ピョートルの伝統へと向けられていた」とするのは、近年、《氷の館》に関する興味深い論考を発表したエレーナ・ポゴシャンである。彼女によれば、

ピョートル崇拝は、アンナ期には生まれたばかりだった（ピョートルへの公的関心のピークは一七三二年の記念祭であったが、そうした関心は全体として、彼女の治世末期にかけて現実味を失っていく）。だが、この状況下にもかかわらず、ピョートルの式典は、宮廷祝祭の、ある意味ニュートラルで、唯一可

能な形式として受けとめられていた。宮廷祝祭を再現する上で、アンナは何か特別なポジションを示そうとしたのではなかった。すなわち、彼女はピョートルを真似るのでも、ピョートルとの論争に挑むのでもなく、ただ、宮廷習俗の規範（ノルマ）となっていた祝典の形式に従っただけである。アンナにとって、それが、彼女が自らの経験で知っていた規範であり、ある意味の「慣習」（そのように祝うとは、普通に祝う、の意――著者）だったからである。一七四〇年代初頭には、状況は根本的に変化し、ピョートル伝統へのオリエンテーションは公式文化の基礎をなしていたものの、その現実の在り様の諸形式と、基本的イデオロギーの前提は、ピョートル期に存在していたものとはまったく隔たったものとなるだろう。[56]

祭典《氷の館》は、ピョートル期との関係性を次世代へと繋ぐべく実行されなければならなかった。その意味で、この奇妙な祝祭は文化史的事件だった。

第6章　皇帝とフォークロア

——語り部の女たちに囲まれて

1　女性の中のアンナ

女帝アンナの周囲にはつねに、彼女に仕えるべく多くの人々、特に女性が侍っていた。そのことは、彼女の地位が最高権力者であることから、当然だろう。だが、そのことにあえてこだわってみると、彼女は自分の周りに多数のおしゃべり女性たちを意識的に集めていたことに気づく。(1) 例えば、アンナの書簡（一七三四年九月二日付けセミョン・サルティコフ宛）には、

モスクワの寡婦アヴドーチヤ・イヴァノヴナ・ザグリャシスカヤの処にペラゲーヤ・アファナシエヴナ・ヴャゼムスカヤという公爵の娘が住んでいます。彼女のことをステパン・グレコフに問い合わせ、彼女を探し出し、私のもとへ送るように。彼女が驚かないように、私からの願いであると明らかにしてかまいません、そして道中、くれぐれも気をつけるよう、言ってください。私はこの娘を自分の慰めのためにほしいのです、聞くところでは、彼女はよくしゃべるとのことなので。ただし、このことは彼女には言わないように。こちらでは、私は、おふざけでニキータ・ヴォルコンスキイをゴリツィンの娘と結婚させてやりました。(2)

最後の部分で触れられた結婚については、上述したので繰り返さない。「自分の慰め」とは何を意味するのか。その内容を示唆する後文には、「おしゃべり」とあるが、さらに、その具体的中身は何

なのかについては、まったく記されてはいないから、とにかく「おしゃべり女性」としておくほかはない。

ここに登場した寡婦にアンナが直接書き送った別の書簡でも、おしゃべり好きなナスタシヤ・ノヴォクショノヴァなる老女がいたが、すでに死にかけているので、彼女に相当する「貧しい貴族の娘ないしは都市住民の娘」を探してほしい、あるいは、ナスタシヤ・メシチェルスカヤやアニシヤ・メシチェルスカヤ公爵夫人のような女性の代わりがほしい、「せめて四人ほどでもよいから娘を」見つけ出すよう懇願している。アンナは自分の周囲に侍らせた女性たちに、一晩中、自分が満足するまで、とにかく、おしゃべりを続けさせた（歌わせた）。おしゃべり女として光のノヴォクショノヴァ、フィラトヴナの他、ベズノーシカ母、ダリヤ・ドルガヤ、アクリナ・ロバノヴァ、ドヴォリャンカ娘（貴族娘）エカテリーナ・コクシャ、バーバ・マテリナ他の名前が、ただし多くがあだ名として残っている。[3]

おしゃべり女性集合

アンナ女帝によるおしゃべり女の「探索」に言及した歴史家は、時に、これら書簡の文章を引用するものの、ほとんど意味のない、ささやかなエピソードとして紹介し、あくまでアンナ個人の趣味と性向の奇矯ぶりを指摘するのにとどまっている。例えば、クリュチェフスキイによれば、国内中から集めたこうした取り巻きの女性たちとの他愛ないおしゃべりによって、アンナは「自分の祖国からの疎外感」を紛らわせた、というのである。(4)それは、アンナの政治能力欠如と彼女の疎外感とをごく単純な因果論で説明し、結論づけるものでしかない。これは、きわめて素朴にすぎるし、通俗的な説明でしかないから、そのことをさらに掘り下げてみる必要がある。ここでは、二つの面に注目したい。一つはアンナ自身の精神形成の過程であり、もう一つは、単なるおしゃべりが他愛ない世間話にとどまらず、別の側面も備えていた、という点である。

古き良きモスクワ

一六九三年にモスクワで生まれた彼女は、幼いころから母親のプラスコーヴィヤ・フョードロヴナからは嫌われ、孤独の中で愛情に飢えた時間を過ごしていた。当時のモスクワは、ピョートル大帝によるペテルブルクへの遷都によって文字通り廃墟の様相を呈していた。新たな国家の建設に邁進すべき男性は全員、新帝都へ移動を求められていたから、モスクワに残っていたのは、時代の大きな変動と前進からは完全に取り残された人々である。それは、モスクワ・ルーシの伝統に忠実な大貴族の子女と老人たち、そして一部の「脱落者」だった。

アンナが娘時代を送ったのは、当時はモスクワ郊外に位置していたイズマイロヴォである〈図63〉。この場所は、同時代の歴史地理学者V・N・タチーシチェフ（一六八六—一七五〇年）〈図64〉が作成

図 63●《イズマイロヴォ》 I.ズーボフ銅版画　1726 年？

した地名集『レキシコン』（AからKまで、以降未完）の記述によれば、モスクワの東七露里（一露里は約一キロ――引用者）にある国家の村で、ツァーリのアレクセイ・ミハイロヴィチ帝がたびたび訪れた二つの川の合流点につくられた。大きな庭園と池が設営され、一七三一年には茂みに大きな獣苑が作られ、皇帝

図 64●V.N.タチーシチェフ（1686 - 1750）

の娯楽と宴席のために多くの猛獣が飼育されている。(5)

イズマイロヴォの詳細については別に論考(6)があり、それに譲るが、アンナが子供の時期を過ごした場所に、狩猟を好んだ彼女が自ら、即位直後に獣苑を設営したことは興味深い。そして注目すべきは、ここを、ピョートル大帝が「ありとあらゆる不具者と偽聖人の療養所(7)」と呼んだことである。その有様を十九世紀後半の、ある歴史家は次のように書き記している。

十七世紀末にかけての宮廷内の貴顕女性として、高位の篤信者たち――未亡人、老婆、娘――が出入りしていた。彼女たちは、プラスコーヴィヤ・フョードロヴナや皇女たちの屋敷の地下階や近傍に住み、おそらく、語り部の役目をはたしていた。そこには宗教行者《ユロヂヴィ》もいたし、ありとあらゆる不具者――耳が聞こえぬ者、目が見えぬ者、手足がない者――もいた。この時代には普通の、あらゆる不具者への共感はプラスコーヴィヤ・フョードロヴナの時代に特に明確に現れたのであり、彼女はそうした信心の発露とでも呼ぶべき性向を終生持ち続けていた。高位の篤信者たちは服喪の（暗い色の）衣装を着ていたが、それは道化の男女――小人たち――が、明るい色の服や、赤や黄の長靴や帽子を身にまとっていた多彩な身繕いと好対照を示していた。宮廷には、男女の小人たちとともに、捕虜となっていた黒人男女や小さなカルムィク人男女も住んでいた。さらに宮廷内には、サルやオウム、その他の珍しい動物も飼われていた。宮廷には欠かせないオウム以外に、夜ウグイスやカナリア、ゴシキヒワやウズラ等あらゆる種類の鳥がいた。[8]

飼育されていた各種動物までにも目配りしたこの歴史家の記述は貴重である。そして、女性たちの衣装の色合いと道化の服装との対比への着目は、第2章での道化の服の色への言及もあわせて、イズマイロヴォという場所の具体をリアルに浮かび上がらせるのに十分な記述となっている。

さらに、上記したタチーシチェフも、実際にイズマイロヴォを訪れた際に目にした光景として、「皇妃プラスコーヴィヤ・フョードロヴナの宮殿はその主の信仰深さのために、不具者や瘋癲行者や似非聖人や道化の療養所になっていた。なかでもチモフェイ・アルヒーポヴィチという気違いじみた書記補が有名で、迷信深き人々は彼を聖者だの予言者だのと名指して敬っていた……[9]」と書き残している。「療養所」は、明らかに、上で紹介したピョートルの名づけを念頭に置いた言葉であろう。避難所に住まう人々の中に道化の名前が見えるが、彼らは、新都ペテルブルクに程なく外国から到来する新たな道化師について予想すべくもなかっただろうか。イズマイロヴォには、プラスコーヴィヤの手で「劇場」も作られ、そこでの見世物にはピョートルも参加したというから、この郊外宮廷は崩壊と滅亡の予感と恐怖を基層に据えた、娯楽と演劇と笑いを具現化するかの空間であった。時代から疎外された実に多くの人々、瘋癲行者、放浪する聖者・預言者（真偽とも）をはじめとして不具者や道化師や小人といった異形の人々（と動物）が巣食っている中で、そこには、数多くの女性もいたことは確認しておきたい。

「古き良きモスクワ」を象徴するイズマイロヴォは、むろんアンナにとって「古さ」はないが、アンナの原体験の場所となったのは間違いない。イズマイロヴォでの娘時代が彼女の精神形成にとって、決定的とも言える重要な役割を果たしたのは、ごく自然のことである。したがって、両親の出自ならびにモスクワでの少女時代の経験からすれば、アンナは純ロシア的（正確に言えば、古きルーシ的）とも言えるメンタリティの持ち主であったはずであり、アンナが「骨の髄までロシア女性であった」[10]というスタリコヴァの指摘は的確である。

再度繰り返すことになるが、アンナの経験はまさしく、ここイズマイロヴォから始まった。その意味で、このモスクワ郊外の場所が、彼女にとって「終生、子供時代の大好きな天国に似た一角」であるとの歴史家アニーシモフの言葉を援用するならば、娘時代を終えて、ピョートルによる政略結婚直後の未亡人の時代は「天国から地上世界へ」と降下した時期となるのだろうか。そして彼女は、未亡人になってから女帝として即位するまでの約二〇年間、バルト地域の西欧を体験する。別の言い方をすれば、バルト文化を通じて西欧文化を見たのである。バルト時代を経たことで、彼女が「二重の本性」[11]の持ち主に転じていったとし、さらに、アンナの娯楽と祝祭への強い思いには、この二重性を見ないわけにはいかないとするスタリコヴァの考えには、大きな説得力がある。

だが、そうした二重性を西欧近代と近代以前のロシア、としてのみ理解するならば、それはかえって議論と検証を単純化する恐れが生まれる。ここでは具体的な事例をあげて論証することはしないが、アンナのバルト体験は、おそらく西欧近代そのものではなく、西欧の土着部分、西欧近代の底にある土着性に対する彼女の気づきでもあったのではないだろうか。西欧近代と近代以前のロシア、とは言っても、アンナの文化受容をめぐる問題はより複雑な様相を呈するはずである。

アンナの人生はつねに多くの女性に囲まれ、女性たちによって「支えられていた」と上で述べた。むろん、これはただちに反論を呼ぶかもしれない。彼女を政略結婚の道具として使ったピョートル、クールラントでの寵臣ベストゥージェフ、そしてクールラント期から始まり、ペテルブルクので女帝期の最大の寵臣ビロン、自分では予想さえしなかった彼女を皇帝の座に呼び寄せた貴族たち、さらにオステルマンをはじめとしてアンナ時代の政事《まつりごと》を牛耳った貴族たちのすべては男性であり、彼らがアンナに操り人形の役回りを与え、彼女の運命を決めたのだから。

にもかかわらず、アンナの生涯は、時に慰めと癒しの源泉、憂さ晴らしの対象として、時に嫉妬と憎悪の標的、羨望とライバル心の対象として、つねに多くの女性たちを求め、彼女らに取り囲まれるものでもあったし、そのことによって彼女の人格は形成されていった。第4章で見た道化師の妻たちにたいするアンナの気持ちと強権発動はその典型であろう。例えば、ヴォルコンスキイ夫妻への処遇の過酷さである。貴族男性を道化師に格下げしたことの背景には、彼らのカトリック帰依への報復があったとの見方は十分可能であり、視野に入れておく必要があるが、この男性たち以上に妻に向けられたアンナの執拗なまでの関心は、明らかに異常さを含む。それをいわゆる女性が女性に対して向けるジェラシーの発露と呼ぶのは、あまりに一般的に過ぎて、アンナの、きわめてアンビヴァレントな言動の説明として十分な説得力を持たない。それは女性にたいする本能的・感覚的な「とげとげしい感情」であり、女性そのもの、あるいは誤解を恐れずに言えば、女性性にたいするアンナ自身の過度のこだわりと意識ではなかったのか。

2 フォークロアとの距離感

第二の、アンナ周辺で繰り広げられた「おしゃべり」に移ろう。

フォークロア渇望

結論から言えば、アンナはつねにフォークロアに強い関心を抱いていた、というよりも、フォークロアの甘美な世界に「漬かっていた」、あるいは「浸る」ことを欲していた。それは、まさしく伝統文化としてのモスクワならびにモスクワ・ルーシを体現するものとしての「フォークロア」である。そして、ここでいうフォークロアがいわゆる近現代の学問体系の中での民俗学・口承文学のジャンルを構成する作品集合体でないことは改めて言うまでもない。なぜならば、アンナの時代にはこのフォークロアというディシプリンそのものが存立していなかったし、アンナは庶民・民衆としてのナロードでもなかったからである（ここで、そのこと自体は問題としない）。アンナは、宮廷のみならず、庶民の間で流布していた噂話、昔話や民謡、ニューズを好み、無類の関心を抱いていた。フォークロアに「浸かっていた」（さらに言えば、フォークロアそのものを生きた）と記したのは、この、もっとも「原初的な」レベルにおいてである。

アンナが未亡人として引き籠っていたミタウ＝バルト時代以降、女帝になってからも、親類縁者や知人に、話上手の女性を自分のもとに連れてきてほしいとの手紙を書いたことは上で述べた。それとともに、それぞれの土地のニューズを知らせるようにとの手紙も、彼女は数多く送っている。

歌謡の記録

そうした中に、歌謡の例がある。それは、アンナのセミョン・サルトィコフ宛て書簡（一七三九年七月三〇日付）に見出される。その部分を引用すると、

ヴァシーリイ・フョードロヴィチ・サルトィコフの村では、農民が次のように始まる歌を歌っているとのこと。それは「われらのポリヴァンツォヴォ村では、お馬鹿の主人が篩でビールを飲んだ」で始まる、

とか。その歌を書き留めることができる者を村へ派遣し、歌のすべてを書き記し、ただちにわれわれのもとへ送ること。[12]

アンナの母親プラスコーヴィヤはサルトィコフ家の出身であるから、アンナが書簡を宛てたセミョン・アンドレエヴィチの親族と思われるヴァシーリイ・フョードロヴィチに、彼が所有する持ち村で調査せよ、という趣旨である。村の名前はポリヴァンツォヴォと記されているが、次に引く歌謡の言葉からすれば、正しくは（あるいは、当時の名は）ポリヴァノフ、あるいはポリヴァノヴォだろう（その村名は、今なお、モスクワ南郊外にある村として残っていると考えられる）[13]。

驚くべきことには、この書簡文に続いて、女帝の指示どおりに、実際に村に赴いて書きとめられたと思われる歌詞がある（書簡に添付された？）。その全文は以下のとおり。

われらポリヴァノフ村であったこと
旦那様が篩でビールをこしらえている
若い娘がやって来て、お馬鹿を教えてあげた
「ほら、ナベを使いなよ、そうすればビールがもっとたくさんできるよ」
召使いがサラファンにビールを注いでいたので
「樽を使いなよ、ビールがもっとたくさんできるよ」

坊さんが干し草を刈っていると
「鎌を使えよ、干し草がたくさん刈れるよ」
堂守がブタに乗って干し草を運んでいるので
「馬を繋ぎなよ、もっとたくさん運べるよ」
司祭の息子が錐で干し草を突いていた
「フォークを使いなよ、干し草をもっとたくさん挟めるから」
農夫が××で畑を耕していた
「犂を使いなよ、よりたくさん畑を耕せるから」(14)

農村を構成するメンバー各自の労働をめぐって、作業と道具、手順を具体的に列挙・描写した歌である。繰り返しながらも、物語が展開していく形を備えていて、生産合理化までも風刺的に織り込んでいて興味深い。アンナと周囲の人々は、このような農民の生活に密着した歌謡——作業歌か、あるいはそのパロディ版か——をどのような気持ちで聴き、何を感じていたのだろうか。

早過ぎた民謡収集家

たとえそれが偶然の結果であったとしても、好奇心にあふれた女帝の要望にたいする、おそらくは返信として、民謡の歌詞が記録されたことは興味深い。ロシア民俗学史、ないしはロシア民謡収集の歴史を振り返るならば、いわゆるロシア民謡が記述されたのは、十八世紀半ば以降、V・F・トルトフスキイ『ロシア素朴歌謡集、楽譜付』（一七七六―九五年）、I・プラーチ『ロシア民謡集、パート付』（一七九〇年）といった仕事が最初、というのが教科書での一般的記述である。だとすれば、比喩的な言い方ではあるが、あえて次のように言えるかもしれない――アンナはロシア「民俗学」の開始以前に登場した「早過ぎた収集家」ではなかったか、と。

アンナと彼女を取り巻いた多くの女性たちが繰り広げたであろう「おしゃべり」について、その性格を具体的に示すものは、ここでの歌謡の例以外に見出せない。それでも、おそらく、この歌謡が実際に女性たちによって歌われたであろう（アンナも唱和したのだろうか？）こと、そして、「おしゃべり」の中には、この歌謡以外にも、世間話、小噺や昔語りが、当然ながら、含まれていたであろうことは確かに想像できるのではないか。それらの「フォークロア」は、盛んに語られ、歌われ、笑いと涙と好奇心を引き起こし、そして、何よりも大きなリアリティをもって、その場に参加するすべての人々に受け止められ、共有されていたに違いない。

3　ナロード学前史

諸民族集結

祭典《氷の館》の頂点の一つは、ロシア帝国内に住む諸民族の行進だった。この行進に参加を呼びかけられたのは、これまで、中央の宮廷・首都においては名前とその存在こそ耳にすることはあったにせよ、その文化や習俗に直接触れることはなかったであろう、多くの民族集団であった。その民族名と思われるのは、「モルドヴァ、チュヴァシャ、チェレミサ、ヴォチャキ、トゥングースィ、ヤクートィ、チャプチャダールィ、オシャーキ、ムンガールィ、バシキールツィ、キンギースィ、ユナーキ、カントィシ、カラカルパーキ、白黒アラープィ〈図65〉（資料の表記をそのまま残した[15]——引用者）、その他、ロシアの臣民であった。これら諸民族の代表者を祭典の場に赴かせるべく、一七三九年一二月二七日付「陛下による命令」がロシア各地へ送付され、その一方で、これら民族の詳細な記述——衣装、乗り物、紋章、道具、楽器、食べ物、人物・動物の記述ならびにスケッチ等——を行なうよう、ロシア学士院に対して命じられた。

しかも、一堂に会したこれらの人々は「自然のマスカラード」で行進すること、すなわち、自分の土地で身につけている衣装、祭り等で演奏し披露する楽器や唄や踊りをともなう形で行なうことが求

図 65 - 1●《アンナと黒人の子供》 高さ 223 × 160 × 228 ＋ 126 × 68 × 64

1716 年からペテルブルクで働いたイタリア人彫刻家バルトロメオ・カルロ・ラストレリ（ 1675 - 1744 ）の代表作（ともに来露した息子のフランチェスコ（ 1700 - 1771 ）は冬の宮殿、エカテリーナ宮殿、スモリヌィ寺院などペテルブルクの顔を作った建築家）。

衣装や持ち物（オコジョ毛皮のマント、金襴の上着、真珠と宝石、王笏）の質感と重厚さや光沢艶出しの技法を駆使することでコントラストを際立たせたバロック芸術の傑作であり、その体軀や表情に彼女の治世期の時代性までが投影されている。

1732 年から制作が開始され当初は新冬宮前に置かれる計画だったが、1741 年の完成時にはアンナ帝からエリザヴェータ帝の治世になっていたため実現せず、現在はロシア・ミュージアム（ペテルブルク）の展示室に屹立する 次頁の図は第二次世界大戦後にレニングラード「封鎖」から解放される像。

められた（したがって、これまで宮廷内で行われたもののような、例えば、イタリア・ヴェネチアのマスカラードの再現を披露する場ではなかったことになる）。こうした趣向が生まれた背景には、ピョートル期に、ライプニッツの強い示唆にもとづいて創設されたクンストカーメラのコレクションの中に、すでに多くの民族衣装のコレクションが多数存在していたことにあるのだと、クンストカーメラの歴史に関して優れた古典的著作を残したT・V・スタニュコヴィチは見立てている。[16]

図 65 - 2

前章で述べたとおり、祭典《氷の館》の場に立ち現れたのは、各地からの民族衣装と土地の「生の」音楽や歌謡、踊りと所作等々をともなった多言語・多民族の帝国としてのロシアであった。[17] その意味で、この祭典そのものが、多言語・多民族のロシアを体現していた（はずである）。だが、アンナの気紛れと戯れによって実現した奇妙なエピソードとして、同時代人のみならず、その後の人々に受け取られたことに示されるように、この祭りが帝国ロシアを表象する一つの社会的言説として認識されることはなかった。ましてや、研究の対象などとはならなかった。

だが、こうしたアンナの成した「事業」への軽侮とでもすべき状況の中、先に記したように、また、スタリコヴァも指摘するように、アンナ個人はフォークロアにたいしてつねに関心を注いでいた。[18]であれば、いまだ、民族学の博物館も、常設の展示もなかった当時、《氷の館》は独自の民族学ミュージアム、あるいは民族学資料・データの展示場として機能したのではなかったか。

そのように考え、結論づけるのは早計かもしれないが、それでも、アメリカのロシア研究者エリフ・バツマンの「クンストカーメラは氷の館の原型だった」[19]という言葉は説得的であるように思われる。クンストカーメラはロシア学士院の資料保存庫として創設されたこと、それが、ピョートルが西欧で目にした各種のミュージアム（いまだ個別分野に限定されることのない）のインパクトに加えて、ライプニッツの構想の実現の一環として準備されたことはすでに述べた。そして、アンナ帝期には、このクンストカーメラは公開に向けた活動を始めていた。『サンクト・ペテルブルク通報』（一七三七年一一月二四日）によれば、「解剖学愛好者は、館内の展示を見学するだけでなく、説明を受けることができる」として、「毎週月、水、金曜日に昼の三時からヴェイトブレヒト博士がレクチュアを開始する」旨が記されているから、一般市民に開放されていたこともわかる。[20]彼女の叔父が尽力してその設立を目ざしたミュージアムをアンナが訪問しないはずはない。一七三二年三月七日、彼女は最初のクンストカーメラ訪問を行い、その後も何回か見学を繰り返している。翌一七三三年五月に彼女が見学した際の様子は、『サンクト・ペテルブルク通報』同月三一日の記事によれば、「昨日、女帝陛下はレートニイ・サード（夏の庭園――引用者）を散策され、そこで行われていたクマ狩りを御覧になられた。その後、帝室クンストカーメラへ赴かれ、一七二六年にコラから運ばれてきて、今ではそこに保管されている鯨の骨を御覧になり、その全体の組成につき質問された」と報じている。[21]

クンストカーメラの収蔵品には、ピョートル期以来の、例えば、ピョートル自身が家臣たちから抜いた歯や西欧のみならず全世界から集めた奇形児標本などグロテスクな品物があったことを考慮すれば、アンナもそうした標本に強い興味をもって見たに違いない。なぜならば、それらは、何よりも「崇拝する叔父」のコレクションであったのだし、さらに言えば、グロテスクなるものに対する趣味の点で、叔父とアンナには共感する部分が確実にあったのだから。[22]

ロシア版旅行の世紀

グロテスクなる言葉と、それと時に重なり合うことのあるエキゾチズムの両者が共有するのは、異文化の「発見」という面かもしれない。現代ロシアの文化史家コンスタンチン・ボグダーノフは、中世から現代までの大きな時間枠の中で、ロシア文化の借用とエキゾチズムの歴史の記述を試みるが、彼が注目するのは、十八世紀初頭以降のロシアにおいて知的関心・好奇心が「目覚め」、呼び起こされていくプロセスである。
特に、空間移動という面を考えるとき、中世には、ごく一部例外を除いて「世俗的な」旅がほとんどなかったのに対して、十八世紀初頭のピョートルの西欧「旅行」によって幕が下ろされてのち、ロシアの旅が急速に世俗化すると同時に社会化していったことにボグダーノフは着目する。このことは、一般的には「旅行の世紀」と呼ばれる現象として理解できるとしても、それまで世俗的な移動がほとんどなかったロシアの場合、それはきわめて短期間に、突発的かつ急進的に開始した。とは言え、ピョートル（ならびに、ごく一部の側近貴族）を除いて、旅（むろん、物見遊山ではない）へ出るロシア人の登場は一七六〇年代まで待たねばならなかった。[23]
しかし、ひとたびそれが流行するや、その流行と軌を一にするかのように、外国からやって来た、あるいは招聘された研究者が帝国ロシアの辺境も含めた各地を隈なく調査し、記録を残すようになり、かくして「民族誌の時代」が幕を切って下ろされることになる。P・S・パラスやI・I・ゲオルギらの活動と仕事がそれに該当する。ドイツからロシアへやってきたパラスもゲオルギも、ロシア帝国各地を広範に調査して廻り、膨大な記録を残したこと（後者による帝都記述も忘れてはならない[24]）、そして、その報告書が博物学、地理・民族学、さらには都市記述等の多くの分野の「古典」として今なお大きな価値を持つことで知られる人物に他ならない。
アンナ帝の時代には、ロシア民族学の本格的始動を宣言することになるこの二人の活動以前にあたり、近年、この分野で優れたモノグラフを上梓したE・ヴィシュニャコヴァの指摘を待つまでもなく[25]「帝国のナロード学」はいまだ確立していなかった。そのような中で、しかしこの時期には、その先駆と呼べる人物と呼べるような仕事が確実に準備されてもいたのである。

二人の先駆者

何よりも想起すべきは、「ロシア地理学の創始者」とされるI・K・キリーロフと「ロシア歴史・地理学・民族学の父」とされるV・N・タチーシチェフであろう。前者はアンナ期に元老院秘書官長として勤務しながら、ロシア最初のカルトグラフィに従事し、多くの調査と地図作成計画を策定した後、全三巻から成る地図帳『全ロシア地図』第一巻[26]を刊行（一七三四年）している。一方、タチーシチェフは論文「全シベリアの地理的記述」（一七三六年）ならびに「ロシア歴史・地理の著作に関する提案」（一七三七年）「ルシア《ママ》、あるいは現在の呼び名ロシア」（一七三九年[27]）を書き、さらにロシアの国土の詳細かつ多面的な地誌作成に向けた「アンケート質問集」（一七三四―三七年、当初は九二項目、後に一九八項目から構成）を編纂している。特に、そこに収録された「質問項目」は、G・F・ミルレルが行なった調査遠征（一七三三―四三年、シベリア北部歴史・民族調査、ならびに第二次カムチャトカ）の質問集の基礎となっただけでなく、ミルレル自身が一七四〇年に作成したプログラムにも大きな影響を与えたとされる。さらに注目すべきなのは、地誌、歴史、民族、宗教等に関する言葉をアルファベット順に配列した『ロシア歴史・地理・政治・民間レキシコン』[28]（未完）であろう。これらの著作に一貫して窺えるのは、当該の土地の自然条件のみならず、土地名、土地区分、言語、宗教、民族等にまで及ぶ記述が方法として自覚されていることであり、その点で、彼の仕事は、それまで存在していた主として外国人によるロシア（ルーシ）叙述[29]とは明確に異なるオリエンテーションを備えていた。

帝国の認識

多言語性と多民族性という二つの基軸からなる帝国なるものの認識の成立過程は、ピョートル大帝によって着手され、十八世紀後半のエカテリーナ二世の時代に一応の完成を見る、というものである。それは、民族・民衆、そして国民としてのナロードの実体が確認され、言説としてのナロードの理解をめぐって国内で激しい議論が開始されていく過程に該当していたから、その意味でも、アンナ帝の一〇年は、ピョートルからエカテリーナ大帝へのまさに過渡期と呼ぶことができるのではないだろうか。

もっとも、議論が先回りをした感がある。ここでのパラグラフで「民族・民衆、そして国民としてのナロードの実体が確認され、言説としてのナロードの理解をめぐって国内で激しい議論が開始されていく過程」としたが、ナロードという「とてもやっかいな」言葉をめぐって「一気に」記してしまうわけにはいかないだろうから。

ナロードというコトバ

現時点で、もっとも標準的なロシア語の国語辞典（例えば、全一七巻〔一九五〇―六五年〕、さらに二〇〇四年から現在まで刊行中の科学アカデミー編纂版）では、（一）国民、（二）民族、（三）人民、大衆、庶民、民衆、（四）人々、群衆、の四つが、その使用頻度による順番も含めてナロードの意味としては一般的である。ところが、『十八世紀ロシア語辞典』（一九八四年の刊行開始時はソ連科学アカデミー・ロシア語研究所、現在はロシア科学アカデミー言語学研究所により編纂、現在刊行中）では、（一）人々、（二）「国家、国、何らかの領土の住民」とあり、続く記述の中で、「（ツァーリ、皇帝への関係で）臣下」、さらに「ネーションの人々、民族、民族体[30]」と記され、（三）「社会下層、納税階級」とある中に、庶民、民衆に該当する意味が記されている。

ここでナロードという語の語源（「多」na＋「生・産・族」rod）も含めた意味論について詳述することは省くが、ロシア中世から十八世紀への転換の中で「近代国家」成立（その評価の別があったとしても）によって、ナロードという言葉の内容が大きく変化したのは当然である。[31] 具体的には、「国民」の意味が登場し、それと同時に、その国家を構成する複数の民族集団をナロードで意味することとなったのだが、こうしたナロードの意味論自体の転換への考慮なしに、十八世紀前半に始動したロシア民族学が抱えた多くの問題が理解できないはずである。ここで来た辞典間の定義のズレと時代による変化はその典型であって、すなわち、『十八世紀ロシア語辞典』の第二項目において「国家・国の住民、国民」と記されるのは当然であるとしても、同じ項目の中で「ネーションの人々、民族、民族体」があげられており、いまだ「国民」と「民族」とのボーダーは引かれていないのである（ボーダーを引くことの是非は別として）。そして、さらに言えば、「国民」でも「民族」でもあるナロードは、十八世紀においては、その双方の場合で可算され、複数形で使用可能であるのに対して、現行の国語辞典の（三）「民衆、庶民」は単数形だけで使用可能である。「民衆、庶民」という意味は『十八世紀辞典』にも記載こそされているとはいえ、いまだ明確にされていないのである（このことは、「ロシア民俗学」が「ロシア民族学」よりも少々後に、具体的に言えば、約半世紀ほど遅れて誕生したことと関連すると思われる）。

以上で述べたことで明らかになるのは、ナロードなる言葉が、十八世紀に入ると同時に、ロシアという国・国家と民族を「取り込み」、社会共通の言説と化していく過程であり、あるいは、ナロードという言葉自体がその過程を示すキーワードとなっていたという、このことである。結論から見れば、その過程は、十九世紀前半のナロードノスチ（ナロードたること）をめぐっての問題設定によって一応の「成立」を見るが、それにはアンナの時代から一世紀の時間経過が必要だった。[32]

帝国ならびにナロードの認識へと連なる仕事が準備され、そのための学問的視座が今まさに形成されようとしている、ある意味で前史とも呼ぶべき時代がアンナ帝の治世期だった。

新しいロシアへの移行

A・B・カメンスキイは、十八世紀ロシア史研究を専門分野とする現代の歴史家だが、彼はアンナ治世期を総括して次のように述べる、「一〇年間続いたアンナ治世の意義は、何よりもまず、この時期に古いロシアから新しいロシアへの最終的な移行が完了したことにある」[33]。何をもって「古いロシア」と「新しいロシア」とするのか、この双方に対して、どのような内容と意味を与えるかについて、さらには、何をもって「移行」とするのか、あるいは「最終的」とは何か等々については、さらに多くの議論が必要であることは言うまでもない。この指摘そのものは、筆者が序章で記した「輪郭の明示」「形の暗示」とは矛盾しているとも読めるし、少なくとも「強過ぎて」、そこまで断定できるだろうか、との印象と疑念は拭えない。だが、カメンスキイはこの引用文に続けて、次のように記している。

これは過渡期には、よくあることだが、ロシア史のこの段階［アンナ期――引用者］は、一国のノーマルで段階的な発展のもとでは、合一することなど考えられない、両立できぬ諸現象の奇抜な組み合わせの光景を見せた[34]。

注目すべきは、この歴史家が「両立できぬ諸現象の奇抜な組み合わせ」という少々回りくどい表現を使うことで、アンナ期の歴史的意味を説明しようとしていることである。相対立する現象とその合一、とでも言えば十分と思われるところを「奇抜な／風変わりな prichudlivyi 組み合わせ」という（それこそ、歴史研究のタームとしては一般的・科学的でなく、奇妙で不思議な！）言葉でもって懸命に後付けようとする意図は多くを意味すると思われる。というのも、そうした言葉を付与することを足がかりとして、これまでアンナ個人の「奇行」として、あるいは彼女の時代に生じた多くの「不思議な」出来事として一方的に切り捨て、視野から外されたものについて改めて、肯定否定を含めて歴史の文脈に今一度引き戻すことで再評価することに、この歴史家の狙いがあるのは間違いないからである。

カメンスキイが、アンナ期に起きた個別事例（例えば、ピョートル以後の世代交代による、道徳的制限からは自由な新世代の出現、アンナの個性と言動、道化の結婚式、最高枢密院による告発と犠牲、ビロンの影響再考等々）のさまざまなディテールを一つ一つ検証し直していくのを読むとき、彼の意図がある種の文化史的な視座に基づくことは明らかである。アンナ期をめぐる無数の事実の集積それ自体は、事件史に反映された主導的方向や政治・経済・思想史の本流から見れば、まったく取るに足らないものかもしれないとしても、何が歴史と文化を形成する要因となるのかを考える上ではきわめて示唆的である。あくまでも歴史のディテールから眼を逸らすことなく、細部の集積によって明示的に「像」を形成しようとするカメンスキイの記述は、アンナ期のみならず、十八世紀ロシア全体をめぐる今後の文化史研究の一つの方向性を示している。

結びにかえて　民衆版画作家と近代

十八世紀前半を中心とするロシア社会の文化において特徴的と思える諸相を記述してきたが、過去から現在までのルーシとロシアを弛むことなく生み出してきた鬱蒼たる森と平原、沼沢や川と、そこに住まう人々のコミュニティとが織り成す風景の中を、確たる目当ても決然たる意思もなく、彷徨《さまよ》い歩いたかに見えるかもしれない。こう記すと、いかにもロシアの荒涼としたイメージが眼前に広がるかの書きぶりなので、むしろ次のように言うべきかもしれない。筆者の前に繰り広げられたのは、そうした自然と疎集落の中でかろうじて遭遇する都市の情景であり、あるいは、その広場に無数の人々が騒然と群れ集う様であり、演じる人々うごめくかの舞台であった、と。

廻る舞台の幕間

舞台は今、次の場面の幕開けを待つところである。主なる俳優は、さしずめ、西欧から渡来し宮廷入りを果たすペドリーロ＝ファルノス、《氷の館》に封印される元貴族の道化と被支配民族出身侍女との男女カップル、そして、西欧の最新文化とロシア伝統の狭間で苦闘する詩人とでもなろうか。その誰もが来るべき次の場面の開始を前に、それぞれに与えられた道化役を準備中である。道化役以外に、宮廷人・貴族と市民、外国人建築家とロシア各地から連れてこられた労働者や農民、街頭芸人・行商人や男女出稼ぎといった役どころも待機している。彼らは、演技前にもかかわらず、自分勝手なおしゃべりに耽り、笑い合い、時にヒソヒソ話をしながら開演指示を待っているが、いっこうにその気配は見えない。実は、この前の場面では、並はずれた大看板役者のピョートル大帝が、持ち前の大立ち回りを演じ、時に凄惨に見えるまでに見事な芸を披露して見せた。感動と恐怖を含むその興奮と余韻は今なお舞台上には確実に漂っていて、それと同時に、混乱ぶりと空虚感も色濃く残っている。

今や、主役の登場が待たれるばかりである。先にあげた主な役者たちは全員が道化役を与えられ、それは主人公あっての役柄だとすれば、今度の場面の幕は主役のアンナ女帝の登場によってこそ上がるはずである。もっとも、女帝が舞台監督として、舞台装置に始まって演者たちの演技指導といった芝居進行の全体を取り仕切る演出家の役目を担うとすれば、彼女は舞台袖か舞台奥に控えてじっと舞台を眺めているのか。あるいは、この演出家自らも道化役に扮装して、舞台上に姿を見せると予想すべきなのか。そのように考えれば、この舞台劇では、女帝も含めた主な役者全員が多種多様な道化を演じるとの筋書きも準備されているのかもしれない。

舞台を凝視する者

この舞台とそこに群れ集う俳優たちの様子を冷静に眺める人物がいる。この舞台を観客席（舞台袖、あるいは舞台縁か）からじっと見つめ、しかも、芝居の情景を活写すべく必死に観察の準備を行なっている者、それが版画作者《ルボーク》である。彼の視線はファルノスだけでなく、彼以外の役者たち――舞台正面に躍り出たかと思うと、いったん舞台袖に姿を消しては扮装を替えて再登場する俳優――へも向けられ、その注意の先も彼らの演技ぶりや表情に限定されるものではない。役者の台詞・言葉づかいの隅々にまで耳を澄まし、会話の中に登場する諷刺や西欧の流行りものに気配りし、役者たちの目を引く衣装、新奇な舞台背景までも見逃さぬように目を凝らすだろう。そして、演出家の仕掛や目論見を直観したかと思うと、間髪入れず自らのキャンバスに何かを熱心にスケッチするであろう画家である。もしかして、俳優たちと時間を共有するこの画家も同時代人ゆえに、舞台上で自らの姿を披露するのだろうか。この画家とは一体、どのような人物なのか。

ルボーク作者とは?

本書冒頭で取り上げた木版画《赤鼻のファルノス》について言えば、これが作者不詳であることはすでに触れた。原画作者、彫師、刷り師といった人々の名前も、所属したであろう集団についての情報もまったく得られないのである。

そもそも、十七世紀半ば以降に登場したと考えられるルボークを制作した人々に関して知られることはきわめて少ない。(1) 特に、十八世紀半ば以前のルボークの制作工程に関する研究は、そこで画家の出自にあえて触れる際、ほとんど異口同音に聖像画家が時にルボーク画家に「転じた」、あるいは一人の画家が双方を描いたのだ、としてきた(十八世紀後半からのルボーク製作工房等に関しては、モスクワのアフメチエフ工場をはじめ、ようやく近年、いくらか解明されている)。(2) ルボーク作者をめぐる問題は、一般的には、作品の「起源・出自」問題とあわせて、今なお未解決と言ってよいが、それでも、この課題に対する基本的視点については考えておく必要がある。

年代記挿絵とイコンの中世

まず確認しておくべきは、中世ロシア（ルーシ）の視覚芸術文化においては、年代記の挿絵・細密画とイコン・教会壁画の二者こそが、その領域のほぼ全体をカバーしていたという点である。(3)

前者に関して言えば、近年、本国ロシアで資料の整理・集大成と並行する形で新たな研究成果が生まれつつあり、今後の進展に期待できる部分が大きい。(4) ただし、制作された同時代における年代記の「受け手」と社会的受容の点で、このテキストの制約は大きい。年代記を手に取り挿絵を目にすることができた人の数とその階層、さらには、その「鑑賞」という行為が同時代へ与えた影響の点から考えるならば、受容はきわめて限定的であったことは否めない。一方、後者のイコンは、教会聖堂の壁画、屋敷内教会や農家（「赤のコーナー」と呼ばれる小屋の一角）での安置といった「開かれた」形で提示され、様態の点では社会的に広く認知されていたと考えることができるだろう（ただし、美術作品としてではなく、あくまで信仰対象として）。

そのことに加えて、描かれた内容について言えば、前者では編纂ならびに描写目的の点から見て、国家的・歴史的に重要とされる各種の出来事が選択され、その意味で世俗的なものとなっていた（その根底に潜む宗教性、あるいは権力が備えた呪術性・神聖性については、さしあたって考えない）。それに対してイコンでは、言うまでもなく、何よりまず宗教的なものであるべきであり、それ以外の何ものでもなく、あってはならなかった。キリスト教の思考・精神の枠組みがここでのビジュアル化についてその形式を指定していたのであって、それをカノンと考えるとすれば、このカノン（人物ならびに動植物の描法だけでなく、絵師個人無署名等の各種ルールの総体）から外れたものは、即、断罪されたのである。このような唯我的な性質と、先に触れたイコンの社会性をもってすれば、中世ロシアのビジュアルな作品群としてはイコンのみが存在していたと考えることができるかもしれない。

イコンとルボーク

これとの関連で生じるのが、聖像画（イコン）とルボークという二つのジャンルの「住み分け」に関する問題であろう。聖像画家がルボーク画家の「前身」をなしているのだとしたとき、両者のボーダーはどこに引かれるのか――それが一人の人物、あるいは複数の人物であるかを問わず、画家の内的心理状態ならびに「判断と選択」、あるいはさまざまな外的条件が説明されなくてはならないが、より大きな問題は、このボーダーがいつ、どのような時代感覚とメカニズムの下で実体化していったのか、という点である。

世俗的な画題が一部作品を除いて「要求」されることなく、それを描く契機も理由もなかった中世ロシアにおいて、画家の仕事を成し得る者は、修道院内の工房で、写本とともにイコン制作に励むイコン絵師のみであった〈図66〉。画家個人の名前が、ごく一部の例外的画家を除いて記録されることのないイコン[5]、あるいは、いわゆる個性的な表現がタブーとなっていたイコンとルボークの関係は、いかなる意味でつながり、また、途切れるのだろうか（年代記の挿絵・細密画の画家とイコン画家の関係性、聖堂のフレスコ、モザイク画、宮廷内で描かれた権力者・大貴族の肖像画、また、年代記に散見される「落書き」、さらには、近年、注目を集めている宗教的題材のルボーク［特に正教異端派の作品］をめぐる諸問題があるが、ここでは触れない）。

図66●トロイツァ＝セルギイ大修道院内の絵師工房　16世紀のミニアチュール

「筆のすさび」か？

ルボーク画家の出現と存在について述べる際、イコンならびにイコン絵師との関連性は次のように説明されることが一般的であった。イコン絵師が、時として、ルボークを制作する、正しくは「ルボーク的なモノ」を描くことがあったとはいえ、それは、ルボークそのものの制作を目的としたのではなく、あくまで本来のイコンを描くべき仕事から逸れての「筆すさび」、あるいは慰みとして、「ついでに」描かれたにすぎないものだ、というのである。イコンを絶対的とも言える宗教的かつ芸術的価値の対象と考えるならば、ルボークはその価値を備えておらず、したがって、その画家の制作活動それ自体もごく通常の高低、真面目・不真面目評価にあてはめるならば、それは確かに「筆すさび」なのだろう。

もっとも、そうした説明を否定的にとらえる必要はなく、ここでの「慰み」や「ついでに」も、時に、文化を生む源泉として大きな原動力となりうると考えればよいのだろうし、さらに、画家と鑑賞者の双方が共有すべき「主題目」ではなく、時に、画家が「瞠目した事象を素直に」、「主題目よりも気楽に写生[6]」したものこそが、時代のメインテーマとは別の時代精神の理解へと繋がる可能性を備えると考えるならば、画家が「力を抜いて」無意識に画面に収めたディテールにこそ時代説明の手がかりを得ることさえできるだろう。そのことに加えて、絵師のメンタリティが、本来は神に向き合う自らの信仰心を誠実に描くことにあったとしても、「ルボーク的なモノ」を描く行為によって彼の精神が「自由に」解放されることに繋がるとすれば、彼の信仰心ならびにイコンの宗教性と遊び心とは何ら矛盾するものでも、対立するものともならないはずである。

十七世紀半ば以降のロシアが、こうしたイコンとルボークの関係性を具現化した時代精神を備えていたことの確認は十分に可能なのではなかったのか。

「奥にでなく、広く」

『中世ロシア芸術のカノンとスタイル』（一九八七年）の著者G・K・ヴァグネルは十世紀に始まる中世ロシア芸術を総括する中で、十七世紀の画家たちのオリエンテーションは、それまでの内向的・内省的なそれから具体感覚的な、外向的・視覚的なそれへと向かっていったと結論づけている。[7] このことは、既存のジャンルそのものが広く展開されていく方向へ向かったのだ、とも言えるし、画家の関心がジャンルではなく、スタイルへと移行していったとも考えられるかもしれない。ともあれ、ヴァグネルによれば、「奥にでなく、広く」という言葉が十七世紀後半の美学と芸術の明文化されざるプログラムとなっており、[8] このスローガンの下、現代の絵画ジャンルで言えば、肖像画だけでなく、風景画や風俗画、静物画が生まれる素地が与えられたという。このような条件下、ルボーク誕生の機は熟していた。

一枚の木版画

一枚の木版画を事例として見てみよう。全体は、ルカ福音書（一二章一三―二一）に記されたイエスによるたとえ話「愚かな金持ち」を図像化したものである〈図67〉。上部には、ルカの一節「倉を壊して、もっと大きいのを建て、そこに穀物や財産をみなしまい、こう自分に言ってやるのだ」が刻まれている。絵の部分では、三人の大工が斧を振るい、穀物の束を肩に乗せて運ぶ者、さらにもう一人が丸太を曳く様子が描かれている。上部と右部の枠飾りから見て、もとは四枚組だったものの一部であり、他の三枚も含めて全体がどのような作品であったかは不明だが、(9) 文字説明を読めなければ、あるいは、聖書のこの箇所を知っていなければ、この絵の「読み」と「解釈」はできないかもしれない。だが、たとえそうだとしても、これが何がしかの、かなり大規模な木造建築物に係わる作業現場であることは容易に理解できるはずである。しかも、構図・配置の妙、特に、木材が作り出す線のリズム、働く大工たちの動きや表情は、定型化されたイコンには描かれることのないものばかりである。文字文が福音書の「主題」を提示したとしても、こ

図 67●木版画《穀物倉建設》(部分)
17 世紀末- 18 世紀初頭　32.5 × 28.7

こから伝わってくるのは日常の生活の具体的な場面、汗して働く職人のひたむきな姿に他ならない。左下で、丸太を運ぶべく構える人物の顔と、そして、動きの「奇妙なバランス」は、まさしくルボークの人物たちのそれを思わせるに十分である。

印刷・文字文化の新たな動き

ルボークの起源をめぐる議論は、全体として困難な課題を抱えているかに見える。とはいえ、この難問解決に向けていくらかでも前進するための「切り口」、あるいは「補助線」が存在すると思われる。十七世紀半ば以降に特に顕著となった印刷・文字文化をめぐる新たな動きを理解する上で、次にあげるいくつかの具体的側面とそれら相互の関連性を考える必要があるだろう。

(一)それまであった木版画の発展に加えて、西欧からの影響による木版術、さらに銅版画技法の発展、版画家A・トルフメンスキイ、V・アンドレーエフ、L・K・ブーニン、ズーボフ父子、招聘版画家A・シホネベク、P・ピカルトらの活動[10]〈図68〉

(二)西欧騎士・恋愛文学の翻案を契機とする、都市住民の生活・人生を題材とした世相物語(『シェミャーカの裁判の物語』〈図69〉、『サーヴァ・グルツィンの物語』[11]等)の流行

(三)ピョートル大帝以前に成立していた『カリャージンの請願書』『フォマーとエリョーマの物

語』『ヨルシ・エルショーヴィチの物語』等への挿絵の出現[12]〈図70〉
(四)写本・刊本への挿絵版画の流布と画家の登場[13](ブーニン他)
(五)社会的・世俗的啓蒙を目的とした『文字いろは』『読本』(例えば、シメオン・ポロツキイ(一六七九年)、カリオン・イストミン(一六九四年))〈図71〉を先駆として、十八世紀に入ると陸続と刊行された世俗的内容の書籍の誕生
(六)日常生活場面の演劇化

図 68 - 1 ●大天使ミハイル
17 世紀前半木版画　69 × 42

図 68 - 2 ●大天使ミハイル
32.7 × 24.1　1668年

ミハイルの足元に読める「7167(1668)年 10 月 23 日」が制作年月日と考えられる　描かれているのは「ヨシュアが目をあげて、見ると、前方に抜き身の剣を手にした一人の男が立っていた[…]わたしは主の軍の将軍である[…]あなたの立っている場所は聖なる所である[…]」(ヨシュア記 5 - 13)の場面

図 69 - 1 ●木版画《シェミャーカ裁判の物語》挿絵
18 世紀前半　34 × 57.3 全体図（12 コマ）

――ルボークについてはこれまで数多く参照したが、本文でも一部紹介した「仲人婆」や道化を中心とした掛け合い、女性を中心とした「おしゃべり」や寸劇

図 69 - 2 ●部分（全体上段左から 4 番目）「貧乏人の弟が天井近くの寝台から赤子のいる揺籠へ落下する」

ここで特に注目しておきたいのは、手稿本とその写本の大量流布と、それと深く関連しながら、特に都市住民の世態・風俗と物語・伝承を元に作られ、彼らの間で大きな人気を博した《世相物語》の存在である。特にこの世相物語は、中村喜和氏が指摘するとおり、中世から近代への過渡期文学として考えることができるし、(14) ルボークに最適の題材=画材を提供した。その後のルボークの成長と発展にとって絶対的とも言える影響をもたらしたのである。

十七世紀半ばのミハイル・アレクセエヴィチ・ロマノフ帝の呼び名として「もっとも静かな」との形容辞が与えられた一方で、彼が属する十七世紀全体が「反乱の世紀」と名づけられたことは第1章に記したとおりだが、ここで掲げた印刷・文字文化における諸傾向は、こうした複雑かつ激動の時代性の反映であるのかもしれない。(15) それは、確かに、教会文化の一元的支配からの解放としての文化潮流を象徴するものだろうが、これらの具体的現象のさらなる解明のためには、今後の個別研究の成果が待望される。

新たな社会的ニーズ

このような社会・文化現象の中、社会の大きなニーズに応え、世俗的な新たな題材を求める人々の欲求を満たすべくルボーク画家は現れた。過渡期の時代要請が彼らを登場させた。

ロシアの木版画の歴史は十六世紀後半の印刷技術の導入と同時に始まるが、一枚ものの作品が庶民

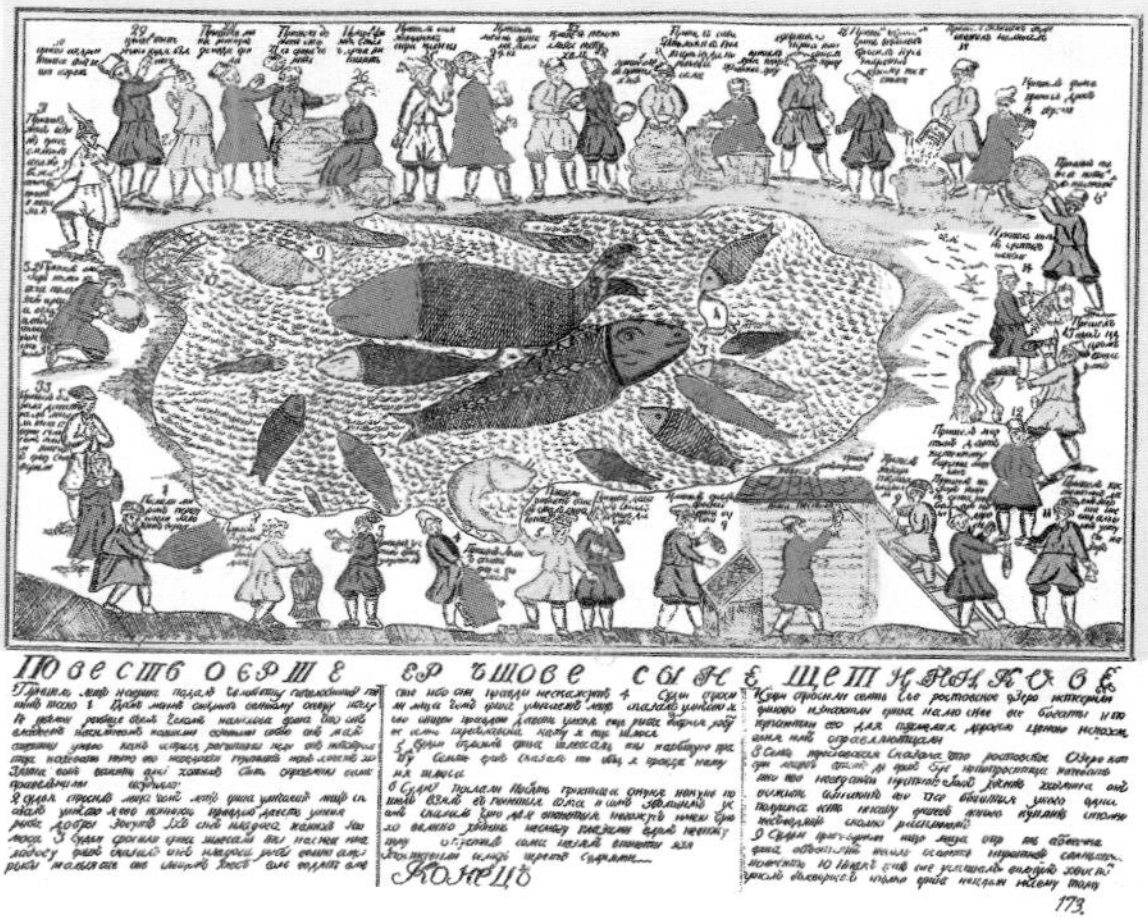

図 70●銅版画《ヨルシ・エルショーヴィチの物語》 18世紀半ば 32.8×40.9

図 71●カリオン・イストミン『文字いろは』(1694) 23.5×36.5

の手に渡ったのは十七世紀以降であるといい、[16]この点は重要である。その最初期から、版画家には二つの流派があったが、それは一つがモスクワ、他方はキエフとリヴォフを中心としていた。両者はともに西欧の手本を模倣し、ドイツの名工の複製品を作りだしていたが、名だたる画家も優れた作品も残さなかった。もっとも両者には違いもあり、キエフ・リヴォフ派に西欧の影響がより多く見られていたのに対して、モスクワ派にはビザンツ＝ロシアのスタイルという色彩が強く、ロシアで独自に発展したイコンの影響が大きかった。

この二つの流れに新たに加わったのが、言うまでもなく、新たな首都サンクト・ペテルブルクである。一七〇三年に建都が開始され、急ごしらえで帝都となったサンクト・ペテルブルクでは、西欧からの印刷・文字文化の枠の復刻・翻訳本を飾るべく多数の木版画ならびに銅版画が求められた。西欧（オランダ）からの版画家（アドリアン・シホネベック［一六六一―一七〇五年］、ピーター・ピカルト［一六六八年頃―一七三二年］）、そして、彼らに学ぶべく、モスクワ武器庫のイコン工房に働いていたズーボフ父子とその弟子が新帝都に呼び寄せられた。[17]彼らは新国家の要請により、新帝都の風景・パノラマや皇族の各種儀式・式典を記録すべく、その版画技術を競った。多くの新風景とともに、そうした新時代の風俗の描写作品たる版画が社会の全階層の人々の大きな関心を呼んだのは当然だろう。先の二つの木版画家集団に加えて、西欧版画家が加わり、新たな流れがここで生まれることになる。時代と社会の変化をすかさず写し取った新たなメディアとして、ルボークは大きく発展していくこととなった。

こうしたさまざまな画家が交差する中、あるいは交差したからこそ、新たな技法と画風が生まれ、新たな題材が求められた。新たな時代と社会を支える人々が新文化到来を歓迎すべく《ファルノス》の英姿に諸手を挙げたとすれば、そのときこそがルボーク画家誕生の瞬間であった。

コーレニの登場

このような画家をめぐる時代状況を考える上で、その名前が伝えられている点からも注目すべき人物がいる。ヴァシリイ・アレクセエヴィチ・コーレニと彼の周辺で活躍していたイコン画家の存在である。コーレニの生涯と仕事に関してはA・G・サコーヴィチによる精緻な研究成果があり[18]、それに従って概略しておくべきだろう。ただし、彼の生涯に関する情報は全体としてきわめて少ない。

彼は一六四〇年頃に生まれたとされるが、誕生の地がベラルーシの小さな村ドゥブロヴノ（ヴィテプスク州）であることが近年になって判明した。故郷からロシア中央へ向かい、一六九一年からはモスクワの中心部スレチェンカ界隈の印刷寮で絵師として仕事をし、十八世紀初頭に死去したという。モスクワで絵師として働く彼と弟子の手によって、十七世紀末に《ヨハネ黙示録》（全一六枚、一六九二―九六年）〈図72〉と《聖書》（全二〇枚、一六九六年）〈図73〉の合計三六枚の木版画が制作された。そしてこの二点の刊行が、ロシア文化史の上で一大事件であることは疑うことができない[19]。

イコン受容の形

この二作は、おそらく、十五世紀に西欧で生まれた木版の絵入り聖書（「貧者の聖書」と呼ばれる）[20]をモデル（原型）に作られたと考えられ、現在、一部完全版がペテルブルクのロシア・ナショナル図書館に収蔵されている。だが、当時、これは全体で約一〇〇〇部が刷られた（一説では、アゾフの闘いに向かう銃兵用にピョートルが注文した！とされる）とされるが、その後の行方としては、ほぼ完全に煙滅したという。この消滅理由が何かについては不明の点が残るが、コーレニの作品が当時のイコン創作をめぐるカノンから外れたと考える

図72●ヴァシリイ・コーレニ『ヨハネ黙示録』（1692 - 96）

（左）　下部文字文の最後に出典個所の「アポカリプシス第9章」が記される　「第5の天使がラッパを吹いた。すると、一つの星が点から地上へ落ちて来るのが見えた・・・」　39×30.2　現代の版画作家V.ペンジン作

（右）　文章の最後に、典拠として「第20章」とあり、さらに「7204〔1695〕年　ヴァシリイが彫った」と記される　36.8×28.2

図 73 - 1 ● 《エバの創造》 34.1 × 28.5

図 73 - 2 ● 《原罪》 33.9 × 29.1 下部に「7205〔1696〕年 11 月 14 日　ヴァシリイ」と記載

のは、ある意味で当然である。そして、この点にこそ、ルボークとの関係性を考える大きな論点がある。

さらに言えば、コーレニは一〇〇〇部を刷った、との情報が現在まで残っている事実それ自体が大きな意味を持つ。そもそも、イコンはすべて手描きの一点もの、すべてがオリジナルでなければならず、大量生産はありえないというのが原則であ

図 73 - 3 ● ヴァシリイ・コーレニ『聖書』（1696）《アダムと家族》 35.6 × 28.9

る。古くは、教会の壁画用イコン、後代になれば王侯貴族の邸宅室内用イコン、さらには庶民の部屋壁用という具合に、それを描く絵師と作品ならびに受け手との関係は一方向的・片務的だったのに対して、コーレニの時代になるとその関係性は変化した。木版画（一部、銅版画）の技法が量産を可能とし、より多くの人々の手に届くようになったからである。繰り返して言えば、それまでイコンは、教会の祭壇や壁画を飾るものとして、いわば絶対性を帯びたものとしてあり、人々がそれに向かって叩頭し、拝み、それに触れ、接吻するものであった（むろん、教会・修道院の寺子屋の壁には貼られていた）。

しかし今や、それが自分のモノとなり、好きな場所に貼ることができ、場合によっては、持ち運び、いつでも拝み、手を合わせることができるのである。先にあげたコーレニへの木版聖像画の注文者がピョートル、との説によれば、それは兵士の精神的支え・護身用なのだろうか。このことはイコンの個人所有という、新しい文化の段階に到達している点で画期的である。それは文字通り個人に、しかも兵士＝一般庶民に大きな喜びと救いを与え、精神の世界を無限に拡大させていく契機たるメディアとなった。ただし、本当に千部が刷られたとして、それらが社会のどこに、誰の手に渡っていったのかについて考える資料が、現時点で見出されていないことは残念である。この点は、十九世紀に入って確認できる旅行携帯用イコン dorojznaya ikona のルーツをどこに求めるのかという問題とあわせて、今後の研究に委ねるしかない。

「コーレニ現象」

コーレニの木版画に戻ると、人物の形象と動き、周囲のモノのすべてがきわめてヒューマンであるというのが第一印象である。そのことは、木版画の大きな魅力である力量感と素朴さをもたらすのに十分である。彼が描いた者（聖人）と場面は背景も含めてすべてが聖書ならびにキリスト教の枠内にあるにもかかわらず、ある種の人間臭さと内面の発露をそこに見出すことは容易である。

コーレニの作品と西欧伝来の聖書に添えられた版画図版との関連性に関しては、上記のサコーヴィチが比較対照を行なっているが、問題は多少込み入っている。結論から言えば、コーレニ作品は、西欧から移入されたさまざまな図版入り聖書（特に、ピスカトールに代表される）の大きな影響を受けたものの、西欧聖書の模倣でもコピーでもなく、それを「創造的に」利用したものだという。具体的には、ロシア古来のイコンのカノンに加えて、十七世紀までのロシア・フレスコ画ならびに装飾工芸等のさまざまな芸術文化の影響下に作られたといい、その点で「プロトタイプを何一つ持たず」、「原型とは原則的に異なった、カノンよりも正確な[21]」作品であるという。サコーヴィチによる実に詳細な比較ならびにコーレニ作品の分析からは、この研究者によるロシア・ナショナル伝統の強調という側面も考慮した上で、多くの示唆を見出すことができるだろう。

人物の感情の表現、身振りや動きの「個性」、さらに、画面全体の配置や躍動感などの点で、コーレニ作品では、イコンの伝統的な型に凝縮される中世的な描写が、ある意味で「破壊」され、そのことはそのままルボークに見られる人物の動き、さらに、ルボーク全体の世界に通じると受け取ることも不可能ではない。ルボーク作品にはコーレニ（ならびに、彼の弟子たち）の作とされてきたものがいくつか存在する。現在もなお、この点に関する確実な資料はなく、論証も十分に行われているとは言い難いが、このコーレニ現象とでも呼ぶべき時代の転換にこそ、イコンとルボーク、そして、あくまでもかりにではあるが、世俗と聖との関係性を考える大きなヒントがあるように思われる。この点も今後の研究に待つ部分が大きい。それでも、筆者にはやはり、このコーレニの木版画作品が、キリスト教のテキストを題材とするものであるにもかかわらず、新たな精神の誕生を予見し、表現したものと見える。そのようないわば進展性こそは、ルボーク作者とコーレニとで相通じる部分であったと思われ、そして、それこそが近代という時代を表現する創作者であることの必要条件であったと思われる。

創作者たること

第5章でトレヂアコフスキイに関して記した箇所で、詩人が自らの翻訳に署名する際に自らを sochinitel'「著作家、創作者、モノ書き」と記していることを紹介した。ここで使われた言葉 sochinitel'（動詞「創作する」sochinit' からの派生語）は「作家、音楽家」を意味するものであった（現代では古めかしいニュアンスを持ち、「廃語」「古語」とされ、また、口語としてファンタジー作家、さらには、なかったことを語る空想家、発明家、嘘つき、とも)[22]。したがって、一般的には画家や版画作家を意味することはない。だが、文字と音楽だけでなく、美術・視覚芸術も最重要の創造行為であることからすれば、ルボーク作者もこの創作者として認めることは十分可能である。しかも、「なかったことを語る」という、いくぶん侮辱的な調子がその定義づけ自体のうちに感じられるこの行為こそが、時に、同時代の渦中にありながらも、それを超えて、新たな時代精神を予告し、その世界の表現へと通じさせるものなのだとすれば、彼もまた時代の舞台には欠かせぬ重要な「主なる俳優」ではなかったのか。視覚芸術作品の創造者として、しかも無名・無銘の画家であるルボーク作者は、舞台上の人々とその背景に潜む世界を見つめ、スケッチの筆をふるい、版画板に刻み込み、刷り版に向っていた。時代が中世から近代へと大きく変容する過渡期の「文化的ランドシャフト」を冷徹なまでに観察し、個の作品としての民衆版画を創作する主役のひとりとして。

《ファルノス》は、中世放浪芸人の伝統を体現する一方で、西欧からの芸人来訪を敏感に感じ取り、ただちに彼らの服装を真似ることで同時代の観客のニーズに応え、あるいはニーズそのものを生み出した。そして、このロシアの道化は西欧近代とルーシ伝統の双方の文化変容を通して、ロシア近代を迎えた人々(宮廷人ならびに街頭の庶民)に対して新時代到来というメッセージを送った。それは、作品《ファルノス》が世俗化していく(いかざるを得ない)「新たな時代」を表象するものであったに違いない。そのように考えなければ、画面いっぱいに描かれ、その顔と表情、身づくろいと所作を誇示するかのように、全身でもって自らの存在を主張しようと身構える道化の凛々しいまでの容姿の理解などできようもないからだ。時に尊大と見えるほどに堂々と自らをさらけ出し、近代と対峙しようとする心性の背後に広がる世界は大きく、深遠である。

あとがき

「ノヴゴロドは父、キエフは母、モスクワは心、ペテルブルクは頭」――これは、本書でもたびたび参照した『生きた大ロシア語詳解辞典』の編纂者ヴラヂーミル・ダーリが『ロシア俚諺集』(一八六二年)に収録している言い回しである。これが、十九世紀半ばの平均的なロシア史把握を反映するとしても、当時と現代では、その受け止め方や理解の中身は大いに違うはずである。だが、巨人ダーリが残した、時代と民族を超えて記憶されるはずの仕事の名誉を弁護するため、以下のことは記しておくべきと思う。デンマーク人だった彼の父親はドイツで神学と文学と医学を修め、エカテリーナ二世に図書館司書として招聘されて来露し、帰化して官立鋳物工場の医師として働いた人物であり、一方、ドイツ人とフランス人の娘で、数カ国語に通じたポリグロットの翻訳家だった母親という両親の長男としてダーリはウクライナのルガンスクの地で生まれた。ペテルブルク海軍兵学校を卒業後、軍医として各地で兵士を診察する中で言葉の収集を始めた彼が熱狂的、保守的な純ロシア語信奉者などではけっしてありえなかった。いわゆる方言や俗語を含む多言語が飛び交い、相互に呼応し響き合う環境の中でこそ言葉が真に生きる力を持つことを彼は知り抜いていたからである。そして、民衆の言語感覚の粋である諺が、その解釈や理解にどれほどの多義異論があったとしても、我々の過去・現在・未来の世界知と認識を表現しうる最良のテキストの一つであることを忘れてならない。

冒頭の諺に戻るならば、十八世紀初頭のサンクト・ペテルブルク創建によってロシアは頭脳を獲得し、一個のペルソナ（ロシア語のリーチノスチ）として誕生した。ロシアが近代化を自ら選択した瞬間である。そのことは、以前のモスクワ時代のルーシの知ならびに西欧の知の双方との折り合いを付けながら、新たなロシアをどのように位置づけるかという世界史的課題を自ら引き受け、西欧社会と真摯に向き合い、限りなき対話を繰り返すことが、その後の自身の生の持続を可能とするとの自覚を意味していた。

ピョートル大帝による近代始動というオリエンテーションは、彼の死から五年後に帝位に就いたアンナの時代には、大いに錯綜しながらも、社会の内奥へと徐々に浸透していった。その混乱と揺れこそが本書で書きたかったことである。それが、周囲に戸惑いと矛盾に映ったとしても、ロシアが自己流の近代化を確実に押し進めていくこと、その際、西欧という他者と敢然と対峙する決意と意志を堅持することにはいささかの迷いも疑いもなかった。

だが、百年後、西欧との往来を繰り返した作家ゴーゴリは、ロシアの近代化の行く先について、「ルーシ（ロシア）よ、お前は一体どこへ飛んで行くのか？」と絶望的な問いかけを発せざるをえなかった。さらに、ゴーゴリのこの呻きから一世紀も経たぬ、ロシア革命直後のソ連を訪問したバートランド・ラッセルは、革命によってもたらされたソビエト社会が多くの矛盾と問題点を新たに抱えたことを自身の目で看て取る。だが、この厳しい指摘と同時に、彼は、ロシアが多くの根源的・原初的な問いを抱え続け、それらの難問と対峙する姿勢にこそ、自分たち西欧を含めた未来への可能性を読み取り、この《同時代性》と辛抱強く付き合っていく想像力を辛抱強く発揮せねばならないとした。それは、時代を越えて共有されるべき貴重なメッセージである。

この本が生まれた契機は、ある論集のために寄稿した「ロシア民衆文化における或るイタリア人音楽家のメタモルフォーゼ」と題する文章（原文ロシア語、MEDITERRANEAN WORLD XX, Hitotsubashi University, The Mediterranean Studies Group, 2010）である。それまで、本書が取り上げた十八世紀初頭・前半の、あるいは十八世紀全体のロシア文化については、歴史・文化の概説書に目を通したり、対象となる個別事象を歴史的に理解するために調べたことはあったとはいえ、まとめて考えてみたことはほとんどなかった。だが、一度入り込んでみると、波乱万丈（！？）で興味深い数多くの出来事やエピソード、それらを証言する各種資料、さらには、関連するロシア・欧米の注目すべき研究成果に引き込まれてしまい、まるで浮かれたかのように、その時代と現代と、そして文献と史実の間を何度も往復し、果ては何ヵ所もの関連場所を徘徊することとなった。その記憶は今なお鮮やかである。その後、この一文を大幅に加筆・修正した論考「女帝と道化の時代　ロシア民衆文化における或るイタリア人音楽家のメタモルフォーゼ」を記したが（一橋大学　大学教育研究開発センター「人文・自然研究」第五号、二〇一一年）、それでもなお消えなかった書き残しの感覚に導かれて、さらにもう一点、「「氷の館」ロシア式結婚狂騒曲」を走り書きした（一橋大学大学院言語社会研究科「言語社会」第五号、二〇一一年）。この三本の論考を柱とする私家本を二〇二一年一〇月一七日（アンナ死去日）に上梓したが、本書は、そこに散見された間違いを正し、若干の手直しを加えたものである。

なんとも優柔不断！　毎度の、散漫で、右往左往する仕事ぶりで、散らかりっ放しの現場をきちんと整頓することなく、そのまま露呈させたことに、我ながら大いに呆れている。だが、上で記した、対象とした時代という舞台とその雰囲気、より具体的には、事件・出来事と登場人物が織り成す諸現象によって与えられたであろう好奇心と集中力は、まったく揺らぐことがなかった。上掲三点の仕事を通底して流れるスタンディング・ポイント（仮にそう呼べるならば）が、たとえ明確に理論武装化されていなかったとしても、漠たるスタンスは存外一貫していたように思われた。そして、この点の認識は今も基本的に変わらない。どうやら、同じ平面の上をしきりと、ぐるぐる廻っていた、あるいは正確に言えば、ひたすら踊らされていた気持ちが残るが、それも、対象とした時代の《精神》、あるいは《文化的ランドシャフト》とでも呼びうるものに翻弄され続けたためにちがいない。

こうした妄想を走らせている中、手にしたカルロ・ギンズブルグ『ミクロストリアと世界史』の日本語訳版（みすず書房）への序文に、興味深い文章を目にした。彼によれば、フランスの民俗学・社会学者マルセル・グラネはmethodなる語の文化史的語源をめぐって「方法というのは、人が通り抜けたあとでできる道のこと」と述べているのだという(典拠を私は明らかにできていない)。ギンズブルグは、この文章に続けて「ギリシア語の語源が示唆しているように、方法――メタ・ホドス(*meta hodos*)――は文字どおりには〈道のあと〉という意味で、研究のための処方箋のようなものではまったくなく」、この方法は「回顧的な省察のなかから姿を現わす(あるいは現わすのでなければならない)」と記し、その上で、さらに「回顧的な――しかし、どの段階においてであろうか」と厳しく問いかけるのだが、このような自省は、歴史記述は過去を前に立ち止まってのたんなる「回顧」に甘んじてはならない、との考えによるものだろう。方法は、回顧的省察から姿を現わす、あるいは、現わさねばならない、とする彼の指摘には、回想がそのまま歴史になるというロマンティシズムは敢然と拒否すべきであるとの強い意思と決意が読み取れるはずである。そして、この指摘に続き、「分析の道具を消毒する必要が生じるたびに人の研究がたどる軌道に句読点を打たねばならなくなってくる」と彼が記すときには、一回の対象分析を終えるごとに自身の方法を「消毒」し、同時に、それまでの研究史を批判的に《学史》としてとらえ直す作業の有意性が提示され、強調されているはずである。

彼のこの文章に、我が意を得たりの思いを味わうのは筆者だけではないだろう。方法なるタームについて、理論的・経験的にも、あるいは、ディシプリン習得上もあまり真面目に考えたことのない筆者にとって、グラネが引き合いに出された前半部は大いに納得させられた。だが、重点は、それに続く部分にこそある。ギンズブルグの後半の文章を読んで思い出さざるを得なかったのは、これまで、その時々に、さまざまな理由で選択した対象一つ一つの具体と抽象を組み立て、分析・論証し、その道筋を記述し終えた後には、「消毒」し「句読点」を打つという、時に煩瑣で余分とも見える作業が、筆者にもやはり、対象の多面性と「個性」に鑑みたときには、絶対に不可欠だったことである。分析手法を固定化し、「継続使用」に甘んじる方向はいかにも量産的で効率的かもしれないが、それは採るべきではない。さもなければ、硬直化した方法（正しくは手法）は「閉じられて」しまい、新たな対象と現実認識を掬い取ることを不可能にすると思えるからである。

実は、先に本書について「散らかりっ放しの現場をきちんと整頓することなく、そのまま露呈させた」と記した際に頭をよぎったのは、林達夫の論考「精神史——一つの方法序説」（一九六九年）であった。これは、彼が生涯を通じて抱き続けたポリフォニーとドラマトゥルギーへの憧れと飢渇感を文体（文章のスタイル・レトリック）として結晶させた畢生の仕事である。そこでは、著者が守護神とするヘルメスに導かれて西欧文化史という冥界、地上界、天上界を永らく経めぐった揚句にたどり着いた《精神史的アプローチ》という「方法」を用いた歴史記述がなされ、さらには、啓蒙を終生のテーマとした著者ならではの「学問のすすめ」が示されている。

同氏がこの論稿を執筆する契機は、欧米や日本の新たな研究成果から受けた大きな衝撃と同時に、学生時代から目を通してきた数多くの分野に及ぶ基本文献、さらにはそれらからのノート抜き書きの存在にあった。雑多なものから一つの論考が生成してゆく過程およびその「成果」は「研究の現場における、あれやこれやの、てんやわんやの操作」を示すものとして、一見無秩序に投げ出されているかに思えるが、十分に練り上げられた戦略にもとづくのは明らかである。

このことは、彼の「思想の文学的形態」(一九三六年)で明確に宣言されている。そこで林は、西田幾多郎の思惟が「随筆」的で未完結的であり、彼の哲学の発想形態が完結した思想体系を示すのではなく、むしろエッセイであるとする。書くにつれて考えが生まれてくる――「筆に随って、想が産出される」――過程として西田哲学は読まれるべき、というのである(西田がベルグソンの比喩を好んだこと、彼の多くの弟子が「先生の話は面白いし、分かりいいが、書かれたものはどうも分かりにくい」と語っていたことを想起させる)。したがって、西田のフィロソフィーレンには、常に仕事場の雰囲気が漂っているが、それは「あらゆる思想的産出の材料や道具や工程的努力そのものがそこにはむき出しにさらけ出されており、整理され終わったものではなくして、整理されてゆく過程そのものが如実にいわば『即物的』にあらわれている」ためであり、だからこそ「『手仕事』のあとが生の波状線をそのままに生々しく伝えて」いて、西田の形而上学が「いわゆる生の哲学ではないのに〔…〕生の匂いを濃厚に発散させている」と林は述べている。

西田哲学の「手仕事」志向と林の精神史記述の「方法」とが、奇妙に、だが、見事に重なり合うとするのは深読みに過ぎるだろうか(この場合、記述対象の分野の違いが問題にならないのは当然である)。そして、同時代の西田哲学の解釈や批判の多くが「出来合いの眼鏡」による「ピンボケ」であるとする林の辛辣な指摘はそのまま、現代における既製ディシプリンへの懐疑なき盲従と追随への批判と相通じる部分を備えているのではないか。言語文化への真摯な関心がきわめて希薄となり、その関心を基調とすべき人文学研究・教育が成果主義に振り回される中、研究現場から生まれる「手仕事」であるべき学術研究が無機質な、生産効率のみが最優先されるいわゆるアカデミズムに翻弄されるがために、そこから「生の匂い」が発出しないのは当然である。どこまでも内なるモノに拘泥し、そのモチベーションの揺れとも正面からていねいに向き合い、非効率的に付き合い、かつ、その過程を「厚く」記述することによってのみ《精神のアルケオロジー》(文化史)が浮かび上がると考える。その意味で、自らの内にある原初的こだわり(テーマ)について語る「方法」だとする林のインテンションは、真の問題所在が容易にテーマに化け、個人のモチベーションがたちまち論題化する現代だからこそきわめて重要と思う。

本書は、『ロシア文化の基層』(一九九一年)からここまで来た一つの「回答」である。前書『基層』はI氏との果てなき対論(厳しい添削とアドヴァイズ)により、かろうじてソ連崩壊前夜に上梓できたものだが、その後も五里霧中で、これくらいまでしかたどり着けなかった!との忸怩たる想いは強い。それは喉の奥にごくりと呑み込んで新たな仕事に挑まねばならない。

本書が二〇二一年一〇月刊行の私家本をもとにしたことは上に記したが、その完成にあたって多くの人々の助力を得た。

第一に挙げるべきは、佐藤洋輔氏である。編集者としての職を辞し、自身の博士論文を執筆、完成させた直後、筆者の少々古風で自己流の本作りをしたいとの願いを快く受け入れてくれたのが同君である。加えて、彼の論文テーマが十八世紀初頭のピョートル期のビジュアル文化革命を導入口とした「ヘルメス的文化変奏」であったから、本書内容とオーバーラップすることは必至で、本の誕生過程は楽しくも厳しい議論と文章化作業の連続だった。同氏の、書籍への真摯な向き合い方、文章に対する鋭敏なセンス、卓越した編集能力があって私家版の本文は無事に完成した。また、組版を担当していただいた足立桃子氏には、図版ならびに表紙・デザインの点で全面協力をいただいた。最終責任が筆者にあるのは当然だが、お二方との協働作業があってこそ価値ある出来上がりになったとの自負は揺るぎない。最高の本作りをしていただいた両氏には深く感謝している。

次に、かつて放送大学での「自主ゼミナール」に参加し、その後この数年間現在まで、定期的に集まってロシア文化をめぐる私の話に耳を傾けていただいている方々である。本書で扱った現象や題材を直接レクチュアする機会はなかったとはいえ、これまでのロシアと筆者との関わりが果たして「通用するか否か」が常に問われ、その度に必死に回答を準備してきたように思う。常に学び心を忘れることのないゼミナリステンの面々との出会いと議論に感謝したい。

そして、学術的好奇心を共有する坂内知子に厚く感謝する。実証主義の精神史としてのロシア民俗学史に軸を置いてきた筆者が、本書の一人の主役たる女帝アンナ期を契機とした文化史の文字通りの「迷路」にさ迷い込んだのは、ひとえにこの戦友の影響であることは認めざるをえない。アンナならびに関連する人物と場所について、そのイメージを最低限でも持つ必要ありと、現地訪問と滞在に多くの時間を費やした。現在はモスクワ市内となったイズマイロヴォの荒涼たる屋敷跡・森と庭園跡、ラトビアのミタウ、同じくラトビアのリガ近郊にひっそりと、輝きをとどめるルンダーレ宮殿・庭園その他多くの場所を共に歩き回った記憶と残像が今なお鮮明である。

本書の刊行にあたって、私家版全体の趣旨はそのままとし、本文の一部削除と加筆、誤記・誤認の訂正、註の組み換えを行った。その際、編集を担当いただいた國方栄二氏から多くの貴重なアドヴァイズをいただいたことに御礼を申し上げます。

最後に、旧知の隣人たる布野修司氏には心からの謝辞を捧げたい。研究領域も関心もまったく別ながら、ほんの時たまの接点にあっても常に共有すべきもののある関係であり続けたことは無上の歓びである。そうした彼との縁があって今回の出版が実現した。

ばんない　とくあき記す

二〇二二年一二月

註

序　一枚の木版画

（1）ルボークの全体像については、坂内 2006a を参照。また、横田 1989。近年のルボーク研究の成果については、下記「結びにかえて」註1にあげた。

（2）識字率データの一例をあげると、一七九七年に九歳以上の農民が四％、都市住民一〇％、一九一七年には、それぞれ三八％、七一％、あるいは別の統計によれば、一八四七年に農民一〇％（同一九一七年が三六％）、市民三〇％（同、六四％）、貴族七六％（同、九〇％）（Mironov 1999 : 527. さらに、Mironov 1985も参照）。

（3）坂内 2006a : 77-86で概略したが、二〇世紀初頭のルボークをめぐる問題状況については、大石 2003 : 258-267に紹介されている（一九一三年に開催されたルボーク展、ネオプリミティズム、民族芸術、絵看板、ラリオーノフ作品分析等）。

（4）筆者の念頭にあるのは、ブルクハルトからホイジンガへと展開される文化史家の叙述方法（手法・技巧でなく、思惟としての）をめぐる下村氏の指摘である。具体的には、同氏の『ブルクハルトの世界』（一九八三年）に詳しいが、例えば、以下の文章を参照。「〔…〕ブルクハルトの精神は“ein Wuhler” 地下を掘り進むモグラ――ブルクハルトはこういう言葉を使っている――である。この点でたしかにヘーゲルと対照的である。天翔る精神ではなくて地下を這いまわる精神である。ブルクハルトの歴史叙述が個別的なものではなく、個別的なものの背後、背景を Bild として形成することは、彼の歴史叙述と美術史との内面的なつながりを端的に示すものである。」（「私のブルクハルト」〔一九八一年〕――『下村寅太郎著作集9　ブルクハルト研究』一九八四年、みすず書房、六六一―六六二頁)、「[…]かかる文化史は、文書館の文献資料を渉猟し博捜して、それから帰納するというごとき手法では不可能である。事件の発端と過程と結末との因果的関連性を説明[強調は著者]するのとは異なって、何よりも文化全体の Bild を描写[強調は著者]する。これには、何らかの芸術家的・直観的把握とそれの具体的叙述、例えば絵画的あるいは交響楽的叙述が求められる。それは単に外面的な技巧ではなく、文化史家そのものの思惟方法にほかならぬ[強調は引用者]のである。」(「文化史家ホイジンガ 一つのシルエット」〔一九七一年〕――『下村寅太郎著作集10 美術史・精神史論考』一九八五年、みすず書房、三〇〇頁)。

第1章《怒涛》の後――ピョートル大帝なきロシアとアンナ

(1) ここで用いられた「世界観」「世界像」というタームはそれぞれ、ソビエト期に一般的に使用された mirovozzrenie、それに替わって主に一九八〇年代以降に意識的に使用された kartina mira に対応する。また、《文化革命》については、とりあえず Cracraft 2003 : 2004を参照。十八世紀ロシア文化史の概要については、モスクワ大学が編集・刊行してきたシリーズ『ロシア文化史概観 十三―十七世紀』(一九六九―七九年)を継承する『十八世紀ロシア文化史概観』(全四冊、一九八五―九〇年)Ocherki 1985–1990、簡略には Krasnovaev 1983が問題の全容を知る上で役立つが、それらの個別研究の成果がソビエト期に真摯に継承されていた点で読み直すべき部分が多い。文化レベルでの「ピョートル改革」に関しては、近代ロシア文章語史の起点をピョートルに「言語改革」を置こうとする Zivov 1996や Uspenskij 1985、さらに最新の Chernaya 2020 の仕事、文化改革者としてのピョートルとその時代に焦点をあてた近年の研究成果のアンソロジー Petr Velikij 2007(アニーシモフ編、上記のクラクラフト、ジヴォフの論文を収録)を参照。

(2) アカルチュレーション(文化変容のほかに、文化接触変容の訳語もある)akkul'turatsiya というタームは、ソビエト期の人文学研究では使用されなかったが、現在ではアシミレーション assimilyatsiya とともに次第に使われつつある（Isaev 2001）。ともに外来語である。

（3）その過程は Panchenko 1984ならびに Chernaya 1999が、それぞれの焦点と叙述法は異なるが、「厚く」記述すべく試みているが、いずれもピョートルによる近代化を十七世紀半ば以降の時代展開の延長線上、ならびに、それ以前のモスクワ・ルーシとの断絶と継続の中で考えようとする点で共通である。その背後にあるのは、レーニンの《過渡期》論を批判的に継承・発展させるべく蓄積されてきたソビエト期の膨大な研究蓄積ではないか。

（4）Panchenko 1984 : 7–9. 彼によれば、アレクセイ帝に冠せられたこの形容辞の「誕生・創生」が、気性や言動だけでなく、政治的行動や社会の大変革をもたらした「激しさ」を備えたピョートルとの対比から作られた《文化的神話》であるという。この指摘が文化記号論の二項対立的発想から行われたとしても、議論の枠組みそれ自体がロシア（ソビエト）で構築されたことの精神史的意味を考えることが必要だろう。

（5）ピョートル一行の「大遠征」に関する最新の研究成果は Guzevich i dr. 2008.

（6）Poe 2003.

（7）Raev（ラエフ）2001 : 55, 80, 85–86. 同様の視点は、彼の Origins of the Russian Intelligentsia. The Eighteenth-Century Nobility. 1966でも貫かれている。本書筆者は、この著作をいわゆる思想史研究の名著と考えるが、同時に、ロシア・インテリゲンツィヤの形成過程にナロードの文化がまったく関わりを持たないかのアプローチには疑念を抱いている。

（8）そのことが、前ピョートル期とその後との間に存在する大きな差異と変化、そして連続・非連続性——それらの総体が「文化変容」である——をとらえることを可能にする視点と考えられる。これは、別の面から見れば、文化レベルでの「ダイグロシア」（Uspenskij 1985）——事例としては、西欧語（古典ならびに現代語）とロシア語、宮廷語と民衆語、書き言葉（教会スラヴ語ならびに西欧語）と話し言葉、聖なる言語と俗なる言語等々――をめぐる問題群となる。文化的「二重言語」に関してはPanchenko 1984 : 118にも指摘がある。ちなみに、このパンチェンコのモノグラフは、以下で度々参照する通り、ソビエト期から、きわめて実証主義的に展開されてきた狭義の言語文化史研究を再考し（例えば、十七世紀文学思潮における「デモクラチックな諷刺」demokraticheskaya satiraといった言説の学史的意義の再検討等）、キリスト教文化と異教文化の関係性も含めて十七―十八世紀ロシア文化の多層性と流動性を描き出そうとする意図を持つ。

（9）もちろん、フォークロアにおけるピョートル・イメージは複雑で、きわめて多くの矛盾に満ちている。とりあえず、Riasanovsky 1985. ピョートルに関するアネクドートに関する最近の研究としてNikanorova 2001を参照。また、ロシアで多数出現した偽皇帝に関する伝説・フォークロアという文脈でも考える必要がある。これについては、Chistov 1967 : 91–123.

（10）アニーシモフの多くの仕事、特にAnisimov 1994が参考になる。

（11）詳しくは、坂内 1991に収録した「版画への視線」の章で記した。

（12）庶民の名前（あだ名）や肩書、職業だけでなく、衣食住の具体的列挙、「戦さで傷ついた者、松葉杖をつく者、子供を虐待された者、性的暴行をうけた者」、「移動民、流浪者、逃亡者、貧民・下層民、異教徒・異民族、被抑圧者、精神的・肉体的負傷者の群像」等。上記註11にあげた拙考を参照。

（13）Anisimov 1997 ; Chizhova 2002.

（14）アンナについては、革命前にいくつかの個別研究（主に、バイオグラフィ面での）があるとはいえ、全体として見れば、やはり革命前のソロヴィヨフとクリュチェフスキイの大きな成果の影響下、近年まで大きな研究成果は生まれなかった。そうした研究状況を文字通り打破したのは、上に言及したアニーシモフの仕事である。彼の本来のテーマは、社会経済史（特に、税制改革を基本とした）の視点からのピョートル改革の意義の解明にあるが、ピョートル「以後」に大きなウエイトを移したことからアンナ「再考」へと向かったと思われる。下記註17も参照。

（15）一七三〇年の「政変」に関する古典的研究としてはV・O・クリュチェフスキイとM・M・ボゴスロフスキイの仕事がある。その他Yukht 1985の第4章（阿部 1996 第2部第4章）、回想録を集めたBezvremen'e 1991、近年の研究成果としてアニーシモフの仕事を参照。さらに、Gordin 1994；Lipskij 1956；Cracraft 1978；Kurukin i dr. 2010（未見）。

（16）ビロンについては、本書第3章註37で生涯の概略を記した。彼の「悪名」は、すでに彼の死の直後のエリザヴェータ帝期にきわめて政治的に作られていったが、彼の政治的能力の評価を別にしても、ビロン評価の底流に存在するのは、ビロンがバルト地域のドイツ人だったという二重の意味での非ロシア性を読み取るロシア・ナショナルの意識にある。いわゆる「ビロン体制」bironovshshinaとは、一般的には「寵臣・側近（外国人・異民族）による悪政・恐怖政治」の代名詞とされることが多いが、ビロンが同時代の政治にどれほど実質的な影響をもたらしたか、については近年、議論があり、そのアクチュアリティや「神話性」も含めて再検討が求められる。ちなみに、『ソビエト歴史百科事典』（一九六二年）にはbironovshshinaの項目があるが、『祖国史事典、全五巻』（一九八四年）にはない。『ロシア帝国史』（全二巻、一九九六年）の著者M・Ya・ゲルレルは、この「クールラントのペテン師」（この表現はすでにクリュチェフスキイにある）を十九世紀の「アラクチェーエフ体制」arakcheevshshina、二〇世紀の「エジョフ体制」ezhovshshinaと同列に置き、この三人には共に「社会を変えようとするプロジェクトがなく」、特にビロンは富と名誉と権力のみを求めた、とする（Geller 2001 : 18）。ビロン「再考」に関してはAnisimov 2002の第八章「ロシア史の神話としてのbironovshshina」が参考になるが、ビロンの出身地クールラントのトポス＝ローカリティと民族的背景も視野に収めるべきと思われる。さらに、ビロンに関しては、Kurukin 2014も参照。

(17) ピョートル以後のロシアに関する概略は『世界歴史大系　ロシア史2』（山川出版社、一九九四年、五七―六三頁）、また、土肥恒之『よみがえるロマノフ王朝』（講談社選書メチエ、二〇〇五年）。後者には、アンナに関する「通説」への批判もなされ、「治世の不人気という問題は残されている」とある。同氏によれば、近年の研究成果によって、ビロンよりもオステルマンに注目してこの時代を「オステルマン時代」とすべきという（オステルマンに関しては、取りあえず、田中 2009）。ドイツ人の役割をめぐる見解の適否は、今後の実証主義歴史学の検討課題である。アンナの全体像を本格的にとらえ直そうとする試みは、上記のとおり、E・V・アニーシモフによって着手された。その《マニフェスト》は、彼の論文「アンナ」（《歴史学の諸問題》一九九三年四号）であり、同『アンナ・イオアンノヴナ』（偉人伝シリーズ、二〇〇二年）Anisimov 2002がその集大成である。彼によれば、「アンナ神話」は、ビロンをはじめとする外国人による権力掌握問題と関連しながら、アンナ後継のエリザヴェータ女帝期から作られてきたという（Anisimov 2002）。

(18) Klyuchevskij 1910 : 390–391. アンナの「容貌」に関しては議論が必要である。同時代人の記憶と思い出として、例えば、彼女の指示で家族とともにシベリア送りに処されたナタリヤ・ドルゴルーカヤの回想によれば、「見るにも、とても恐ろしく、顔はおぞましく、巨体であり、男性の間を進むときは、頭一つ高く、ひどく太っている」とされ、ミニフは「体躯は大きく、見目は良い。美しさに欠けるのは生まれつきだが、高貴で、荘厳な顔つきをしていた。目は大きく茶色で、目つきは鋭く、鼻は少し長めで、口元は好感を与え、歯は良い。頭髪は暗黒色、顔はあばた気味で、声は力強く、そして響く。体格は頑強で、多くの苦しみに耐えることができた」（Anisimov i Kamenskij 1994 : 106–107）という。クリュチェフスキイの言葉づかいの中には「不美人」nekrasavitsa なる表現が見出されるが、それは言わば「羽目を外した」（男性歴史家ならではの）レッテルではないか。また、アンナの背丈が高く、周囲の人々から「頭一つ抜きんでていた」とされるのも、男性ならば権力者としての必要条件となることが多いのに対して、女性の場合はネガティブ（男勝り！）となるのだろう。また、ジェンダー研究の視点からのアンナ「再考」が求められるが、それに関しては、とりあえず Pushkareva 2002の関連項目を参照。

（19）Wortman (Uortman) 2002 : 125–126.

（20）ソビエト期に地理学で用いられていたタームだが、ソ連邦科学アカデミー地理学研究所のYu・A・ヴェデーニンによって、より広く、ロシア文化の理解へ拡大適用された。彼は、「芸術地理学」なる分野を提唱する一方、ソビエト崩壊前から研究所の一部メンバーとともにソ連地理学の「解放運動」を始動させ、ロシア文化・自然遺産学術研究所（リハチョフ記念）の設立にも携わった。

第2章　赤鼻道化、参上――《戯け》の時代

（1）Mishina b.g. : No.157. この作品の収集・収蔵の歴史は、時系列にデミドフ、ヤコブレフ、ロヴィンスキイ（一八八一年以後）、一八九七年からルミャンツエフ・ミュージアム、一九二四年からプーシキン美術館の順になる。

（2）この作品の概略は、坂内 2006a に記した。

（3）以下の注釈は、ダーリの編纂になる『生きた大ロシア語詳解辞典』Dal' 1984に拠るところが大きい。

（4）「大馬鹿大道化大酩酊会議」に関する近年の研究成果は Trakhtenberg 2005だが、全体としてバフチンのカーニヴァル祝祭論の影響が大きい。また、この会議が一六九二年以降、三〇年もの間継続されたことを指摘し、その「安定性」と「真面目さ」に注目するジヴォフの仕事も見逃せない（Zhivov 200 : 403）。

（5）Dal'–Boduen 1911–1914 : T.4, 1133.

（6）もっとも、ファルス（語源はラテン語）がロシアで定着した時期が、少なくとも辞書レベルで確認できるのが十九世紀初頭以降（当時は farsa の形もあった）であることは考慮しておくべきかもしれない。

（7）この事典の概要、さらにロヴィンスキイの生涯と仕事の全容に関しては、坂内 2006b を参照。

（8）Rovinskij 1886 : T.3, 1499–1501.

（9）ここでイコノグラフィ、イコノロジーの意味付けはしないが、後者が十九世紀的美術史学「批判」から生まれたこと、そしてその背景にあるのが、二〇世紀前半に「再発見」された文化史の展開の中で生まれたことは指摘しておきたい。例えば、ヨハン・ホイジンガの文章、「民族の歴史、社会集団の歴史から読みとれる限りの多様な文化形式及び機能が文化史の対象である。それは文化的イメージ、主題、論旨、シンボル、理念、思考形式、理想、様式、および感情の中に凝縮されている。これら諸形式はそれぞれ個々の専門文化科学の対象となりうるもので、たとえば、文学的主題と言語様式は文学史に、様式は芸術史に、理念は精神史に、といった具合だ。しかし同時にそれは一般文化史にとっても対象となるのであり、宏大な歴史劇の諸情景として眺められる」（『文化史の課題』里見元一郎訳、東海大学出版会）が想起される。

（10）ロシアの民間の人形劇ペトルーシュカに関する関連文献は多数あるが、資料集（編年的記述）として Goldovskij 1994は貴重である。基本文献としては Nekrylova i dr. 1983 ; Kelly 1990が概略をまとめ、問題整理には必見である。さらに、論文集 Kukol'niki 1995も参照。

（11）Vlasova 2001 : 415.

（12）Rovinskij 1881 : T.4, 233 ; T.5, 236–240. 酒場（ペテルブルク市内に限られる）の歴史に関する近年の研究は Demidenko Yu.B. Restorany, traktiry, chainye... Iz istorii obshshestvennogo pitaniya v Peterburge 18–nachala 20 veka. M., 2011. である。A.M.Konechnyj がルポルタージュや回想記から酒場やレストランに関する記述文章をまとめた

Peterburgskie traktnry i restorany. SPb., 2006も貴重な仕事である。また、酒場の歴史に関してはPryzhov I.G. Istoriya kabakov v Rossii. 1868が今もなお「古典」である（一九三〇年代以降、この著者の仕事は長らく出版されなかったが、一九八〇年代に入り、多くの著作が再刊）。ロシア的社交の場（特に、地方も含めた都市の）としての酒場・居酒屋は、十八世紀末から十九世紀半ばにかけた文化史・精神史・思想史上で大きな役割を果たしたサロン、サークルの様態をめぐる問題と併せて大きなテーマとなると思われる。第3章註45も参照。

(13) Rovinskij 1881 : T.1, 399 ; Ego zhe 1881 : T.4, 268.

(14) ルボーク作品《ネコを埋葬するネズミ》については、坂内 2006a。

(15) Kelly 1990 : 127. このことは、ミクラシェフスキイ『コメディア・デラルテ』（一九一四年）のイタリア語訳（一九八一年）序文で指摘されているとされるが、筆者未見。

(16) これは、二〇〇九年に刊行された同著者による『道化と鋭い言葉の持ち主　過去の時代のヒーローたち』Berdnikov 2009の改訂版である。

(17) ニキータ・ゾートフ、フョードル・ロモダノフスキイ、ユーリイ・シャホフスコイ、イヴァン・ゴロヴィン、イヴァン・バラキレフ等。

(18) 簡略ながら、問題の整理はPetrukhin 2012 : 18–20が役立ち、末尾に付けられた文献リストも参照すべきだろう。研究史も含めた問題の全容は、Koshelev 1994が参考になる。一九九四年一一月にロシア芸術史研究所がペテルブルクで開催したシンポジウムの報告集Koshelev, red. 1994が近年の研究成果であり、上掲のKoshelev 1994も収録されている。Pretneva 2012による問題整理も参照。

(19) Vysotskij 1989は、スコモローフの起源に関する議論がほとんど見られないとはいえ、この壁画に関する、特に世俗的な面についての最大の研究成果である。

（20）例えば、Belkin 1975.

（21）例えば、Petukhov 1961 ; Rozov 1968.

（22）Stoglav（百章）1993 : 59–60.

（23）Stograv（百章）1993 : 64.

（24）Dal' 1984 : T.2, 372.

（25）Veselovskij 1883 : 212.

（26）Panchenko 1984 : 67. イヴァンが「常勝の」レプニンと親交を結ぶ目的で、スコモローフたちが踊り歌う宮廷の宴会に招待した折、レプニンによるツァーリとその周囲の不信心ぶりの諫言に対して、イヴァンが激怒した話はよく知られている（R・G・スクルィンニコフ『イヴァン雷帝』栗生沢猛夫訳、成文社、一九九四年、一二四頁）。

（27）Likhachev I dr. 1984.

（28）Olearij 1996 : 196–197.

（29）Rovinskij 1881 : T.2, 360–361. さらに、この人形劇の人形と「舞台」となる布の素材にも目配りをしたRabinovich 1974も参考になる。

（30）Koshelev 1994の註４にリストアップされた文献。

（31）ロシアのケースとは歴史的・文化的条件がまったく違うとはいえ、西欧社会における中世と近代（ルネサンス）との対比をめぐって、ホイジンガ『中世の秋』に「対照性のレトリック」を読もうとした河原温氏の指摘（『思想』二〇一六年一一号）は、ロシアの十八世紀以前・以後との関係性を考える上で検討する意味が大きいと考えられる。同氏によれば、「身体と精神、生と死、夢と現実、形式と実体、イメージと言葉、そして究極的には中世とルネサンスの対比」、さらには「「古いものと新しいものの対照と再生」をめぐる［…］若き日のホイジンガの思考が反映されている」という。ルーシ文化におけるスコモローフの位置づけに関してはPanchenko 1984を参照。

(32) 中世文学研究者のデムコヴァによれば、『スコモローフの物語』には、都市地区《ポサード》民文学を生んだノヴゴロドやプスコフ文化ならびに昔話（後世の『地獄のバイオリン弾き』）の影響を読み取ることができるという（Demkova 1987）。『物語』の原文はDemkova 1987 : 52–54で読むことができる。また、中村喜和「地獄へ旅した旅芸人」（一九八七年初出、『ロシアの風』〔2001年、風行社、に収録〕も参照。コモローフに関する研究史について述べるのは、論述からは少々外れるが、この対象自体が備えた問題性と広がりを考えるために概略すれば、スコモローフ研究は十九世紀半ば以降、Belyaev 1854 ; Famintsyn 1889によって開始されたが、おそらく（確実に）、彼らは同時代の農村ならびに辺境に生き延びた、あるいは都市でも「暗躍」していたスコモローフの末裔の存在を知っていたはずである。したがって研究のアクチュアリティはきわめて大きく、重要性を持つ。このことは、現代までの後継研究においても同じである。スコモローフが備える芸（歌、踊り、楽器演奏、ミミック、掛け合い、曲芸等からなる）、そして、放浪・移動性、観客との関係性、さらに、近代芸能の在り方等の問題群が、より広い文化的コンテクストにおいては、宗教的・芸術的レベルのみならず、社会的・政治的・国家的レベルにまで及ぶからである。先にあげたパンチェンコの仕事は、スコモローフに特化した仕事ではないが、中世ルーシの宗教・国家・政治体制の変容過程の中でこの芸人の活動・存在意義と同時代（後世も含めて）の評価を理解しようとする試みである。さらに、Pletneva 2012.

(33) Radishshev 1982 : 66,475. 同書に添えられた校訂者V・A・ザパドフの解説文「『旅』創作史」の指摘による。なお、同論考は『旅』のテキストに対する周到な目配りがなされ、大いに啓発されるが、細部へのコメンタリイはない。

(34) Radishshev 1982 : 66. ただし、邦訳（A・N・ラヂーシチェフ『ペテルブルグからモスクワへの旅』渋谷一郎訳、一九五八年、東洋経済新報社）がスコモローフを「商売人」としているのは間違いだろう。

(35) Byliny 1988 : 482–488. 以下の註41も参照。
(36) Mishina b.g. : No.145.
(37) Kondrat'eva 1983 : 102–103, 46.
(38) 《エリョーマとフォマーの物語》の写本テキストの全体については Bobrov 1998 : 208–209.
(39) Adrianova-Perets 1977 : 34–36.
(40) リハチョフ、パンチェンコ、ポヌィルコ『中世ロシアの笑い』(Likhachev i dr. 1989) には、この物語の何ヵ所もの引用が読める。リハチョフは、この物語に「笑いのパラレリズム」を読みとる。
(41) 註35にあげた文献。初出は『一八九九―一九〇一年にA・D・グリゴーリエフによって採集されたアルハンゲリスク地方の英雄叙事詩と歴史歌謡』(第一―三巻、一九〇四、一九三九、一九一〇年)。一九〇〇年夏、ピネガ川地区のショトゴルカ村で、M・D・クリヴォポレノヴァからグリゴーリエフが書き取った作品《ヴァヴィーロとスコモローフ》である。この作品に関する秀逸な研究として Toporov 1984がある。
(42) Toporov 1984 : 149–160.
(43) ヴァヴィーロも、ダニーロも英雄叙事詩のヒーローであることからすれば、笑いの世界と直接関係がないばかりか、狭義の道化ではない。英雄叙事詩そのものをいかに理解するかという問題はここでは論じないし、おそらく狭義の「笑い」の枠組みからすれば、「真面目な」英雄叙事詩しか存在しないのだろう。だが、上述の二つの作品について見れば、多くの場合に真向うから対立するキリスト教聖人と「異教的」放浪芸人、そして、通常は父と子の間の闘いが前者の「リタイア」で終了し、次世代が勝利する点で、その相対する両者の「はざま」に位置する存在として、ヴァヴィーロもダニーロも登場する。日常的に相容れないはずの部分にあって、しかもその双方にまたがり、双方を行き来する存在であると考えるならば、この英雄叙事詩の二人のヒーローもある種の

「道化」である。しかも、道化が少なくともジャンルを超えて登場していることは明らかである。

(44) カルプの語源はギリシャ語 karpos（実）。三月二六日が名の日、肥料不足を意味するが、転じて、貧民を意味する。シードルとペアになることが多い。十四世紀前半、ドイツ人に殺害されたプスコフ市民を率いていた巡礼不具者カルプ・ダニロヴィチを、カルプに関する記憶の源泉とする考えも捨てがたい（Rovinskij 1881 : T.5, 300. ちなみに同箇所には、ロシア中世の不具巡礼者 kaleki, kaliki の簡単な概略が記されている）。あるいは、十七―十八世紀の風刺的ノヴェラ『カルプ・ストゥロフ物語』との関連があるのかもしれない。

(45) ヴィルヘルム・フレンガー「十八世紀のロシアの民画（摺り繪）と元になったドイツの原画」（河野眞訳・解説――『言語と文化』（愛知大学語学研究室紀要、第三三号、二〇一五年）。

(46) Rovinskij 1881 : T.4, 311.

(47) Slovar' 18 veka. Vyp.1, L., 1984 : 92. Arlekin の最初の文証は arli-（一七〇九年）、一七二〇年代に kharli-, kherl-, gerli-, garle-（一七五九年）、garli-（一七七八年）、さらに arleken（一七三一年）。

(48) Slovar' 18veka. Vyp.5, L., 1989 : 81. gaer の初出は一七三〇年代と注記されている。

(49) Rovinskij 1881 ; Rovinskij 2002 : 220. ロヴィンスキイは、フォマーとエリョーマをロシア伝統の道化の「原型」と考えていたように思われる。例えば、以下の文章を参照のこと。「文化的なヨーロッパから借用した道化と並んで、大昔からわがロシアでも道化が、しかも独自の発明になる道化が登場した。すべての道化の中で年代的に先立つのはフォマーとエリョーマであり、彼らは、最新のロシアのミトロファン――いかなる前準備もなしに、あらゆる場面と義務に対応できるアラクチェーエフ風の物知り顔の人物――のもっとも古いタイプである」（Rovinskij 2002 : 221）。引用後半部はさらに多くの論点を提供するはずであり、また、さらに引用部に続いて述べられるエリョーマとフォマーをめぐる考察も興味深いが、ここでは触れない。ちなみに、上記文章を含む「おどけと道化」の章は、いくらか飛躍と散漫との印象を生むが、資料面だけでなく、優れたロシア文化論として価値がある。

(50) Famintsyn 1889 : 114. 彼は、ロシアの道化師を、中世以来の土着の芸人の伝統と十七世紀以降にロシアへやってきた外来の芸人・道化との「相克」の中でとらえようとする。

(51) 奇人・変人をめぐるロシア文化史を考える必要がある。ただし、これは現代の尺度＝文化的・社会的評価による「変わり者列伝」としてではなく、あくまで「ロシア近代」という枠組みの中で構想しなければならない。すなわち、社会の中での「個」の在り方、特に、ピョートルによる近代国家成立後の「個性」の認識というレベルにおいてとらえるべきと考えられる。最新の研究はN・V・スミルノヴァ『十八―十九世紀前半のロシア貴族文化における変人』(Smirnova 2017) であり、ここには研究史と方法論の概略も記されていて参考になる。

(52) コリンズについてはDictionary of National Biography. Vol. XI、『ブロックハウス百科事典』、Adelung 1846 : 342–344他を参照。ただし、ロシアの滞在期間については、一六五九年から一六六六年六月二八日まで、一六五九年から一六六七年、一六六〇年から一六六九年まで、の諸説がある。コリンズは、一六六〇年にオランダで、ロシアへ招待すべき医師・薬師・将校・芸術家をロシア宮廷の依頼を受けて候補者を探していたイギリス商人I.Gebdenと出会った。ロシアから帰国後はフランスへ行き、一六七〇年にパリで死去した。

(53) コリンズとほぼ同時期にロシア国内で中級官吏として働いていたコトシーヒンによる貴重な記述である『アレクセイ・ミハイロヴィチ帝治下のロシアについて』によれば、「ここには銃兵官署の長と同じ貴族ならびに一人の書記官が勤務する。この官署が管轄するのは薬局、外国人の内科医と外科医、ならびに約二〇人のロシア人の医者見習いである。内科医と外科医は約三〇人いて、彼らには毎年、契約によって年俸あるいは月給が与えられる」(第七章第二三節)。さらに訳者の註によれば、医薬官署は「最初は宮廷内でツァーリと皇室の医療を担当する外国人医師を扱う官署〔…〕」であり、さらに「当時の内科医（ドクトル）とは西欧の大学で医学を学び内科を専門にする医師のことで、お抱え外国人に限られ、年一千ルーブリという法外な給与で雇われていた」（松木編訳 2003 : 192–193）。

（54）Collins 1671 : 48.『ロシアの現状』の正式タイトルは『ロンドンに住む友人宛手紙として書かれたロシアの現状』。フランス語訳（一六七九［九九？］年）からのロシア語訳が『ロシア通信』誌（一八四一年、七、九号）に掲載されたが、その訳を不満とするキレエフスキイが英語原文からの翻訳を一八四六年に発表している。カザンの貴族 Nobleman はロシア語訳で Dvoryanin、Vayod は Voevoda にあたる。ここでは、地方代官とした。

（55）コリンズの昔話記述が全体として、ロシア昔話の歴史上で最初期の記述であること（このことは、当然ながら、ロシア人自身が、本来口承であるべき「昔話」の記録には関心を持たなかったこと、そして、書きとめようとしても「自由な」会話体・口語を書き記すための文・文体を持っていなかったことを意味している）、コリンズが記述した各種フォークロアの「ルーツ」が何か、また、ヴァリアントの確定ならびに流布（ロシアのみならず、西欧からの「借用」も含めて）、さらには、コリンズがイヴァン雷帝自身に強く興味を抱いていたこと（「雷帝伝を書きたい」との彼の言葉が伝えられている）、また、そのことは、一世紀前とはいえ、イヴァン雷帝がイギリスにシンパシーを抱いていたこと（ただし、コリンズのイヴァン観は「恐怖の独裁者であり、かつ幸福な君主」というものである）の反映である等、多くの指摘がされてきた。コリンズが記録した雷帝に関する「昔話」をいかに理解するか（例えば、どこまでを昔話とし、どこから小噺やエピソードとするか、それぞれの話の主題の「起源」や「影響」をめぐる諸問題）は大きな研究課題として残る。コリンズのテキストから、フォークロアのいかなるジャンル（昔話、アネクドート、歴史伝説）の作品を読み取るかについては議論がある。以下で問題とするタラス爺さんの話も含めて、ヤコブソンは昔話約一〇話、Novikov 1971は八話をあげている。さらに、

Rosovetskij 1981 ; Perrie 1987 : 132–138も参照。

（56）Kollins 1846 : 14.

（57）イヴァン雷帝期に貴族としてプレシチェエフ家が活躍していたことが知られる中で、その一族にタラスが実在していたのかは疑問である。しかも、別の家名の可能性を検討することが必要かもしれない。十五―十七世紀に実在した貴族（ボヤーリン）の名称については、Pleshshev, Pleshvoj, Pleshivyj, Pleshshej などが散見できる（Tupikov N.M. Slovar' drevnerusskikh lichnykh imen. 1903 ; Veselovskij S.B. Onomastikon. M.,1974. 後者には Pleshshej に対して「肩が広い」との注記がある）。

（58）Sojmonov 1971 : 329–333. 一八四〇年代にダーリはキレエフスキイに多数の歌謡を送付している。ロシア民俗学史においてピョートル・キレエフスキイは『民謡集』（一八六〇―七四年、全一〇冊）の編纂者として知られているが、この民謡収集とコリンズのテキスト翻訳との関連性についても考えてよいのかもしれない。

（59）Dal' 1957 : 356,647,731,851. ロヴィンスキイによれば、古い諺に「タラスは糖蜜菓子（プリャニク）をたくさん食べる、それ以外の特技は彼にはない」とあるという（Rovinskij 1881 : T.1, 295）。さらに、クラスノヤルスク地方で記録された現代の諺「アルザマスの町には一五〇人のタラス」「タラスが悪魔の寸法を測ると紐が破れた」（Kondrat'eva 1983 : 95）は、タラス Taras と一五〇 poltorasta での明らかな音遊び、タラスと悪魔との関係性を示す。また、一九六九年に東シベリアの奥バイカル地域で採録された昔話では、ツァーリ（名前はない）が自分の道化であるバラキレフに、タラス・プレシチェエフに教会へ行くのを勧めるように言ったが、道化は、一四九人のハゲ男しか見つけられなかったと詫びたという（Russkie skazki 1985）。さらに、アファナシエフの昔話集（No.424「無題」コストロマ県で採録）では、「[…] その頃、六人の兄弟が住んでいた、名は全員アガフォン、父親はタラス、母親の名は覚えていないが、どうしようか、マラニヤとでもしておこうか…」という形でタラスの言及があるが、その後の話の展開には登場しない。ただし、口承文学研究者の多くが指摘するように、子供たち兄弟の名前アガフォンから、英雄叙事詩《ブイリーナ》、中でも「道化歌《スコモローシナ》」と呼ばれることの多い《アガフォヌシュカ》（『キルシャ・ダニロフ古詩集』No.27）との繋がりが想定できるかもしれない。タラスについては、妻マラニヤとの関係性も考える必要があるだろう。ちなみに、タラス（タラーシイ、タラーシム）の語源はギリシャ語 taracco（騒がす）。

(60)『P・A・イヴァニツキイによって採集されたヴォログダ県の歌謡、昔話、諺、言い回しと謎々』（ヴォログダ、一九六〇年）(Rosovetskij 1981 : 77による)。コリンズのテキストに「タラス・プレシチェエフ」なる人物を読む点は、キレエフスキイ訳の影響によるものと思われるが、ロシア人の昔話研究者に一貫している。

(61) 十六―十七世紀のイヴァン雷帝に関する口承物語に関する優れた論文の著者S・K・ロソヴェツキイは、コリンズが聞き取った《口承のプロトタイプ》を「タラスを呼びにやった」と考える。彼は、リハチョフ他の『中世ロシアの笑い』で展開された中世笑い文化論、特に「裸」をめぐる描写の個所を根拠として、タラスをロシアの笑いの文化史に位置付けようとする。すなわち、ある意味での「露出の緩やかな形」を体現したという (Rosovetskij 1981 : 77)。

(62) Rovinskij 1881 : T. 4, 294–295.

(63) 先の註59にあげた東シベリアの昔話の存在を考えれば、三世紀とすべきかもしれない。

(64) Rovinskij 1881 : T. 4, 294. 滑稽小噺（ファツェーツィヤ fatsetsiya, facetia）に関してはDerzhavina 1962 ; Chkkarini 1989 ; Nikolaev1992 ; Slovar' drevnej Rusi. Vyp.3 : Ch.4, 76–80. ただし、ブラチョリーニ『小噺集』ロシア語訳版（Podzho Brachcholini, Fatsetsii. M., 2018）には同種の話は見出せなかった。

(65) Rovinskij 1881 : T.1, 425–426. ここには、銅版も含めた各種の版の異同が記されている。

(66) ロシアの道化史をめぐっては、上述したベルドニコフの著作が参考になるが、道化を文化史の視点からとらえるためには、ロヴィンスキイ『ロシア民衆絵画』（一八八一、一九〇〇年）の「おどけと道化」の章が今なお価値を失わないことは上記註49に記したとおりである。

（66）Starikova 1996a : 86.

第3章　芸は身を助く――或るイタリア人楽師のメタモルフォーゼ

（1）関連する文献は多数だが、とりあえず Yarkho 2015 : 5–62（「モスコヴィアのイタリア時代」）。十八世紀以前にも、例えば十五世紀にモスクワを訪れたヴェネチア使節アンブローゾ・コンタリーニや同じくヴェネチアの商人で外交官ヨサファト・バルバロによる貴重な記述がある。また、松木 2018 : 5–8（「モスクワのイタリア人」）も参考になる。

（2）十八世紀半ば以降、イタリアで学んだロシア出身の画家は多く、その長大なリスト、また、イタリアを崇拝したロシアの作家たち（N・V・ゴーゴリからA・A・ブローク、O・E・マンデリシュタム、I・A・ブロツキイへ至る）を想起すべきである。美術史家のアンドロソフによれば、一七三〇年代にはイタリアの注目すべき画家で、ロシアを訪問した者は皆無だったのに対し、イタリアで学んだ画家、建築家が多い。だが、ニキーチン兄弟はシベリア送りとなったし、ローマで約五年も学んだ建築家P・M・エロープキンは処刑されている。有名なアンナ女帝の肖像画を描いたのはイタリア人画家のヤコポ・アミゴーニ（ジャコモ・アミコーニ、一六八五―一七五二年）であり、これはA・D・カンテミールからロンドンで受けた注文に応じたもの（一七三二―三八年）である。この肖像画ならびにアミゴーニの作品、彼とカンテミールとの緊密な関係については、Androsov 2003に詳しい。

（3）《ペテルブルクの神話化》、特に《文学的神話としてのサンクト・ペテルブルク》に関しては膨大な文献があるが、もっとも基本的な仕事はN・P・アンツィーフェロフとV・N・トポロフであろう。近年の成果としてNikolozi 2009（原文ドイツ語）が周到な論考であり、近刊のKonechny 2021は、四〇年に及ぶペテルブルク習俗文化史研究の大きな成果である。日本語による、この都市の文学をはじめとする芸術的イメージの紹介は、望月哲男編著『創像都市ペテルブルグ――歴史・科学・文化』（北海道大学出版会、二〇〇七年）。

（4）彼の生涯と活動に関しては、Khranevich 1902 ; Shubinskij 1995 ; Butir i Porfil'eva 1998を参照した。インターネット上にも多くの情報が見られるが（明らかに十九世紀後半以降のものと思われる肖像写真まで掲載されている!）、その典拠から見ても確実な情報はきわめて少ない。

（5）I・I・ゴリコフが著わした『ピョートル大帝の偉業』に見られる「道化師Pedriell」の記載を根拠として、ペドリーロはすでに一七〇〇年にはロシアで宮廷道化となり、その後一度はイタリアへ帰国し、一七三一―三二年に再度ロシアへ巡業して来たという説（Berdnikov 2009 : 109–110）があるが、根拠を得るには他の資料がまったくないことから、ここでは採らない。

（6）Starikova 1996a.

（7）アンナ帝時期の娯楽と芝居の具体相についてはStarikova 1988, その具体的資料はStarikova 1996aに詳しい。また、Pezenti 2008 : 59–69も参考になる。後者は、ロシアにおけるコメディア・デラルテ（インテルメディア）のレパートリーとそのシナリオの分析を目的とした優れたモノグラフだが、十七世紀末から十八世紀半ばまでのロシア演劇史の全体を手際よく概観している。アンナ期の花火、イリュミネーションについては、後述。

（8）十八世紀初頭・前半のイタリア演劇のロシアへの紹介と影響に関しては、優れた演劇史家であるV.N.PeretsとV.N.Vsevolodskij–Gerngrossによって二〇世紀初頭から一九二〇年代までに行われた実証研究が今なお貴重な成果がある（Perets1903 ; Vsevolodskij–Gerngross 1913 ; Ego zhe 1936）。近年、それらを継承しながら、より綿密な研究を展開したL.M.Starikovaの一連の仕事は画期的な業績として注目すべきであり、本書でも多くを参照した。アンナ帝時代の演劇と見世物に関しては、他に、Penezenti 1997 ; Ee zhe 2008.

（9）Penezenti 2008 : 82–83には、一七三三年から一七三五年までの期間にロシア語に翻訳されたコメディア・デラルテの台本三一本のリストが記されている。

（10）Starikova 1996a : 210–211.

（11）Starikova 1996a : 217–218.

（12）ルイージ・マドニスは生年不詳、一七〇〇年からヴェネチアで活動、一七三三年から一七七七年（一七七九年に一時期イタリアに戻ったが、翌年ロシアへ）に亡くなるまでペテルブルクに居住し、コンサートマスターの他、音楽活動に関わった（Muzykal'nyj 1996 : Kn.2, 159–160）。

（13）Bespyatykh 1997 : 376.

（14）Starikova 1996a : 217–218.

（15）Shtelin 2002 : 106–107. シュテリン（Stahlin Jakob 1709–1785）については、『音楽事典』Muzhykal'nyj 1999 : T.1, kn.3, 283–286. その項目の著者であるK・V・マリノフスキイの大著『十八世紀におけるドイツとサンクト・ペテルブルクの芸術的関係』（二〇〇七年）では、第八章全体がシュテリンにあてられている（Malinovski 2007 : 427–469）。

（16）アライヤに関しては、Muzykal'nyj 1996 : T.1, kn.1, 49–61.

（17）この手紙はStarikova 1996a : 267–268で読める。

（18）Mooser R.-A. Annales de la musique et des musiciens en Russie au 18 siecle. Geneve, 1945. ただし、Starikova 1996a に拠った。

（19）Anisimov 2002 : 80. 彼は、ペドリーロが宮廷道化師になったのを一七三三年頃としている。ただし根拠は示されていない。

(20) Berdnikov 2009 : 110. アンナ（ピョートル）宮廷内の道化師として貴族ならびに外国人が選ばれたことに注目するスタリコヴァは、その理由を、彼らが奇（畸）人であったことに求めている（Starikova 2000 : 105）。
(21) Anisimov 1994 : 219 ; Ego zhe 2002 : 81.
(22) Anisimov 2002 : 83による。
(23) Bespyatykh 1997 : 155.
(24) Bespyatykh 1997 : 160.
(25) ロシアの正規の勲章としては登録されていないこの勲章は、その形状が聖アレクサンドル・ネフスキイ勲章（聖アンドレイ・ピエルヴォズヴァンヌィ勲章に次ぐ第二番目の勲章で一七二五年に制定、「縁取りなしの赤い綬に繋がれた十字章と八つの先端を持つ銀製の星章」）に似ていたとされる。この勲章と勲章授与の政治性・宗教性についてはUspenskij i Shishkin 1990 : 233–234を参考にした。
(26) Gol'dberg 1980 : 13.
(27) 上述のGol'dberg 1980の論考が彼の生涯と仕事について詳しく紹介している。
(28) Rovinskij 2002に引用されたTroemer J.C. Die Avantures von Deutsch-Francos mit all sein Scriptures... Nurnberg, 1745による。
(29) Starikova 1996a : 94.
(30) Starikova 1996a : 95.
(31)『カザノヴァ回想録1』窪田般彌訳、河出書房新社文庫、一九九五年。
(32) このアントニオの名前を使って、アントニイ・ペドリーロなるイタリア人がピョートル大帝期の一七〇〇年にすでにロシアへ来ていたとするアネクドートもインターネット上にある。
(33) Petrov 1885 : 298.

(34) ドストエフスキイ『死の家の記録』にも登場する大食いのケドリルの名前は、ペドリーロの「訛った」形だろう。さらに、ケドリルがブランベウス王の使用人となるルボークも参照のこと。

(35) ここでは、アネクドートとは何かの議論には触れない。さしあたって Kurganov による一連の仕事 (1997；2001；2002)、また、Shmeleva i dr. 2002も参照。米原 2005は独創性にあふれ、多くの示唆を与える。なお、アネクドート anekdot のロシア語としての初出は一七五六年、フランス語経由である (Slovar' 18 veka.: Vyp.1, 70)。

(36) Adamka Pedrillo 1836. その序文 (著者名は A. P-v.) では、この小話集が編まれた十九世紀が「啓蒙と教育の世紀」なので「われわれには道化は必要ない」と記されている。また、同じ序文には「本書の読者の方々は、ラジェーチニコフ作の長編小説『氷の館』(一八三五年刊) を読まれましたか」との一文もあることから、このアネクドート集の出版自体がこの小説の評判を契機としたのではないか、と考えられる。この同時期に、アンナ女帝期と宮廷道化への関心の高まりがあり、さらに、この時代のプーシキンも含めた歴史小説に対する大きな関心が生じたことも視野に入れておく必要がある。ちなみに、ラジェーチニコフ作の『氷の館』は一八三五年に刊行後、ただちに大きな評判となり、ドイツ語、フランス語訳が出版された。しかしながら、プーシキンが酷評したことの影響から、作家は一八三八年には改訂版を出した。その後、検閲によって、A・P・ヴォルィンスキイ処刑をめぐる記述の是非をめぐって、一八五〇年に新版が発禁となったが、一八五八年の選集収録の時点で完全版が認められた。ラジェーチニコフのこの作品に対する、同時代の中心的な批評家ベリンスキイの評価も含めて、この作品の文学史的・社会的意義は考察の対象となる。

(37) エルンスト・ビロンの略歴は以下の通り。一六九〇年一一月、クールラント公廷臣の家庭に生まれる。一七一四年に首都ペテルブルクへ行き、宮中勤務を求めるが、出自の低さを理由に拒否される。一七一八年、三等宮内官P・M・ベストゥージェフ=リューミンの紹介でアンナの下で侍従として勤務、一七二四年五月エカテリーナ

1世即位式のためモスクワへ行くアンナに同行し、一七三〇年一一二月アンナの皇帝即位受諾とともにモスクワ生活が始まり、四月には侍従長職に就いた。一七三七年六月、クールラント公に選出。一七四〇年一〇月一七日のアンナの死から二日後に出たイヴァン六世の命「以後、すべての文書における殿下の肩書は、ロシア帝国摂政殿下、クールラント、リフラントならびにセミガルの公とする」(Solov'ev 1993 : 9) にもかかわらず、一一月八―九日に逮捕、シュリセリブルグ要塞に収監、一七四一年四月死罪宣告を受けるが、六日後にシベリア流刑に変更、ペルミへ送られる。一七四二年、シベリアから戻るが、ヤロスラヴリ居住を命じられ、一七六二年三月、ようやくペテルブルクへの帰還が許可される。同年八月、クールラント公に返り咲き、一七六九年に息子ピョートルに譲るまでこの地位にあった。一七六三年ミタウへ凱旋入城(一七六四年七月にはエカテリーナ二世がリガ、ミタウへ行幸)、一七七二年一二月ミタウで死去した。彼の言葉によれば、二二年間にわたってアンナに寵臣として仕え(クールラント時代も含む)、彼女の死後二二日間をイヴァン六世の摂政として、二二年を流刑に過ごし、八二歳で亡くなるといった数字の2にまつわる人生という。ちなみに、ビロンの宮殿は現在、ラトビア共和国内のリガ市南約六〇キロに位置するルンダーレ宮殿(カルロ・バルトロメオ・ラストレリの息子フランチェスコが一七三六年に着工、完成はビロン帰還後の一七六七年)として現存、ソ連時代にはほぼ放置されていたが、現在は改修され、バロック様式を代表する建築物の豪華な姿を見ることができる(これに関しては、「バルト地域のラストレリ」と題する仕事 Vipper 1978があり、秀逸である。ただし、これは一九三七年にラトビア語で発表され、フランス語訳、英語訳版 Baroque Art in Latvia. Riga,1939の一部)。また、ビロン父子の墓は、リガ南西約四〇キロのイェルガヴァ(旧ミタウ)市内の宮殿(これもラストレリの作、一七三八年着工、一七七二年に完成、現在はラトヴィア農業大学)の歴代クールラント公の霊廟内にある。ビロンに代表されるバルト・ドイツ人の役割については、今なお多くの議論がある。M・ラエフは、バルト・ドイツ人はロシア国家内で高い地位を獲得し、大きな影響を与えたにもかかわらず、バルト・パターンの土地財産特権や権威をロシアへ導入することなく、故郷のバルトの地で自身のポジションを高めていった点に注目している（Raeff 1966 : 85）。

(38)「エチケット」に関しては、ペレストロイカ期からソ連崩壊前後にかけて多くの議論がなされ、その中心となったのはA・K・バイブーリンを筆頭とするロシア民族・民俗学者である。Bajburin A.K. i Toporkov A.K. U istokov etiketa : Etnograficheskie ocherki. L.,1990を参照。また、客人歓待 hospitality, gostepriimstvo に関する最新の研究成果 Traditsionnye i sovremennye modeli gostepriimstva. M., 2004が参考になる。これは二〇〇二年に開催されたロシア、フランス共同のコンフェランスの報告集である。

(39) Anekdot 2003 : 27.

(40) このB伯爵は、一八六九年刊の『アネクドート集』では「ロシア宮廷に参内していた神聖ローマ帝国大使のヴラチスラフ公爵」となっている。

(41) R・T・F・スミス、D・クリスチャン1999 : 279–281, 380–392を参照。ロシアではジャガイモは「十九世紀まで日常的な大衆消費品目にはならなかった」とされる。一七三〇年代のビロンの食卓には「ジャガイモがしばしば出された」とする記述を著者は疑わしいとしている。一七四〇年代の宮廷でも「非常に僅かしか出されなかった」が、十八世紀後半以降、「自由経済協会」ならびに博物学者A・T・ボロトフも含めた「上からの」働きかけによって十九世紀にかけて急速に普及していった。

(42) S・V・リュビーモフ『ロシア帝国の称号氏族』（一九一〇年）によれば、伯爵称号を与えられたのは一二五家一八一人、十八世紀前半に二四名を数えた（Lyubimov 2004 : 93–195）。

(43) Karnovich 1991 : 194.

(44) ロシアのジャガイモがドイツ起源であることから外国起源の貴族・伯爵への強烈な皮肉として、あるいは、地中のジャガイモが一番、との表現から、種芋（＝先祖）として未来への希望を祈るという読みもあるかもしれない。

（45）酒場と訳した traktir は、もとはピョートル大帝期以後に生まれた街道沿いにある旅人用宿泊所で、一八五〇年代以降は宿泊なしの中下流の料理店・居酒屋のこと。ただし、traktirnoe zavedenie はレストラン、カフェ、ビュフェの他、トラクチール、スタローヴァヤ、ハルチェヴニャ等々を含む宿泊・飲食施設の総称である。以下の二つのアネクドートの背後には、中世以来の徴税人も兼ねていた酒場主人に対する意識に加えて、十八世紀初頭以降の「交通」の発展、国内外移動の活発化、街道整備と宿泊・外食施設の成立等による「新たな」人間関係の誕生が窺える。ちなみに、このトラクチールの主人はドイツ人が多かった。上記第2章註12も参照。

（46）Lifar' 1945 : 30–32. 著者のセルジュ・リファールによれば、十八世紀前半のロシア・バレエにはフランスよりもイタリアのバレエの影響がより大きいという。同書は初期バレエ史に関して簡略ながらも信頼できる記述が多く、役立つ。

（47）トレヂアコフスキイの最初のオード創作は一七三四年のこと。ただし、一七三二年一月のモスクワからペテルブルクへのアンナの「帰還」を祝って語られた《女帝陛下のペテルブルグへの無事ご到着を寿ぐ言葉》は実質的にオードと呼べるという（Uspenskij i Shishkin 1990 : 221）。

（48）一八六九年版は Anekdot 2003 : 26–27. このアネクドートは、川崎浹『ロシアのユーモア』（一九九九年）に紹介されているが、この話とペドリーロに関して「エリザヴェータ治世の後半、一七五〇年代後半にはそれだけ道化のレベルが上がっていた」とあるのは明らかな誤りだろう。

（49）Pumpyanskij 1941 : 215, 224. 彼によれば、一七三四―三五年のトレヂアコフスキイによる詩法改革提唱の契機となったのは、彼がロシア帰国後に初めてドイツ語・ドイツ詩を学んだことにあり、その背後には、ビロンの影響ならびに多くのドイツ人が活躍していた科学アカデミーの存在という状況があった。

(50) 以下で引用する彼の妻の探索願いの話［2-1］では、広告を出したのは『通報』となっているが、これは一七〇二—二七年に発行され、さらに一七二八年から『サンクト・ペテルブルク通報』のタイトルで刊行された（ソビエト期を除き、現在も継続発行）ロシア最古の新聞であり、その紙面上の広告のことか。『通報』に関しては、秋月孝子・秋月俊幸「ロシア最初の印刷新聞「ヴェードモスチ」」『スラヴ研究』(No.32,1985) が詳しい。

(51) ペドリーロはビロンの許可を得た上で、自分の手元にある一五点の原稿を掲載すべく雑誌『賢者のためのジャーナル』を発行している［2-24］。その内容は、国内ニュース、公告、モード、訃報、科学的発見、商品売り出し、寄付の呼びかけ等である［2-25］。

(52) 同じ話は、大臣をメンシコフに、ペドリーロをダコスタに入れ替えて語られている（一八六八年の『アネクドート集』Kurganov 1997 : 84)。

(53) ペトロフによれば、バラキレフはピョートル期には道化師ではなく、アンナの時代に初めて道化師として宮廷にデビューしたという。Shubinskij 1995 ; Rovinskij 2002 ; Berdnikov 2009 : 82–95.

(54) 一八八九年に刊行された『アネクドート集』より。二人の道化師の名前はロモノーソフの詩にも登場する。ここに登場する呼びかけの愛称ドルミドーシャの正式な名前は判然としない。ドリメドント、ドルメドントから導かれるドーラ、さらにドゥーラ（お馬鹿）ではないだろうか。

(55) Stolpyanskij 1918 : 140–141. 狩猟禁止は都から三〇露里以内との記述もある (Shubinskij 1995 : 61)。

(56) Zakharova 1998 : 19–20.

(57) Anekdoty Barakireva 1889.

第4章　道化の妻たち――仲人婆と「悪妻」

（1）Kurganov 1997 : 80. しかし、この夫婦が常に不仲とは限らないことは、この小噺で妻が夫の身代わりになることからも顕著である。同様の「やさしさ」については後掲する例においても見ることができる。

（2）ロシア中世の文学・表現芸術で、そもそも「不倫」「夫婦喧嘩」といったテーマが扱われたことがあっただろうか。中世文学において、あまりに純粋な夫婦愛を描いた傑作『ムーロムのピョートルとフェヴローニャの話』（十五世紀末までに成立）を想起するまでもなく、男女の倫理観は表象レベルではきわめて「一元的」だった。もちろん、そのことが現実をそのまま反映していたと考えることには慎重であるべきだろう。

（3）ペテルブルクのカトリック教、教会の歴史については、BertashA.V. i Zherikhina E.I. Tri veka Sankt–Peterburga. Entsiklopediya v trekh tomakh. T.1, kn.1. SPb.,–M., 2003 ; Antonov V.V. i Kobak A.B. Sbyatyni Sankt–Peterburga. Istoriko–tserkovnaya entsiklopediya v trekh tomakh.T.3. SPb., 1996. ちなみに、現在の市内のカトリック教会の数は三〇。

（4）Kurganov 1997 : 88.

（5）Kurganov 1997 : 85.

（6）Kurganov 1997 : 90.

（7）Bogdanov 2006 : 57. ただし、kofe という語は一六五三年に使用例が見られる（Slovar' 11–17 vv. Vyp.7, 1980 : 387）。

（8）Shubinskij 1995 : 65 ; Kniga zapisnaya 1878 : 60.

（9）Kniga zapisnaya 1878 : 8.

（10）アンナの書簡を調査・刊行した歴史家A・クドリャフツェフによれば、二人の関係は一七三五年末まで良好で、その後変化したという（Kniga zapisnaya 1878 : vi）。

（11）訪問者の中には、チェルカーソフ、ブトゥーリン、パシュコフ、マヴリン等といった要人のほか、ピョートル大帝の有名な黒人アブラム・ハンニバル（詩人プーシキンの先祖）の名前がある。Shubinskij 1995 : 40.

（12）そのことに対するアンナの書簡（一七三二年八月一五日付）は、「夫を直ちにペテルブルクへ送致せよ、そして、怒りではなく憐れみが向けられていると伝えよ」

（13）結婚を三〇年戦争になぞらえる話はバラキレフ、ダコスタに関するアネクドートにもある。

（14）ダコスタのアネクドート集（一八六九年）にも「後の祭り」のタイトルが与えられ、ほぼ同文章で収録されている（Kurganov 1997 : 88）。

（15）このワサビは「西洋ワサビ」であり、ワサビ khren は男性シンボルである。

（16）Shubinskij 1995 : 66–67.「ヤギのお産」のエピソードはラジェーチニコフ作『氷の家』にもある（第三部第七章）。マンシュテインのテキストのロシア語版のタイトルは『マンシュテイン将軍のロシア手記、一七二七―一七四四年』（一八七五年）Zapiski o Rossii generala Manshtejna : 1727–1744. SPb., 1875である。

（17）Rovinskij 2002 : 219.

（18）Plotnikova 2009.

（19）Belova 1999 ; Kurochkin 1993 ; Ivleva 1994.

（20）一六七二年のアレクセイ帝の時代に、これを組織した使節官署長マトヴェエフがドイツ村（スロヴォダ）で学校劇（神学校、アカデミア）を披露したのが始まりである。本来は、宗教宣伝を目的としたが、幕間にさまざまな風刺劇、寸劇（インテルメディア）も上演された。神学校生や市民（商人、職人等）が俳優ならびに観客となり、手書きの台本が残る。革命前からの演劇史研究（Tikhonravov; Perets 他）に加えて、ソビエト期に調査・研究が進み、「デモクラチックな諷刺文学・劇」として説明されてきた。

（21）活字印刷の公式な開始はピョートル即位後であることから、そもそも活字本が存在しない状況下、演劇文化（＝

新しい演劇への渇望）がピョートルの父アレクセイ帝期に誕生し高揚する中で、都市部を中心として手稿による台本に多くのニーズがあった。

（22）P'esy 1976 : 749–750.

（23）もちろん、現代の一般的な「分野・部門としての科学」・「学問」「学術」が未だロシアでは成立していない時期であることが前提である。『十八世紀ロシア語辞典』によれば、nauka の形容詞として「宮廷の……」「世間の……」「愛の……」「生活の……」とあることから、「生きる知恵」「世間知」「人生経験によって得られた知識」「教育程度」とでもなるだろうか。この語 nauka の語源については詳細不明だが、スラヴ・古ロシア語起源と考えられる。

（24）異版によれば「結婚式は行われる。妻を娶った道化が登場する」「キスをした二人は幕の背後に去り、今度は道化が自分の服を着て駆け出してきて、言う」（P'esy 1976 : 757）。

（25）P'esy 1976 : 749–768. 以上の叙述は、この分野で大きな成果を残したO・A・デルジャヴィナとV・D・クジミナによる異本検証も含めたテキスト校訂と詳細な注釈によるものである。

（26）両者の違いは、ペトルーシュカが独身だが、婚活を行わず、仲人も登場しない点。ここに紹介した寸劇では登場人物は少ないが、同種の幕間劇では、司祭、ジプシー、ポーランド人、ユダヤ人、理髪屋、外国人医師など多種多様で、これはペトルーシュカに通じる。ペトルーシュカの詳細な歴史は、特に起源ならびに十七世紀半ばから十八世紀前半までの時期についてのそれは、ほとんど具体的にたどることが不可能である（かろうじて、有名なオレアリウスによる旅行記の中の記述と挿絵があるだけと言ってよい）。どちらがどちらを借用したのか、について、資料の決定的な不足から、まったく判断を停止せざるをえないとしても、この場合に確認できるのは、十八世紀前半という時期に、ロシアのアルレキーノとしてのペトルーシュカが活躍していたことか。

（27）Rovinskij 1881 : T.1, 359–360.

（28）中世ロシア美術史の中で世俗女性の姿が描かれることは、そもそも世俗の事物が対象とならなかったこの時代であることもあって、ほとんど見られない。例外は、ごく一部の年代記挿絵と肖像画、イコンの聖女、そして外国人による旅行記の挿絵である。

（29）そのことは文化史研究の起点となるはずである。ロヴィンスキイは、その意味からも、ロシア文化史家——ただし、今や少々時代遅れと見える実証主義的作業と古典的倫理観における——を構想した初期の一人と考えてよい。

（30）この作品《あっちへ行ってよ》については、坂内 2006a : 108–114で論じた。

（31）野外での男女の語らいの行方を覗きこむ道化の姿に注目したい。道化は「神出鬼没」の存在として、第三者的な場にも出現するのだろう。そして、先に取り上げた作品《あっちへ行ってよ》の右奥ペチカから二人を見つめるネコも同じく「第三者」である。このように、ルボークにおける「複数の視線」をめぐる問題は考える余地がある。

（32）全体がフランス銅版画の再版であり、その題材はモリエール作《亭主学校》（一六六一年）に求められるという。Mishina b.g. : No.236 ; Rovinskij 1881 : T.1, 384. ちなみに、同戯曲がロシアでロシア語（イヴァン・クロポトフ訳）によって上演されたのは一七五七年一〇月である。

（33）Rovinskij 1881 : T.1, 160.

（34）Rovinskij 1881 : T.5, 44,164.

（35）栗原 1989。

（36）ロシア・スラヴにおける妻の殴打という行為に関しては、十六世紀前半にルーシを外交官として訪問し有名な旅行記を残したS・ヘルベルシュタインに始まり、多くの外国人による記述があるが、wife beatingとして問題設定をしたのはアメリカのロシア社会史研究であり、そこに多くのデータ集積と議論が見られる。例えば、Worobec 1991:188–194, 196– 198を参照。『ドモストロイ』は「ロシアの家庭訓」として邦訳がある。これを歴史学的な視点から取り上げたNajdenova 2003は参考になるが、テキストへの批判的検証が見られない。

（37）Komissarenko 2003 : 124–140.

（38）Komissarenko 2003 : 135–136.

（39）モード moda という言葉（もちろん、外来語）については『十八世紀ロシア語辞典』Slovar' 18 veka. Vyp.12, 240–241に記された用例を参照。その記述によれば、初出は一六九八年。

（40）Starikova 1996a : 84–85.

（41）バーバ baba は既婚女性・農婦、老婆・婆さんを意味するが、女帝に対して使用することはありえない。ボイ boj は、戦闘、喧嘩、闘技、射撃、打擲等の意味で、意味論からすれば、勢いと決意、潔さと力を示すが、ボイ・バーバには、もちろん、政治的・闘争的なパワーはない。また、シャンスキイ『ロシア語語源辞典』は「ボイ・バーバ」を立項し、この用例はロシア語以外にベラルーシ語のみで見られるとする（Shanskij 1963 : Vyp.2, 152）。

第5章 《氷の館》——ロシア式結婚狂騒曲

（1）人口に膾炙し、一種の比喩的言い回しとなっている点では《ポチョムキンの村》と同じである。ただし、これらの双方の言い回しが、素材となった史実とフィクションとの間の「語り」narrative の関係がロシアに限定され、「増幅」されることの背景には政治的かつ文化的な文脈の存在を感じさせる。ちなみに、《ポチョムキンの村》に関するパンチェンコの論考（Panchenko 1983）は新たな文化史の試みとして読み返す価値を持つ。

（2）一九八一年に《偉人伝》シリーズの一冊として刊行されたA・G・クジミン著『タチーシチェフ』では、この結婚式について「ナルヴァあるいはアウステルリッツに比べても、はるかに恥ずべきロシアの恥辱であった」と記すが、比較がどのようなレベルでなされているかの点が不明のままである（A.G.Kuz'min Tatishshev. M., 1981. S.175）。《氷の館》に関する文化史的研究は、十九世紀後半のいわば風俗史研究の開拓者S・N・シュビンスキイ（Shubinskij 1873）に始まり、近年、L・M・スタリコヴァ（Starikova 1996 i dr.）、B・A・ウスペンスキイとA・B・シーシキンによる共同論文（Uspenskij i Shishkin 1990）らによって展開されてきた。本章はそれらに多くを負っている。

（3）アンナに対する政治史・社会経済史的アプローチと、いわゆる文化史的なそれを対置するならば、問題は、この両者の内的関係性をめぐる問題をいかに説明・記述するかの点にある。その意味で、言語文化史の立場に立つジヴォフによるソロヴィヨフ、クリュチェフスキイへの「異論」（Zhivov 2002 : 402–403）を想起すべきかもしれない。近年、特に宮中の式典やセレモニー等の祝祭に関する多くの成果が生まれている。Zakharova2001 : Ee zhe 2003 ; Zerov 2002 ; Zhabreva 2000 ; Ogarkova 2004その他。

（4）Pogosyan 2001.「〝不可能なことこそ可能に〟——公式文化の事実としての氷の家の道化結婚式」と題されたこの仕事は、サブタイトルに示されたように、全体として、この馬鹿げた祭りを文化史の問題として取り上げた点で注目すべき論考であり、多くの示唆を与える（祭りの目的として、クリミヤ・ハンに対する「嘲笑」、花婿道化クワスニンの祖父ヴァシーリイ・ゴリツィンのパロディ、そして、祝典報告書の著者で自然科学者クラフトの視点—祭りが西欧では見られず、ロシアでのみ観察できる「科学実験」の側面を持っていたこと—その他の指摘）。ただし、スタリコヴァの研究成果にまったく言及していないなど、いくつかの問題は残る。

（5）Demidova 2014 : 217–239その他を参照した。

（6）アンナがこのイタリア人妻の処遇について執拗なまでの指示を含む書簡は多数あり（一七三五年一月一六日付 Kniga zapisnaya 1878 : 151–152、一七三六年九月付 Tam zhe 1878 : 177）、この女帝が異様なまでに他人の妻に関心を示した証拠である。

（7）クワスニクという愛称を誰が付けたかに関しては、確証はないが、アンナだろう。すでに紹介したこのロシア最大の「おせっかい女」にとって、あだ名をつけることも重要な「仕事」のはずである。しかも、その名前として選ばれたクワスも、「花嫁」の姓＝愛称となったブジェニーノヴァ（塩ゆで豚）も、ともに「民衆的な」食べ物の代表格であることにも注目したい。

（8）シノドの判定も含めた、ゴリツィンの度重なる結婚劇については Uspenskii i Shishkin 1990 : 235–236 に詳しい。さらに、四度の婚姻に対するロシア正教会の考え方については『百章』第二三章「再婚および三度目の妻をめとる者について」に以下の文章がある。「二度目の結婚では加冠式が行われず、規則によって祈祷だけがなされ、三度目の結婚では聖なる規則により禁止事項をともなって祈祷だけが行われる。二度目の結婚をした者には、二年間の聖体拝領停止の懲罰《エピテイミヤ》を加える。だが若い者の場合には一年間でよい。三度目の結婚の場合には五年間聖体拝領を許さず、またすべての聖物に触れることを禁止する。四度目の結婚について言及されたことはないが、規則がこれを禁じている。不品行を行う者が、このような不法をなしているのである。四度目の結婚、すなわち野合をなしたる者は卑しめられる……」、さらにその後に大グレゴリオスの言葉として「……四度目は神への冒瀆であり、豚の生活にほかならない」の引用がある—『百章』（試訳）（二）1993 : 23–24.

（9）「カルムィク娘」は十八世紀以降、ロシアの宮廷と貴族社会では、娯楽と下働きを提供する者として公的に贈答される女性を意味し、「普通名詞化」していた観がある。ヴァルヴァラ・シェレメーチェヴァ公爵に仕えたアンヌシカ（I・P・アルグノーフによる肖像画〔一七六七年〕が有名）、エカテリーナ大帝の死後、マリヤ・フォードロヴナ皇后貴族子女寄宿養育協会にマリヤ・ペトローヴナとして引き取られたカルムィク娘等が知られている。同様の存在は「黒人（アラープ）の子供」（子供のアラープを従えたエカテリーナ一世、アンナを題材とした一連の影像を参照）である。

（10）Zapiski Zhelyabuzhskogo s 1682 po 2 iyulya 1709. SPb., 1840 (Zhivov 2002 : 403, 410). 道化の結婚式とマスカラードに関して、アンナ期にピョートル期のそれを継承したのか、ピョートルの「伝統」に反したのかに関しては、アンナの同時代においてもすでに異なる見方があった。そのことについては、上記註４にあげたPogosyan 2001に言及がある。

（11）Rovinskij 1903 : 187–188.

（12）Kraft 1741. 報告記録を残したクラフト（一七〇一—五四年）については、N.I.Nevskaya G.V. Kraft. Peterburgskaya Akademiya Nauk 18 v. // Nemtsy v Rossii. Peterburgskie nemtsy. SPb., 1999が詳しい。また、この冬の寒さについては、ビュルガー編『ほらふき男爵の冒険』（岩波文庫、新井皓士訳）にも言及がある。ちなみに、ミュンヒハウゼン男爵は一七三九年にブラウンシュヴァイク家の公子アントン・ウルリヒの婿入りに同行してロシアを訪れた。ほんの短期間ながらロシア軍としてトルコとの戦闘に参加、アントン・ウルリヒがホルモゴルィ（上記訳者によれば、シベリア）に流された後も、女帝エリザヴェータの宮廷内で勤務した。

（13）中世以来の一般的な結婚シーズンは、生のエネルギーが高揚する夏六、七月と収穫後の秋から冬、九月から翌年二月までとし、特に冬は一月六日から謝肉祭までの時期とする記述（Rybakov 1987 : 177）を参照。

（14）Snegirev 1837 ; Tereshshenko 1848.

（15）前章で多くの成果を参照した演劇史家クジミナによって活字化された《マースレニツァに関する詩》《マースレニツァとロシア庶民の交信》《マースレニツァの行いに関する通信》等（Kuz'mina 1958 : 50）。

（16）Kuz'mina 1958 : 52. 彼女の調査によれば、手稿本とルボークによる十八世紀における謝肉祭のコメディ＝遊戯は、地域別に見ればモスクワ（テキスト二）、ペテルブルク（六）、シベリア（一）の三つのタイプがあるという

（17）Kuz'mina 1958 : 52–54.

（18）上記註16にあげた三つのタイプの中のモスクワ版では「マースレニツァがポクロフスコエへやってきた」との記述があり、モスクワ近郊のポクロフスコエでは、謝肉祭には「氷の丘」が建てられていたという（Kuz'mina 1958 : 53）。

（19）クラーチヌイ・ボイに関する研究文献はここではあげないが、筆者はこれを画題としたルボーク作品の事例を別に論じたことがあり、それを「男性原理」を求めた季節遊戯であり、「ロシア式戦いの原像」とした（坂内 2006a : 187–192）。

（20）註18を参照。

（21）ゴリツィンが結婚を望んだとの指摘もある。また、「仲人女」としてのアンナという側面は、彼女が受け止めた現実（ごく短期間の結婚生活と死別、再婚希望、長期の寡婦生活）と結婚観といった彼女個人の問題を越えて、典型的ロシア女性としての「世話焼き女」「噂話好き」「おしゃべり女」といった、より大きな枠内でとらえるべきであろう（同時に、同時代の演劇ならびに民衆版画に見られる「仲人女」の表象も参照）。あるいは、この点は、誤解を恐れずに言えば、アンナにおける《民衆性》として考えることができるかもしれない。

（22）市建築委員会の中心人物であったエロープキン（一六八九—一七四〇年）の仕事と生涯の全容については、Zodchie Sankt–Peterburga. 18 vek. SPb.,1997. S.156–190. を参照。ただし、ここには《氷の館》についての言及はない。ただし、V.G.Isachenko Zodchie Sankt–Peterburga 18–20 vekov. SPb., 2010には言及がある。

（23）ペテルブルク建設の旗頭として知られるドミニコではなく、彼の娘婿。

（24）大臣官房kabinet ministrov は一七三一年一一月にアンナの勅令により創設された。当初はG・I・ゴロフキン、A・I・オステルマン、A・M・チェルカスキイの三名から構成され、オステルマンの影響が最大であった。ゴロフキンの死後、P・I・ヤグジンスキイが参加、さらに彼の死後（一七三六年四月）二人体制が続いたが、一七三八年四月にヴォルィンスキイが加わった（Gosudarstvennost' Rossii. Kn.2. M., 1999. S.146.）。ちなみに彼は祭りの四ヵ月後、アンナの寵臣ビロンに対する反逆の廉で「腹心の友人たち」とともに逮捕され、彼に連座した後述のエロープキンともども一七四〇年六月二七日に処刑された。Kurukin 2011を参照。

（25）Starikova 199a : 642–711. さらに、Solov'ev 1993 : 517–518 ; Pavlenko 2002 : 142–144を参照した。

（26）ペテルブルクのクンストカーメラ（現民族学・人類学博物館）は一七一四年に設立、一七一八、一七一九年に独立した建物となる。最初期のクンストカーメラに関する最良の研究としては、R.Nikolozi Mikrokosmos novogo : Kunstkamera Peterburga I simbolicheskij poryadok Petrovskojepokhi. V.cb. : Petr Velikij. M., 2007. さらに、ライプニッツの側からのロシア、ピョートル大帝との関わりに関しては、ホルスト・ブレーデカンプ『モナドの窓 ライプニッツの「自然と人工の劇場」』（原研二訳、産業図書、二〇一〇年）がきわめて役立つ。橋本伸也「ライプニッツとロシア―ヨーロッパ史のなかのサンクト・ペテルブルグ科学アカデミー創設」（望月哲男編著『創像都市ペテルブルグ―歴史・科学・文化』［北海道大学出版会、二〇〇七年］所収）も参考になる。クンストカーメラに関しては多数のロシア語関連資料があるが、とりあえずStanyukovichi 1953. を参照。ここには、収蔵されていた衣装のコレクションが祭典《氷の館》で使用されたことへの言及もある。だが、祭りそのものについては「無意味で馬鹿げた祭り」とされている（Stanyukovichi 1953 : 76–77）。ちなみに、この祭りに使われた衣装は、現在もクンストカーメラに保管されている。

（27）Starikova1996a : 650–656.

（28）十八世紀半ばまでのロシア民族学「誕生期」を形成したV・N・タチーシチェフ、I・I・キリーロフ、一七三〇―四〇年代のロシア各地の調査・遠征、さらに、G・F・ミルレル、I・グメリン等の仕事の概要については、Tokarev 1966 : 79–85, 93.

（29）以下の記述は、Starikova 1996a : 693–711 ; Russkij byt 2010 : 294–300 ; Uspenskij i Shishkin 1990 : 304–311に依った。

（30）ピョートル大帝期に始まるロシアにおけるゾウの文化史に関しては、Bogdanov 2006（Slony i kofe : chuzhoe kak cvoe. // O krokodilakh v Rossii. M.）が興味深い。

（31）マルキーズ・ド・ラ・シェタルデ（一七三九―四二、一七四三―四四年にロシア宮廷で勤務）、マンシュテイン（宮廷に出入りしたのは一七三六―四四年）といった人々の手紙や覚書に依る。

（32）註31にあげたマルキーズ・ド・ラ・シェタルデの記述（Starikova 1996 : 704–705）。

（33）Starikova 1996a : 706.

（34）Rovinskij 1903. これは一六七四年から一八九一年までの編年史的な資料集である。また、ヤコブ・シュテルンが記した「ロシアにおける花火芸術概史」（未刊）が十八世紀ロシア文化史研究者K・V・マリノフスキイによる周到な注釈付きで刊行されている（Shtelin 1990 : T.1, 238–272）。

（35）Zelov 2002.

（36）Rovinskij 1903 : 223.

（37）Rovinskij 1903 : 223 ; Zelov 2002 : 233.

（38）Pekarskij 1873 : 77–83.「永遠の働き者」vechnyj truzhenik という表現は、プーシキンの《Table Talk》（一八三〇年代）に「ピョートル大帝が一二歳の生徒のヴァシリイ・トレヂアコフスキイを紹介されたときに発した、永遠の働き者という言葉は皆が知っている。何たる見方！　何と的確な定義か！　実際のところ、トレヂアコフスキイは永遠の働き手以外の何物でもなかった」とあり、さらに「ピョートルは自分が始めた多くのことを仕上げることができなかった。彼は勢い壮んな時に、活動の創造的力があふれている時に死んだ。彼は文学に対しては、散漫ではあるが透徹した一瞥を投げかけた。彼はフェオファーンをとり立て、コピエーヴィチをはげまし、タチーシチェフをその軽率さと自由思想のゆえに嫌い、ぱっとしない［「貧しい」の誤訳―引用者］学生トレジヤコ《ママ》ーフスキイの中に未来の永遠の働き者を予見した……」（『ロシア文学のみじめさについて（一八三四年）』（『プーシキン全集五 評論・歴史・紀行』河出書房新社、一九七三年、一〇六頁）とあることから、ピョートルの発言として知られていたのは間違いない（Mokienko i dr. 1999: 105）。

（39）L・A・チョールナヤは、訳本末尾に翻訳者が自身のステータスを「著作者」sochinitel' と記した事実を、文学史上の転機 perelom としている（Chernaya 1999: 144）。さらに同著者によれば、「流行作家」modnyj pisatel' という言葉はトレヂアコフスキイ自身が使ったという（Chernaya 1999: 132）。ピョートル期・以後、そしてアンナ期における「流行、モード」については、言葉の使用ならびに流布も含めて考察すべきである。ロトマンによれば、二一〇頁からなる訳本『愛の島への旅』（一七三〇年）は「ロシア最初のロマン小説」であるとされる。また、G・F・ミルレルが『科学アカデミー史』を書いた一七七六年の時点で、この訳本初版は、訳者自身が入手できる限りのすべてを焼却したために大変な稀覯本となっていたという。

（40）ピョートル期以降における文化戦略の一つとしての「言語プログラム」構築に関しては Uspenskij 1985 が大きな方向性を示し、それを受けた Zhivov 1996 も欠かせない。ロモノーソフとトレヂアコフスキイについては、佐藤 2012 が参考になる。

（41）ここで、アンナ即位に捧げられたこの詩の分析を行うことはできないが、二点だけ指摘しておく。第一に、この詩の第一版ヴァリアントの第一行目「今や、アンナ・インペラトリクスよ、万歳」（Trediakovskij 2013: 416. 最終版では、「永久に、アンナ・インペラトリツァよ、万歳」）に見えるインペラトリクスという言葉が多くの「物議を生んだ」こと（詩的・音楽的効果、意味不明等々）。第二に、詩の本文七行目に「この恩寵は天空より皆へと注がれる」とあること。人名アンナという言葉の古代ユダヤ語語源が「神の恵み・恩寵」であることから、ロシア語の「恩寵」blagodat'（文字通り、神が与えた良きもの）と重ねた手法である。ジャンセニズムに顕著な「恩寵」論争とトレヂアコフスキイの関連を考える手がかりとなるかもしれない。

（42）トレヂアコフスキイは、ロシア最初期の本格的な宮廷詩人として、詩を作っただけでなく、作曲もしている。現存する音楽頌詩（カント）の数は六〇曲、ヴァリアントを含めると一六〇を越えるという。アンナ女帝に対する詩人の音楽による賛歌に関してはOgarkova 2004 : 38–42に詳しい。さらに、音楽家としてのトレヂアコフスキイに関しては、M.M.Sokhranenkova V.K. Trediakovskij kak kompozitor. PKNO. 1986. L.,1987。彼と同時代の音楽文化との関わりに関してはLivanova 1952 : 46–56の他、詩人が創作した詩と「民謡」との関係について考察したG・I・ボムシュテインの論考（Bomshtejn 1962）も貴重である。彼によれば、ロシア詩に関する詩人の言説がフォークロアの発展の法則的な段階を形成し、一七七〇年代に始まるフォークロア（特に「民謡」を中心とした）への関心の高まりを詩人は予感していたという。

（43）Zhivov 2002 : 564. 彼によれば、「作家の社会的役割を確立するための闘いを始めたのはトレヂアコフスキイであり、それはおそらく、社会的非適応が彼をそれに追いやったため」という。

（44）刑罰の理由として考えられるのは、命じられた詩が完成しなかったこと、祭りのリハーサルに遅れたこと、アレクサンドル・クラーキン公爵（詩人にとってはヨーロッパ放浪時の庇護者であり、ヴォルィンスキイの政敵の一人）と親密な関係にあったこと、ヴォルィンスキイを思わせる詩（寓意詩「自慢屋」がそれとされている）を作ったこと等。Pis'ma 198 : 63を参照。また、彼の宗教問題も理由として考えられるが、これについては後述する。

（45）Solov'ev 1993 : 529–533 ; Pekarskij 1873 : 77–83 ; Pis'ma 1980 : 48–49.

（46）優れたトレヂアコフスキイ論の著者であるイリーナ・レイフマンによれば、ロシア文学の「創生神話」において、ロモノーソフが創造者＝ヒーローの役割を果たしたとするならば、トレヂアコフスキイはヒーローの「馬鹿の双子」「口のきけない悪魔の分身」であるという（Reyfman 1990 : 27–28）。ただし、レイフマンの全体主題は、詩人の道化力にある。さらに、ジヴォフも、「虐待を暴いたことで詩人はぶざまな道化になった」とする（2002 : 584）。

（47）Zhivov 2002 : 57.

（48）Uspenskij 2008 : 535–536. もっとも草稿にはいくつかの版があり、それらの比較と違いについては、Tam zhe 539で指摘されている。

（49）blyadochka は blyad'「売女」「娼婦」の指小表愛形。blyad' に関しては、例えばN.P.Kolesnikova i E.A.Kornilov Pole russkoj brani. Rostov na Donu, 1996. S.46を参照。さらに、I.Z.Raskin Entsiklopediya khuliganstvuyushshego ortodoksa. M., 1994. S.88–94には豊富な用例とこの語に対する考察がある。ペレストロイカ以後、ソビエト、ロシアでは「社会的方言」（俗語、流行語、犯罪語、収容所語、政治的・性的タブー語、死語等々）に関する多数の辞典が出版されており、罵倒語についても同様である。

（50）Uspenskij i Shishkin 1990 : 300. 見世物小屋の芸能、その入口での「呼び込み爺さん」の言葉を含む都市の祝祭（民衆遊興《ナロードヌィエ・グリャーニヤ》）については、Konechnyj 2021 : 58–115.

（51）Uspenskij i Shishkin 1990 : 298 註3. これは、マスカラードを実際に見物し、後のエリザヴェータ帝期に陸軍中将となったV・A・ナシチョーキン「覚書」からの引用である（Russkij byt 2010 : 296）。

（52）Uspenskij i Shishkin 1990. この論文の改訂版は Uspenskij 2008に収録。

（53）詩人は、ヴォルィンスキイがアストラハン県知事の職にあった時期（一七一九―一七二四年）、アストラハンで修学中であり、一七二〇年頃にはカトリックが作った学校へ入学した。この学校創立自体が大きな問題となり、宗務院の知るところとなるが、ヴォルィンスキイは学校を存続させ、カトリックを弁護したことがある。この矛盾して見える行動の背景として、彼のカトリックに対する見解については別に考察する必要があるが、詩人がカトリックに興味を持っていることを、その時以来強く意識していたのは間違いない。

（54）Trediakovskij 1963 : 390–391.

（55）《氷の館》祭典を有名にした同名のタイトルを持つ歴史小説の作者I・I・ラジェーチニコフに対するA・S・プーシキンの書簡（一八三五年一一月三日付）を参照。ここで詩人は『氷の館』を優れた作品であると評価しながらも、小説家の「ヴォルィンスキイ事件」のとらえ方に疑念を示すとともに、トレヂアコフスキイ観に強い不満と怒りを記し、この卓越した詩人を「受難者」であるとして最大級の敬意を示している（A.S.Pushkin Sobranie sochinenij v desyati tomakh. T.10. M.,1978. S.244–245)。トレヂアコフスキイ「再評価」の動きは、Orlov 1935を皮切りとして一九三〇年代から始まったと考えられる。音楽史家リバーノヴァも、ラヂーシチェフからプーシキンへの系譜の上でのトレヂアコフスキイ「復権」を主張している（Livanova 1952 : 46)。また、ロシア文学の「幕開け」を告げたプーシキンの《まなざし》を十二分に意識した二〇世紀初頭の詩人V・F・ホダセーヴィチの以下の言葉、「あの《マスカラード》の夜、ヴォルィンスキイがトレヂアコフスキイを打擲したとき、ロシア文学の歴史［…］ロシア作家の破滅の歴史は始まった」（初出未見、Batuman 2010 : 210による）は多くの示唆を含む。さらに、十八世紀のトレヂアコフスキイ、ロモノーソフ、スマローコフの三人の文学者のバイオグラフィを「社会的現象」として捉えようとしたジヴォフの優れた論考（一九九七年）では「作家の社会的役割を確定するための闘いを開始したのはトレヂアコフスキイであり、彼が開始したのは、おそらく、社会的不適応がそのことを駆り立てたからである」（Zhivov 2002 : 564）とされている。

（56）Pogosyan 2001 : 107. 彼女の論考は多くの示唆を与えるものの、これまでに本書でも度々援用してきたスタリコヴァによる「氷の館」に関する膨大な資料発掘とそれにもとづく研究に言及していないのはいささか腑に落ちない。

第6章　皇帝とフォークロア――語り部の女たちに囲まれて

（1）おしゃべりを目的として女性を近くに集めることに熱心なアンナは、ミタウ時代以降、女帝になってからも、おそらく話題を豊かにすべく、親類縁者や知人に、その土地のニュースを知らせるように多くの手紙を送っている。こうした言動に関しては、十九世紀後半以降の歴史家が言及し、多くの歴史書のアンナに関する個所で紹介されてきた（Shubinskij 1995 : 62–63 ; Kostomarov 1888 : 145–146 ; Pavlenko 2002 : 137–138）。だが、そのほとんどは、あくまでもエピソードとしてであり、その意味に注目することはなかった。

（2）*Kniga zapisnaya* 1878 : 138.

（3）Shubinskij 1995 : 62.

（4）Klyuchevskij 1910 : 391.

（5）Tatishshev 1962 : 295.

（6）坂内(知) 2010.

（7）ここで「療養所」と訳したロシア語は gospital'「病舎」である。『18世紀ロシア語辞典』によれば、オランダ語 hospitaal、ドイツ語 Hospital から直接、あるいはポーランド語経由によって十八世紀初頭（初出は、goshp- 一七一四年、gospital' gashp- 一七一五年、ashp- 一六九七年、oshp- 一七〇六年、shpital' 一七一八年、gospital 一七一五年、gospitaliya 一七一五年等）にロシアに入った。同辞典には、野戦病院（多くは軍人、最初は海軍兵士用）、獣医科病院、貧民・巡礼施設、孤児院等の意味があがっている。

（8）Semevskij 1883 : 12–13.

（9）Tatishchev 1962 : 116. タチーシチェフの記述によれば、このチモフェイは瘋癲行者であり、彼らにたいしては手に接吻するのがならわしだったが、彼がそれに従わなかったため、悪しき予言をされたという。タチーシチェフはこの宗教者たる瘋癲行者を「道化」と呼んでいる。この「道化」shalun という言葉が十八世紀前半に実際に活躍した「道化」とどのような関係にあるかについては、別に論じる必要がある。ちなみに、上記タチーシチェフの記述を引用したパンチェンコによれば、この「道化」という言葉はアヴァクーム時代の瘋癲行者が「ふざける」という語とつながるという（Likhachev i dr. 1984 : 153）。

（10）Starikova 1996a : 86.

（11）Starikova 1996a : 86.

（12）Kniga zapisnaya 1878 : 225.

（13）A・B・チシコフ編『ポドモスコーヴィエのウサーヂバ』（二〇〇六年）「No.406 ポリヴァーノヴォ」の項目の記載によれば、ここは、十七世紀初期から大膳職V・A・ポリヴァーノフの領地だったが、同世紀半ばから十八世紀半ばまで、宮廷官M・M・サルトィコフの所有となったという（その後、ラズモフスキイ家他）。モスクワ南郊ポドリスク市から一七キロの場所にあり、現在は「シシャポヴォ・ウサーヂバ歴史ミュージアム支部」となっている（Chizhkov 2006 : 150–151）。

（14）Kniga zapisnaya 1878 : 225–226. 十九世紀末にパーヴェル・シェインによって刊行された有名なフォークロア資料集『大ロシアの歌謡、儀礼、慣習、信仰、昔話、伝説他』（一八九八年）には、この歌がそのまま収録されている（Shejn 1898: T.1, vyp.1, 274–275）。

（15）Stanyukovich 1953 : 76. この民族名リストに見える「アラープ」は、①アラブ人、②黒人、③十八―十九世紀の宮廷や貴族屋敷で仕えた肌の黒い僕婢（Slovar' 18 v., vyp.1, 85）の総称。ブロンズ像《アンナと黒人の子供》は、バルトロメオ・カルロ・ラストレリ晩年の傑作（高さ、幅、奥行きとも約二・二メートル、一七四一年に完成）だが、バロックと初期ロココ様式の結合の中に、権力者とその「取巻き」の双方の間に存在する、可笑しげだが、崇高なまでの関係性が表象されているように思われる。

（16）Stanyukovich 1953 : 76. 現在もクンストカーメラに保管・収蔵されている。

（17）上で言及したトレヂアコフスキイが《氷の館》の広場で歌った戯れ歌にも、民族名としてモルドヴァ、チュヴァシャ、サモエードィ、楽器としてバラライカ、グドーク、ロージュキ、ヴォルィンキなどの言葉が使用されていた。Uspenskij 2008 : 536.

（18）Starikova 1996a : 78,101. 十八世紀ロシアの「ナショナルなもの」の在り方に関する「古典的」著作としてRogger 1960は貴重だが、そこでの、「十八世紀問題」を十九世紀初頭のナショナリズム（西欧的意味での）成立からのみとらえ、その枠組みの中に収斂させるかの議論の方向性には多くの問題——十八世紀ロシア固有の社会思想のあり方について、執筆当時における研究の限界、また、欧米のナショナリズム論の影響など——がある。Roggerに対する批判は、例えば、Tolz 2001 : 48にある。十八世紀における「ナロードの発見」をめぐる言説史にとってアンナの意味は、予想外に大きいのかもしれない。

（19）Batuman 2010 : 202. このアメリカのロシア文学研究者の仕事は、二〇〇六年冬にペテルブルグで開催された祭典《氷の館》に参加した際の見聞から筆を起こし、ラジェーチニコフ『氷の家』を西欧で最初に「受容」したイギリス詩人ウイリアム・クーパー「タスク」、トーマス・マンらの作品にまで論及するきわめてユニークな興味深い論考である。

（20）Bogdanov 2006 : 45.

（21）Petrov 1885 : 197. Starikova 2000 : 116による。

（22）Bogdanov 2006 : 22–37. 上記註19のバツマンからの引用文に先立つ、「アンナによって上演されたどの奇怪なスペクタクルも、奇怪さはほんのわずかだけ劣るピョートル大帝によるスペクタクルをグロテスクに重ね合わせた」という言葉を参照。

（23）Bogdanov 2006 : 37, 253–254.

（24）Vishlenkova 2011. 民族衣装が民族誌に必須の資料として調査報告書・画帳に掲載されるようになるのは、二人の民族誌家パラス、ゲオルギの仕事以降である。

（25）パラスによって試みられた帝都記述に関しては、山田 1883が役立つ。ほぼ同時期に、郊外も含めた帝都案内記の刊行が始まったことの意味は大きい。

（26）キリーロフに関しては、豊川 2016を参照のこと。三上正利「キリーロフの生涯とその著『全ロシア国の繁栄状態』」『窓』三〇（一九七九年）も参照。

（27）Tatishshev 1950 ; Stanyukovich 1978 : 4–26.

（28）Tatishshev 1979 : 53–360. そこには、例えば「叫び女 klikusha（女性シャーマン、泣き女）」のような民俗語彙も収録されている。タチーシチェフは、アンナが皇帝の座に就いた後にこうした「語彙集」編纂を目的としたプロジェクトを進言している。ちなみにアンナとタチーシチェフは姻戚関係（アンナの母プラスコーヴィヤが大貴族タチーシチェフの孫娘）にあった（Likhachev i dr. 1984 : 153. 日本語訳、二七四頁）。

（29）Poe 2000. この研究は、西欧社会で蓄積されてきたロシア旅行記をエスノグラフィのテキストとして読み、これまでのルーシ・ロシア像の再構築を試みた注目すべき仕事である。本書第2章で検討した《タラス爺さん》を含め、イヴァン雷帝に関する昔話のテキスト別の比較など、多くの論点を含んでいる。

(30) Slovar' 11–17 vv. によれば、(一) 族、種族、(二) 群衆、(三) 属、(四) 人々、(五) 共通の利害、政治・宗教的味方で結びついたグループ、(六) 下層民、(七) 住民、(八) 民族 (ただし、使用例は十七世紀の文献による)。

(31) Slovar' 18 v. を参照。十七世紀から十八世紀にかけて、ナロードという言葉の意味変化と、それがどのように「文化変容」と関連するかは、さらなる大きなテーマとなるだろう。

(32) 高田 2012 : 333–345 ; 坂内 1991 : 34.

(33) Kamenskij 1999 : 157. ソロヴィヨフ、クリュチェフスキイのロシア歴史学の「流れ」を念頭に置き、強烈に意識していることは、彼の本文ならびに注から明らかである。その意味で、カメンスキイがソ連崩壊前から始まった文化史研究の意義を主張したことは高く評価したい。ただし、近年の「日常誌」ブームについて、本書筆者は否定的であり、文化史研究の「危うさ」と「曖昧さ」を感じている。

(34) Kamenskij 1999 : 157.

結びにかえて

(1) 最近の主な成果として Baldina 1972 ; Narodnaya kartina 1996 ; Sokolov 1999 ; Mir narodnoj kartinki 1999を参照した。

(2) Akhmet'ev 1999.

(3) むろん、宮廷、貴族館、聖堂 (特に、フレスコ画)、農家等の内装・外装やインテリア、宗教儀式で用いられるさまざまな聖具の模様・刺繍デザイン、庶民の民芸品・民具の紋様等も考慮すべきだろう。また、中世ロシアの「言葉と描写」が「近代よりも緊密に結びついていた」との前提にもとづき、「相互浸透が両者の内的構造の事実」とする中世文学研究者ドミトリイ・リハチョフの指摘 (Likhachev 1967 : 24) も再考の余地がある。

(4) 特に、栗生沢 2019、同 2022は、ファクシミリ版全二四巻として近年、ロシアで刊行された『十六世紀の絵入り年代記集成』（二〇〇九―一〇年）の綿密な紹介を含む貴重な論考であり、年代記に付された図像資料へのアプローチを考える上で不可欠である。さらに、Artsikhovskij 1944も参考になる。

（5）稀少な例外として、イコン画家個人の生涯と仕事に関する詳細な記述は、松木 2002にあるが、この場合の画家は十二―十三世紀ノヴゴロドで活躍したギリシャ人から渡来した帰化人絵師である。

（6）いずれも、研究の方向性と目的は異なるが、澁澤敬三「絵引は作れぬものか」『新版絵巻物による日本常民生活絵引』（平凡社、一九八四年、ただし、引用文の初出は一九五四年）からの言葉である。

（7）Vagner 1987 : 273. ただし、「美の直接的な理解・審美感、具体的形式に精神的真実を見る情熱」こそが、ビザンツの遺産を受け継ぎながらも、キエフ・ルーシが発展させ、ロシア文化に最初で肝要な方向性をもたらしたとする指摘（Billington 1966 : 6）も認めておくべきと思う。

（8）Vagner 1987 : 273–274.

（9）Rovinskij 1881 : T.1, No.285 ; Mishina b.g. : No.97.

（10）Gollerbakh 2003 ; Khromov 1988.

（11）この二編の日本語訳は、中村編訳 1970 : 295–330.

（12）Adrianova-Perets 1977に、十七世紀に書き残され、現在まで手稿として残る多くのテキストが詳細なテクストロジーとコメントを付されて収録されている。その一部は、リハチョフ他による『中世ロシアの笑い』（日本語訳Likhachev i dr. 1984に多数引用され、読むことができる。

（13）Ermakova i dr. 2004.

（14）中村編訳 1970 : 421–422.

（15）Panchenko 1984 : 6–10.

(16) Gollerbakh 2003 : 22.

(17) Alekseeva 2013.

(18) Sakovich 1983.

(19) 一九八二年にモスクワで《民衆版画工房》を創設したヴィクトル・ペンジン〈図5-1〉は、ヴァシリイ・コーレニの作品複製の仕事に数年にわたって従事し、完成した作品の展示会をロシア国内外で開催した。二〇一九―二〇年には、コーレニの版画刊行三二五年と彼の故郷にちなみ、誕生の村ドゥブロヴノをはじめとして、ミンスク等のベラルーシ各地で展示会が行われた。

(20) ただし、「貧者の聖書」の意味が「曲解」されたことについては注意しておく必要がある。「この呼び方(「貧者の」――引用者)は、こういう本によくついているラテン語の題名を短く縮めてできたのだが、多分に時代錯誤である。『貧しい説教者の聖書』Biblia pauperum praedicatorum は、貧乏人に向けられたのではなく、能力の貧しい説教者を対象としている。ラテン語に暗い未熟な説教者は、絵本を手引きとして与えられたほうが聖書の解釈をやりやすかったためである」(E・L・アイゼンステイン『印刷革命』別宮貞徳監訳、一九八七年、みすず書房、三八頁)。そして、ロシアで「貧者の聖書」が「ナロードのための聖書」(この言い方がいつから生まれたのか、については調査すべきである)とロシア語訳されて現代まで使用されていることの背景として、ナロードという語の意味論が検証されるべきである。

(21) Sakovich 1983 : 89–91. 同氏によれば、「コーレニの自由な考え方と民衆性(デモクラシー性)の中に、イリヤやアヴァクームとは、世界感覚や政治的方向性では異なるものの、規模の点では彼らに劣らない巨大な、ナロードから出た人格が感じられる」(112)という。

(22) Slovar' sovremennogo russkogo litereturnogo yazyka. T.4, 1963. Stolb.441–442.

索　引

人名索引

事項索引

事項索引は主要な箇所のみを採録する。

参 考 文 献

Адамка Педрилло 1836 Умные, острые, забавные и смешные анекдоты Адамки Педрилло, бывшего шутом при дворе императрицы Анны Иоанновны во время регенства Бирона. Ч.1-2.М., 1836.

Адрианова-Перец 1937 Адрианова-Перец В.П. Очерки по истории русской сатирической литературы XVII в. М.-Л., 1937.

Адрианова-Перец 1977 Адрианова-Перец В.П. Русская демократическая сатира XVII века. Издание второе, дополненное. Подготовка текстов, статья и комментарии В.П.Адриановой-Перец. М., 1977.

Азбука 1974 Богданов Б.П. и Карпюк Г.В.(сост.) От азбуки Ивана Федорова до современного букваря. М., 1974.

Алексеева 2013 Алексеева М.А. Из истории русской гравюры XVII-начала XIXв. М.-СПб., 2013.

Андросов 2003 Андросов С.О. Русские заказчики и итальянские художники. СПб., 2003.

Анекдот 2003 Русский литературный анекдот конца XVIII-начала XIX века. Вступ. ст. Е.Курганова. М., 2003.

Анекдоты Балакирева 1889 Анекдоты, шутки и выходки Балакирева, придворного шута Петра Великого. М., 1889.

Анисимов 1986 Анисимов Е.В. Россия в середине XVIII века. Борьба за наследие Петра. М., 1986.

Анисимов 1994 Анисимов Е.В. Россия без Петра 1725-1740. СПб., 1994.

Анисимов 1997 Анисимов Е.В. Женщины на Российском престоле. СПб., 1997.

Анисимов 2002 Анисимов Е.В. Анна Иоанновна. М., 2002.

Анисимов 2003 Анисимов Е.В. Петербург послепетровского времени. В кн.: Санкт-Петербург. 300 лет истории. СПб., 2003.

Анисимов и Каменский 1994 Анисимов Е.В. и Каменский А.Б. Россия в XVIII-первой половине XIX века. М., 1994.

Антропов 2001 Антропов Р.Л. Бирон. Герцогиня и «конюх» ; Зарин-Невицкий Ф.Е. Борьба у престола. М., 2001.

Арциховский 1944 Арциховский А.В. Древнерусские миниатюры как исторический источник. М., 1944.

Асеев 1958 Асеев Б.Н. Русский драматический театр XVII-XVIII веков. М., 1958.

Ахметьев 1999 Ахметьев М.А. Фабрика народных картинок Ахметьевых в Москве (1744-1869). В сб.: Мир народной картинки. М., 1999.

Бадалич и др. 1968 Бадалич И.М. и Кузьмина В.Д. Памятники русской школьной драмы XVIII века. М., 1968.

Балдина 1972 Балдина О.Д. Русские народные картинки. М., 1972.

Балязин 2006 Балязин В.Н. Неофициальная история России. От Екатерины I до Екатерины II. М., 2006.

Баторевич 2006 Баторевич Н.И. Екатерингоф. История дворцово-паркового ансамбля. СПб., 2006.

Бахтин и др.(сост.) 1962 Бахтин Вл. и Молдавский Дм.(авторы и составители) Русский лубок XVII-XIX вв. М.-Л., 1962.

Безвременье 1991 Безвременье и временщики. Воспоминания об «эпохе дворцовых переворотов» (1720-е-1760-е годы). Л., 1991.

Белкин 1975 Белкин А.А. Русские скоморохи. М., 1975.

Белова 1999 Белова О.В. Коза. В кн.: Славянские древности. Т.2, М., 1999.

Беляев 1854 Беляев И.Д. О скоморохах. В кн.: Временник общества истории и древностей российских. Кн.20. М., 1854.

Бердников 2009 Бердников Л.И. Шуты и острословы. Герои былых времен. М., 2009.

Бердников 2019 Бердников Л.И. Всешутейший собор : смеховая культура царской России. М., 2019.

Берков(ред.) 1953 Берков П.Н. Русская народная драма XVII-XVIII веков. Тексты пьес и описания представлений. М., 1953.

Беспятых 1997 Беспятых Ю.Н. Петербург Анны Иоанновны в иностранных описаниях. СПБ., 1997.

Бирон 1992 Эрнст Иоганн Бирон 1690-1990. Выставка в Рундальском дворце. Каталог. 1992.

Бобров 1998 Бобров А.Г. Повесть о Фоме и Ереме. В кн.: Словарь древней Руси. Вып.3, ч.3. СПб., 1998.

Богданов 2006 Богданов К.А. О крокодилах в России. Очерки из истории заимствований и экзотизмов. М., 2006.

Бомштейн 1962 Бомштейн Г.И. Филолог Тредиаковский и фольклор. В сб.: XVIII век. Сб.5. Л., 1962.

Бутир и др. 1998 Бутир Л.М. и Порфильева А.Л. Мира. В кн.: Музыкальный Петербург. Энциклопедический словарь. Т.1(XVIII век). Книга 2. СПб., 1998.

Былины 1988 Библиотека русского фольклора. Былины. Сост.Ф.М.Селиванов. М., 1988.

Вагнер 1987 Вагнер Г.К. Канон и стиль в древнерусском искусстве. М., 1987.

Васильченко 2009 Васильченко Л.П. Быт славян. Словарь. Вологда, 2009.

Веденин(ред.) 2004 Веденин Ю.А. Культурный дандшафт как объект наследия. М., 2004

Веселовский 1883 Веселовский А.Н. Разыскания в области русского духовного стиха. СПб., 1883.

Виппер 1978 Виппер Б.Р. Растрелли в Прибалтике. В его кн.: Архитектура русского барокко. М., 1978.

Вишленкова 2011 Вишленкова Е. Визуальное народоведение империи, или «Увидеть русского дано не каждому». М., 2011.

Власова 2001 Власова З.И. Скоморохи и фольклор. СПб., 2001.

Волшебный фонарь 1817-1818 Волшебный фонарь или зрелище Санкт-Петербургских расхожих продавцов, мастеров и других простонародных промышленников, изображенных верною в кистью в настоящем их наряде и представленных разговаривающими друг с другом, соответственно каждому душу и званию. Факсимильное издание. М., 1988.

Всеволодский-Гернгросс 1912 Всеволодский-Гернгросс В.Н. Театр в России при императрице Елизавете Петровне. М., 2003.

Всеволодский-Гернгросс 1913 Всеволодский-Гернгросс В.Н. Театр в России при императрице Анне Иоанновне. СПб., 1913.

Всеволодский-Гернгросс 1936 Всеволодский-Гернгросс В.Н. Краткий курс истории русского театра. М., 1936.

Всеволодский-Гернгросс 1957 Всеволодский-Гернгросс В.Н. Русский театр от истоков до середины XVIII в. М., 1957.

Высоцкий 1989 Высоцкий С.А. Светские фрески Софийского собора в Киеве. Киев,1989.

Геллер 2001 Геллер М.Я. История Российской империи. В двух томах. Т.2. М., 2001

Голдовский 1994 Голдовский Б. Летопись театра кукол в России XV-XVIII веков. М., 1994.

Голлербах 2003 Голлербах Э. История гравюры и литографии в России. М., 2003 (1923).

Гольдберг 1980 Гольдберг А.Л. Первая поэма о Петербурге . ПКНО.Ежегодник 1979. Л., 1980.

Гордин 1994 Гордин Я. Меж рабством и свободой : 19 января- 25 февраля 1730 года. СПб., 1994.

Грузнова 2013 Грузнова Е.Б. На распутье Средневековья : языческие традиции в русском простонародном быту. СПб., 2013.

Гузевич и др. 2008 Гузевич Д.Ю.и Гузевич И.Д. Великое посольство. СПб., 2008.

Гуковский 1939 Гуковский Г.А. Русская литература XVIII века. М., 2003.

Даль 1957 Даль В.И. Пословицы русского народа. Сборник В.Даля. М., 1957.

Даль 1984 Даль В.И. Словарь живого великорусского языка. Т.1-4. Токио, 1984.

Даль-Бодуэн 1911 Даль-Бодуэн Словарь живого великорусского языка. Т.1-4. СПб., 1911-1914.

Демидова 2014 Демидова А. Голицыны. Главные помещики. М., 2014.

Демкова 1987 Демкова Н.С. Из истории демократической беллетристики XVII в. (неизвестная повесть о том, как скоморох в ад ходил) В сб.ст.:Исследования по древней и новой литературе. Л., 1987.

Державина 1962 Державина О.А. Фацеции : Переводная новелла в русской литературе XVII века. М., 1962.

Для голоса 2005 Книга русского авангарда. Каталог выставки. Музей Анны Ахматовой в Фонтанном Доме. СПб., 2005.

Дюшартр 2006 Пьер-Луи Дюшартр Русские народные картинки и гравированные книжицы 1629-1885.(Pierre-Louis Duchartre L'imagerie populaire russe et les livret gravés 1629-1885) М., 2006.

Ермакова и др. 2004 Ермакова М.Е., Хромов О.Р. Русская гравюра на меди второй половины XVII- первой трети XVIII века. М., 2004.

Жабрева 2000 Жабрева А.Э. Маскарады и маскарадный костюм в рукописных и опубликованных материалах XVIII века. В сб.ст.: Маска и маскарад в русской культуре XVIII-XX веков. М., 2000.

Живов 1996 Живов В.М. Язык и культура в России XVIII века. М.,1996.

Живов 2002 Живов В.М. Разыскания в области истории и предыстории русской культуры. М., 2002.

Зарин 1913 Зарин А.Е. Царские развлечения и забавы за 300 лет. Л.,1991.

Захарова 1998 Захарова О.Ю. История русских балов. М., 1998.

Захарова 2000 Захарова О.Ю. Русские балы и конные карусели. М., 2000.

Захарова 2001 Захарова О.Ю. Светские церемониалы в России XVIII-начала XXв. М., 2001.

Захарова 2003 Захарова О.Ю. Власть церемониалов. М., 2003.

Зелов 2002 Зелов Д.Д. Официальные светские праздники как явление русской культуры конца XVII-первой половины XVIII века. М., 2002.

Ивлева 1994 Ивлева Л.М. Ряженье в русской традиционной культуре. СПб., 1994.

Исаев 2001 Исаев М.И. Словарь этнолингвистических понятий и терминов. М., 2001.

Калязина и др. 1997　Калязина Н.В. и Калязин Е.А.　Петр Еропкин. В кн.: Зодчие Санкт-Петербурга. XVIII век. СПб., 1997.

Каменский 1999　Каменский А.Б.　Российская империя в XVIII веке. Традиция и модернизация. М., 1999.

Карнович 1886　Карнович Е.П.　Родовые прозвания и титулы в России и слияние иноземцев с русскими. СПб., 1886 (М., 1991).

Келлер 2001　Келлер Е.Э.　Праздничная культура Петербурга. СПб., 2001.

Ключевский 1910　Ключевский В.О.　Курс русской истории. Ч.4. М., 1910.（クリュチェフスキー『ロシア史講話４』八重樫喬任訳、恒文社、1983）

Книга записная 1878　Книга записная имянным письмам и указам императриц Анны Иоанновны и Елизаветы Петровны Семену Андреевичу Салтыкову 1732-1742 гг. ЧОИДР, 1878, кн.1. М.

Коллинс 1846　Коллинс Самуил　Нынешнее состояние России, изложенное в письме к другу, живущему в Лондоне. Перевод с английского Петр Киреевский. ЧОИДР, 1846, кн.1. М.

Комиссаренко 2003　Комиссаренко С.С.　Культурные традиции русского общества. СПб., 2003.

Кондратьева 1983　Кондратьева Т.Н.　Метаморфозы собственного имени. Казань, 1983.

Конечный 2021　Конечный А.М.　Былой Петербург. М., 2021.

Костомаров 1888　Костомаров Н.И.　Русская история в жизнеописаниях ее главнейших деятелей. Т.2, вып.7. СПБ., 1888.

Котошихин（コトシーヒン）2003　Котошихин Г.К.　О России в царствовании Алексея Михайловича.（コトシーヒン『ピョートル前夜のロシア――亡命ロシア外交官コトシーヒンの手記』松木栄三編訳、彩流社、2003）

Кошелев 1994　Кошелев В.В.　Проблема скоморошества в истории наук (1854-1994 гг.). В его кн.: Скоморохи и скоморошья профессия. СПб., 1994.

Кошелев(ред.) 1994　Кошелев В.В.　Скоморохи. Проблемы и перспективы изучения. СПб., 1994.

Краснобаев 1983　Краснобаев Б.И.　Русская культура второй половины XVII-начала XIX в. М., 1983.

Крафт 1741　Крафт Г.В.　Подлинное и обстоятельное описание построенного в Санктпетербурге в Генваре месяце 1740 года ЛЕДЯНОГО ДОМА и всех находившихся в нем домовых вещей и уборов с приложенными при том гридорованными фигурами, также некоторыми примечаниями о бывшей в 1740 году во всей ЭВРОПЕ жестокой стуже сочиненное для охотников до натуральной науки чрез ГЕОРГА ВОЛФГАНГА КРАФТА. СПб., 1741.

Кузьмина 1958　Кузьмина В.Д.　Русский демократический театр XVIII века. М., 1958.

Кукольники 1995　Кулиш А.П.(сост.)　Кукольники в Петербурге. СПб., 1995.

Курганов 1997　Курганов Е.　Анекдот как жанр. СПб., 1997.
Курганов 2001　Курганов Е.　Похвальное слово анекдоту. СПб., 2001.
Курганов 2002　Курганов Е.　Анекдот - Символ - Мифы. Этюды по теории литературы. СПб., 2002.
Кургатинов(сост.) 1996　Кургатинов А.В.(автор-сост.)　Русская старина. Путеводитель по XVIII веку.　М.-СПб., 1996.
Курочкин 1993　Курочкин А.В.　Коза.　В кн.: Восточно-славянский фольклор. Словарь научной и народной терминологии. Минск, 1993.
Курукин 2011　Курукин И.В.　Артемий Волынский. М., 2011.
Курукин 2014　Курукин И.В.　Бирон. М., 2014.
Курукин и др. 2010　Курукин И.В. и Плотников А.Б.　19 января - 25 февраля 1730 года : События, люди, документы. М., 2010.
Ливанова 1952　Ливанова Т.　Русская музыкальная культура XVIII века с ее связях с литературой, театром и бытом. Т.1, М., 1952.
Лифарь 1945　Лифарь С.　История русского балета. Париж,1945.
Лихачев 1973　Лихачев Д.С.　Развитие русской литературы X-XVII веков. Л., 1973.
Лихачев 1967　Лихачев Д.С.　Поэтика древнерусской литературы. Л., 1967.
Лихачев и др.（リハチョフ他）1989　Лихачев Д.С., Панченко А.М. и Понырко Н.В. Смех в Древней Руси. Л., 1984.（リハチョフ、パンチェンコ、ポヌィルコ『中世ロシアの笑い』中村喜和、中沢敦夫訳、平凡社、1989）
Лотман и др. 1977　Лотман Ю.М. и Успенский Б.А.　Роль дуальных моделей в динамике русской культуры(до конца XVIII века). Ученые записки Тартуского госкдарственного университета. Вып.414. Труды по русской и славянской филологии. Вып.28. Литературоведение. Тарту, 1977.
Любимов 2004　Любимов С.В.　Титулованные роды Российской империи. М., 2004.
Малиновский 2007　Малиновский К.В.　Художественные связи Германии и Санкт-Петербурга в XVIII　веке. СПб., 2007.
Манько 2003　Манько А.В.　Августейший двор под сенью Гименея. М., 2003.
Мир народной картинки 1999　Мир народной картинки. Материалы научной конференции. Випперовские чтения-1997. Вып.XXX М., 1999.
Миронов 1985　Миронов Б.Н.　Грамотность в России 1797-1917 годов. История СССР. 1985, №4.
Миронов 1999　Миронов Б.Н.　Социальная история России периода империи (XVIII-началоXX в.).　Т.1, СПб., 1999.
Мишина 1983　Мишина Е.А.　Группа ранних русских гравюр (вторая половина XVII- начало XVIII в.). ПКНО. Ежегодник 1981. Л., 1983.
Мишина б.г.　Мишина Е.А.　Русская гравюра на дереве XVII-XVIII вв. СПб., б.г.
Мокиенко и др. 1999　Мокиенко В.М. и Сидоренко К.П.　Словарь крылатых выражений Пушкина. СПб., 1999.
Мордисон 1994　Мордисон Г.З.　История тетрального дела в России. Часть 1-2.

СПб., 1994.
Музыкальный 1996 Музыкальный Петербург. Энциклопедический словарь. XVIII век. Кн.1-3.1996-1999 ; Кн.4-5. Синхронические таблицы. СПб. 2001-2002.
Найденова 2003 Найденова Л.П. Мир русского человека XVI-XVII вв. М., 2003.
Народная гравюра 1976 Народная гравюра и фольклор в России XVII-XIXвв. М., 1976.
Народная картинка 1996 Народная картинка XVII-XIX веков. Материалы и исследования. СПб., 1996.
Некрылова и др. 1983 Некрылова А.Ф. и Гусев В.Е. Русский народный кукольный театр. Л., 1983.
Никанорова 2001 Никанорова Е.К. Исторический анекдот в русской литературе XVIII века : Анекдоты о Петре Великом. Новосибирск, 2001.
Николаев 1992 Николаев С.И. Из истории польской сатирической литературы в России. ТОДРЛ. Т.45. СПб., 1992.
Николози 2009 Николози Р. Петербургский панегирик XVIII века. Миф-идеология-риторика. М., 2009.
Новиков 1971 Новиков Н.В. Русские сказки в ранних записях и публикациях (XVI-XVII века). Л., 1971.
Новиков 1772 Новиков Н.И. Опыт исторического словаря о российских писателях. М., 1987.
Овсянников(сост.) 1968 Лубок. Русские народные картинки XVII-XVIII вв. М., 1968.
Огаркова 2004 Огаркова Н.А. Церемонии, празднества, музыка русского двора XVIII-XIX века. СПб., 2004.
Олеарий 1996 Олеарий А. Путешествие в Московию и Персию. М., 1996.
Орлов 1935 Орлов А.С. «Телемахида» В.К.Тредиаковского. В сб.: XVIII в. Сб.1, М.-Л., 1935.
Островский 2000 Островский О.Б. История художественной культуры Санкт-Петербурга (1703-1796). СПб., 2000.
Очерки 1985 Очерки русской культуры XVIII века. Ч.1-4. М., 1985-1990.
Павленко 2002 Павленко Н.И. Анна Иоанновна. Немцы при дворе. М., 2002.
Панченко 1983 Панченко А.М. «Потемкинские деревни» как культурный миф. Всб.: XVIII век. 14. Русская литература XVIII- начала XIX века. Л., 1983.
Панченко 1984 Панченко А.М. Русская культура в канун петровских реформ. Л., 1984.
Пезенти 1997 Пезенти М.К. Комедия масок в России : первые связи с Италией, зарождение нового увлечения. Europa Orientalis 16/ 1997-1.
Пезенти 2008 Пезенти М.К. Комедия дель арте и жанр интермедии в русском любительском театре XVIII века. СПб., 2008.
Пекарский 1873 Пекарский П.П. История Императорской Академии наук в

Петербурге. Т.2. СПб., 1873.

Перец 1895 Перец В.Н. Кукольный театр на Руси. СПб., 1895.

Перец 1903 Перец В.Н. Памятники русской драмы эпохи Петра Великого. СПб., 1903.

Петр Великий 2007 Петр Великий. Сост. и ред. Е.В.Анисимов. М., 2007.

Петров 1885 Петров П.Н. История Санкт-Петербурга. М., 2004.

Петровская 2013 Петровская И.Ф. Другой взгляд на культуру XVII века. Об инструментальной музыке и о скоморохах : исторический очерк. СПб., 2013.

Петровская и др. 1994 Петровская И.Ф. Сомина В.В. Театральный Петербург. СПб., 1994.

Петрухин 2012 Петрухин В.Я. Скоморохи. В кн.: Славянские древности. Т.5. М., 2012.

Петрухинцев 2001 Петрухинцев Н.Н. Царствование Анны Иоанновны : формирование внутриполитического курса и судьбы армии и флота. СПб., 2001.

Петухов 1961 Петухов В.И. Сведения о скоморохах в писцовых, переписных и таможенных книгах XV-XVII вв. Труды Московского гос. Историко-архивного ин-та. Т.16. М., 1961.

Письма 1980 Письма русских писателей XVIII века. Л., 1980.

Плетнева 2012 Плетнева А.А. Скоморохи и скоморошество : к истории слов и понятий. В сб.: Эворюция понятий в свете истории русской культуры. М., 2012.

Плотникова 2009 Плотникова А.А. Рог. В кн.: Славянские древности. Т.4.М., 2009.

Погосян 2001 Погосян Е. «и невозможное возможно» : свадьба шутов в ледяном доме как факт официальной культуры. Ruthenia. Труды по русской и славянской филологии. Литературоведение. IV(Новая серия). Тарту, 2001.

Пумпянский 1935 Пумпянский Д.В. Очерки по литературе первой половины XVIII в. В сб.: XVIII в. Сб.1. М.-Л., 1935.

Пумпянский 1941 Пумпянский Д.В. Тредиаковский. В кн. : История русской литературы. Т.3. М.-Л., 1941.

Пушкарева 2002 Пушкарева Н.Л. Русская женщина : история и современность : история изучения «женской темы» русской и зарубежной наукой. 1800-2000. Материалы к библиографии. М., 2002.

Пыляев 1889 Пыляев М.И. Забытое прошлое окрестностей Петербурга.СПб., 1994.

Пьесы 1975 Пьесы столичных и провинциальных театров первой половины XVIII в. М., 1975.

Пьесы 1976 Пьесы любительских театров.М., 1976.

Рабинович 1974 Рабинович М.Г. К истории скоморошьих игр на Руси. В сб. :

Культура средневековой Руси. Л., 1974.
Радищев 1992 Радищев А.Н. Путешествие из Петербурга в Москву. Вольность. СПб., 1992.
Райкова(сост.) 1993 Райкова И. Петр 1. Предания, легенды, сказки и анекдоты. М.,1993.
Ровинский 1881 Ровинский Д.А. Русские народные картинки. Т.1-5. СПб., 1881-1893.
Ровинский 1886 Ровинский Д.А. Подробный словарь русских гравированных портретов. Т.1-4.СПб., 1886-1889.
Ровинский 1900 Ровинский Д.А. Русские народные картинки в двух томах. СПб. 2002.
Ровинский 1903 Ровинский Д.А. Обозрение иконописания в России до конца XVII века. СПб., 1903.
Розов 1966 Розов Н.И. Еще раз об изображении скомороха на фреске в Мелетове. Художественная культура Пскова. Псков, 1968.
Росовецкий 1981 Росовецкий С.К. Устная проза XVI-XVII вв. об Иване Грозном – правителе. В сб.: Русский фольклор. Т.20. Л., 1981.
Рудакова (сост.) 2015 Рудакова Н.И. Русская литература в зеркале лубка. Народная картинка XVIII-начала XX века. СПб., 2015.
Русские сказки 1985 Русские сказки Восточной Сибири. Иркутск, 1985.
Русский быт 1914 Русский быт по воспоминаниям современников. XVIII век от Петра до Екатерины II. М., 2010.
Рыбаков 1987 Рыбаков Б.А. Язычество древней Руси. М., 1987.
Сакович 1976 Сакович А.Г. Библия Басилия Кореня (1696) и русская иконографическая традиция XVII-XIX вв. В сб.: Народная гравюра и фольклор в России XVII-XIX вв. М., 1976.
Сакович 1983 Сакович А.Г. Народная гравированная книга Василия Кореня. 1692-1696. М., 1983.
Сакович 1999 Сакович А.Г. Народные гравированные книги в России XVII-XIX веков : репертуар и бытование. В сб. ст. : Мир народной картинки. М., 1999.
Сафронова 2007 Сафронова Л.А. Российский феатрон : Московский любительский театр XVIII в. М., 2007.
Семевский 1883 Семевский М.И. Царица Прасковья. М., 1989.
Семенова 1982 Семенова Л.Н. Очерки истории быта и культурной жизни России. Первая половина XVIII в. Л., 1982.
Семенова 1998 Семенова Л.Н. Быт и население Санкт-Петербурга (XVIII век). СПб., 1998.
Синдаловский 2008 Синдаловский Н.А. Групповой портрет в фольклоре Санкт-Петербурга. М., 2008.
Словарь древней Руси. Словарь книжников и книжности древней Руси. Вып.3

(XVII в.) Часть 1-4. СПб., 1992-2004.
Словарь XVIII века Словарь русского языка XVIII века. Вып.1-, Л., 1984-.
Словарь XI-XVIIвв. Словарь русского языка XI-XVII вв. Вып.1-, М., 1975-.
Смирнова 2017 Смирнова Н.В. Чудаки в культуре русского дворянства XVIII-первой половины XIX века. М., 2017.
Снегирев 1837 Снегирев И.М. Русские простонародные праздники и суеверные обряды. Вып.1-4. М., 1837-1839.
Соколов 1999 Соколов Б.М. Художественный язык русского лубка. М., 1999.
Соловьев 1993 Соловьев С.М. Сочинения. Кн.VIII. История России с древнейших времен. Т. 17-18. М., 1993.
Соловьев 2003 Соловьев Б.И. Русское дворянство. СПб., 2003.
Соймонов 1971 Соймонов А.Д. П.В.Киреевский и его собрание народных песен. Л., 1971.
Станюкович 1953 Станюкович Т.В. Кунсткамера Петербургской Академии Наук. М.,-Л., 1953.
Станюкович 1978 Станюкович Т.В. Этнографическая наука и музеи. Л., 1978.
Старикова 1988 Старикова Л.М. Театральная жизнь старинной Москвы. М., 1988.
Старикова 1989 Старикова Л.М. Новые документы о деятельности итальянской труппы в России в 30-е гг. XVIII в. и русском любительском театре этого времени. Ежегодгик ПКНО.1988. М., 1989.
Старикова 1996а Старикова Л.М. Театральная жизнь России в эпоху Анны Иоанновны. Документальная хроника 1730-1740. Выпуск 1. М., 1996.
Старикова 1996б Старикова Л.М. Иностранные кукольники в России в первой половинеXVIII в. ПКНО. Ежегодгик 1995. М., 1996.
Старикова 1997 Старикова Л.М. Театр в России XVIII века. М.
Старикова 2000 Старикова Л.М. Штрих к портрету императрицы Анны Иоанновны (Частные развлечения в домашнем придворном кругу). В сб.ст. : Развлекательная культура России XVIII-XIX вв. СПб., 2000.
Старикова 2018 Старикова Л.М. Театр и зрелища российских столиц в XVIII веке. М., 2018.
Стоглав（百章）1993 「百章」（試訳）（2)」中村喜和訳『一橋大学研究年報人文科学研究』30、1993.
Столпянский 1918 Столпянский П.Н. Петербург. Как возник, основался и рос Санкт-Петербург. СПб., 1995.
Татищев 1950 Татищев В.Н. Избранные труды по географии России. М., 1950.
Татищев 1962 Татищев В.Н. История Российская в семи томах. Л., 1962-1968.
Татищев 1979 Татищев В.Н. Избранные произведения. Л., 1979.
Терещенко 1848 Терещенко А.В. Быт русского народа. Ч.1-4. СПб., 1848.
Тихонравов 1861 Тихонравов Н.С. Начало русского театра. В кн.: Сочинения Н.С.Тихонравова. Т.2. М., 1898.

Токарев 1966 Токарев С.А. История русской этнографии. М., 1966.

Топоров 1984 Топоров В.Н. К интерпретации былины «Путешествие Вавилы со скоморохами» : мифологические истоки и историческая подкладка. В сб. ст. : Балто-славянские исследования. 1983. М., 1984.

Трахтенберг 2005 Трахтенберг Л.А. Сумасброднейший, всешутейший и всепьянейший собор. Одиссей. 2005. М., 2005.

Тредиаковский 1963 Тредиаковский В.К. Избранные произведения. М.-Л., 1963.

Тредиаковский 2013 Тредиаковский В.К. Сочинения и переводы как стихами, так и прозою. 2-изд. СПб., 2013.

Успенский 1985 Успенский Б.А. Из истории русского литературного языка XVIII-начала XX века. М., 1985.

Успенский 2008 Успенский Б.А. Вокруг Тредиаковского. Труды по истории русского языка и русской культуры. М., 2008.

Успенский и Шишкин 1990 Успенский Б.А.и Шишкин А.Б. Тредиаковский и янсенисты. Символ : Журнал христианской культуры при Славянской библиотеке в Париже. № 23. 1990.

Фаминцын 1889 Фаминцын А.С. Скоморохи на Руси. СПб,. 1889.

Ходько(сост.) 2012 Ходько Ю. Религиозный лубок второй половины XVIII-начала XX века. СПб., 2012.

Ходько(сост.) 2015 Ходько Ю. Светский лубок конец XVIII-начала века. СПб., 2015.

Храневич 1902 Храневич К. Педрило. В кн.: Русский биографический словарь. Т.12. СПб., 1902.

Хромов 1998 Хромов О.Р. Русская лубочная книга XVII-XIX веков. М., 1998.

Черная 1999 Черная Л.А. Русская культура переходного периода от Средневековья к Новому времени. М., 1999.

Черная 2020 Черная Л.А. Культура России петровского времени. М., 2020.

Чижков 2006 Чижков А.Б. Подмосковные усадьбы. Аннотированный каталог с картой расположения усадеб. 3-е издание, переработанное и дополненное. М., 2006.

Чижова 2002 Чижова И.Б. Пять императриц. Петербургская культура XVIII века. СПб., 2002.

Чиккарини 1989 Чиккарини М. Западные источники русско-польских фацеций XVII в. ТОДРЛ. Т.42. СПб., 1989.

Чистов 1967 Чистов К.В. Русские народные социально-утопические легенды. М., 1967.

Шанский 1963 Шанский Н.М. Этимологический словарь русского языка. Т.1-. М., 1963-.

Шейн 1898 Шейн П.В. Великорусс в своих песнях, обрядах, обычаях, верованиях, сказках, легендах и т. п. Т.1, вып.1. СПб., 1898.

Шмелева и др. 2002　Шмелева Е.Я. и Шмелев А.Д.　Русский анекдот. Текст и речевой жанр. М., 2002.
Штелин 1990　Штелин Я.　Записки Якоба Штелина об изящных искусствах в России. Т.1-2. М., 1990.
Штелин 2002　Музыка и балет в России XVIII века. СПб., 2002.
Шубинский 1995　Шубинский С.Н.　Придворный и домашний быт императрицы Анны Ивановны. В его кн.:Исторические очерки и рассказы. М., 1995.（初出は Русская старина, 1873, т.7）
Юхт 1985　Юхт А.И.　Государственная деятельность В.Н.Татищева в 20-х-начале 30-х годов XVIII в.　М., 1985.
Ярхо 2015　Ярхо В. Иноземцы на русской службе. М., 2015.

ЧОИДР　Чтения в Обществе истории и древностей российских при Московском университете
ПКНО　Памятники культуры. Новые открытия.
ТДРЛ　Труды Отдела древнерусской литературы

Adelung 1846　Adelung F.P.　Kritisch-Literärische Übersicht der Reisenden in Russland bis 1700, deren Berichte bekannt sind. Band 2. 1846.
Batuman 2010　Batuman E.　The Possessed. N.Y., 2010.
Billington 1966　Billington J.H.　The Icon and the Axe. An Interpretive History of Russian Culture. N.Y. 1966.
Collins 1671　Colins S.　The Present State of Russia. London (from the first edition at Houghton Library, Harvard University. Introduced and editated by M.Poe. 2008. ; Самуил Коллис, Нынешнее состояние России, изложенное в письме к другу, живущему в Лондоне. Перевод с английского Петр Киреевский. ЧОИДР, 1846, кн.1. М.)
Cracraft 1978　Cracraft, J.　The Succession Crisis of 1730 : A View from the Inside. Canadian-American Slavic Studies,　Vol. 12－1,1978.
Cracraft 2003　Cracraft, J.　The Revolution of Peter the Great. Harvard UP. 2003.
Cracraft 2004　Cracraft, J.　The Petrine Revolution in Russian Culture. Harvard UP. 2004.
Dixon 1999　Dixon S. The Modernisation of Russia 1676-1825. Cambridge UP. 1999.
Kelly 1990　Kelly C.　Petrushka. The Russian Carnival Puppet Theatre. Cambridge UP. 1990.
Lipski 1956　Lipski A.　A Re-examination of the “Dark Era” of Anna Ioannovna. American Slavonic and East European Review. Vol.15-4. 1956.
Perrie 1987　Perrie M.　The Image of Ivan the Terrible in Russian Folklore. Cambridge UP. 1987.
Poe 2000　Poe M.N.　“A people born to slavery”. Russia in Early Modern European

Ethnography, 1476-1748. Cornell UP. 2000.
Poe 2003　Poe M.T.　The Russian Moment in World History. Princeton UP. 2003.
Raeff 1966　Raeff M. Origins of the Russian Intelligentsia. The Eighteenth-Century Nobility. New York, 1966.
Raeff（ラエフ）2001　Raeff M. Comprendrel'ancien regime Russe. 1982.（ラエフ『ロシア史を読む』石井規衛訳、名古屋大学出版会、2001）
Reyfman 1990　Reyfman I. Vasilii Trediakovsky : the fool of the new Russian literature. Stanford UP. 1990.
Riasanovsky 1985　Riasanovsky N.V. The Image of Peter the Great in Russian History and Thought. N.Y.,1985.
Rogger 1960　Rogger H. National Consciousness in Eighteenth-Century Russia. Harvard UP. 1960.
Smith（スミス、クリスチャン）1999　Smith R. E. F.,Christian A social and Economic History of Food and Drink in Russia. Cambridge UP.,1984.（スミス、クリスチャン『パンと塩　ロシア食生活の社会経済史』鈴木健夫・豊川浩一・斎藤君子・田辺三千広訳、平凡社、1999）
Tolz 2001　Tolz V. Russia. Oxford UP. 2001.
Tradition 1990　Tradition and Revolution in Russian art. 1990.
Warnes 1999　Warnes D. Chronicle of the Russian Tsars. The Reign-by-Reign. Thames and Hudson. 1999.
Worobec 1991　Worobec C.D. Peasant Russia : family and community in the post-emancipation period. Princeton UP. 1991.
Wortman 1995　Wortman R.S. Scenarios of Power. Myth and Ceremony in Russian Monarchy. Vol.1 From Peter the Great to the Death of Nicolas 1. Princeton UP. NewYork. 1995 (Уортман, 2002 Уортман Р.С. Сценарии власти. Мифы и церемонии русской монархии. Т.1 От Петра Великого до смерти Николая 1. Материалы и иследования. М., 2002).

阿部 1996　阿部重雄『タチーシチェフ研究――18 世紀ロシア一官僚＝知識人の生涯と業績』刀水書房、1996 年
大石 2003　大石雅彦『マレーヴィチ考　「ロシア・アヴァンギャルド」からの解放にむけて』人文書院、2003 年
栗原 1889　栗原成郎『スラヴのことわざ』ナウカ出版社、1989 年
栗生沢 2019　栗生沢猛夫『イヴァン雷帝の『絵入り年代記集成』――モスクワ国家の公式的大図解年代記研究序説』成文社、2019 年
栗生沢 2022　栗生沢猛夫編訳『『絵入り年代記集成』が描くアレクサンドル・ネフスキーとその時代』成文社、2022 年
佐藤 2012　佐藤純一『ロシア語史入門』大学書林、2012 年
高田 2012　高田和夫『ロシア帝国論――19 世紀ロシアの国家・民族・歴史』平凡社、2012 年

田中 2009　田中良英「18 世紀ロシア帝国における専制とドイツ人エリート」『ロシア史研究』84、2009 年
田中 2015　田中良英「1730 年代のロシアにおける地方行政官人事」『宮城教育大学紀要』49、2015 年
田中 2016a　田中良英「十八世紀初頭におけるロシア君主の日常的儀礼とその変化」（金沢美知子編『18 世紀ロシア文学の諸相』水声社、2016 年に所収）
田中 2016b　田中良英「18 世紀前半のロシア地方における非ロシア人官吏」『宮城教育大学紀要』50、2016 年
土肥 1992　土肥恒之『ピョートル大帝とその時代』中公新書、1992 年
土肥 2005　土肥恒之『よみがえるロマノフ王朝』講談社選書メチエ、1992 年
豊川 2016　豊川浩一『十八世紀ロシアの「探検」と変容する空間認識』山川出版社、2016 年
鳥山 1983　鳥山成人「ピョートル伝とピョートル改革」（同『東欧の国家と社会』恒文社 1985 年に所収）
中村 1970　中村喜和編訳『ロシア中世物語集』筑摩書店、1970 年
中村 1997　中村喜和「地獄へ往復した旅芸人」同著『ロシアの風』風行社、2001 年
坂内 1991　坂内徳明『ロシア文化の基層』日本エディタースクール出版部、1991 年
坂内 2006a　坂内徳明『ルボーク　ロシアの民衆版画』東洋書店、2006 年
坂内 2006b　坂内徳明「ドミトリイ・ロヴィンスキイとロシア民衆版画（ルボーク）研究」『一橋大学研究年報　人文科学研究』43、2006 年
坂内(知) 2010　坂内知子「ロシア中世庭園の終焉――帝室イズマイロヴォ領地屋敷の変遷」『人文・自然研究』4、2010 年
松木 2002　松木栄三『ロシア中世都市の政治世界――都市国家ノヴゴロドの群像』彩流社、2002 年
松木 2018　松木栄三『ロシアと黒海・地中海世界――人と文化の交流史』風行社、2018 年
山田 1983　山田吉二郎「エカテリーナ二世時代のペテルブルグ」『えうゐ』11、1983 年
横田 1989　横田運代「ルボーク――ロシア民衆画の歴史」『参考書誌研究』第 35 号、1989 年
米原 2005　米原万里『必殺小咄のテクニック』講談社新書、2005 年

坂内　徳明（ばんない　とくあき）

1949 年福島県生まれ、東京都育ち。
ロシア民俗学・文化論研究者、一橋大学名誉教授。一橋大学博士（社会学）。

主な著訳書
『女帝と道化のロシア――もう一つの近代の道』（私家本、2021 年）、『ロシア文化の基層』（日本エディタースクール出版部、1991 年）、『ルボーク――ロシアの民衆版画』（東洋書店、ユーラシア選書、2006 年）。翻訳に、ステブリン＝カーメンスキイ『神話学入門』（共訳、東海大学出版会、東海選書、1980 年）、A・B・オポローヴニコフ『ロシアの木造建築――民家・付属小屋・橋・風車』（井上書院、1986 年）、A・F・ネクルィローヴァ『ロシアの縁日――ペトルーシカがやってきた』（平凡社、叢書演劇と見世物の文化史、1986 年）、J・ハッブズ『マザー・ロシア――ロシア文化と女性神話』（青土社、2000 年）がある。

学術選書

女帝と道化のロシア

学術選書 108

2023年2月20日　初版第1刷発行

著　　　者…………坂内 徳明
発 行 人…………足立 芳宏
発 行 所…………京都大学学術出版会
京都市左京区吉田近衛町69
京都大学吉田南構内（〒606-8315）
電話（075）761-6182
FAX（075）761-6190
振替 01000-8-64677
URL http://www.kyoto-up.or.jp
印刷・製本…………㈱太洋社
装　　　幀…………上野かおる

ISBN 978-4-8140-0457-7
定価はカバーに表示してあります

学術選書［既刊より］